「坂本龍馬」の誕生

船中八策と坂崎紫瀾

知野文哉
Fumiya Chino

人文書院

目次

「坂本龍馬」の誕生——船中八策と坂崎紫瀾

幕末に、底抜けに楽しい英雄がいた。
じれったいほど、あたたかい英雄がいた。
そして彼は、誰よりも孤独な英雄だった。
——ドラマ『幕末青春グラフィティ坂本竜馬』宣伝惹句より

はじめに

龍馬は無名だった？

ＮＨＫ大河ドラマ『龍馬伝』の冒頭に登場した土佐の新聞記者・坂崎紫瀾《しらん》を覚えているだろうか。岩崎弥太郎に「教えて下さい、岩崎社長。坂本龍馬とはどんな人物やったがですか」と土下座する紫瀾。そんな紫瀾の出演の甲斐あって（？）、明治初年度の龍馬が一般には無名な存在であったことは誰もが知るところとなった。「そんな人がおったとは、今は誰も知らんがです」という紫瀾のセリフもありましたね。

ただ龍馬が全く無名だったかというと、それはそれでオーバーである。

『新撰組始末記』の作者として有名な西村兼文が編輯し、明治九年（一八七六）一月に出版された志士番付「近世報国赤心士鑑」では、龍馬は東西七段の表で二段目東の三番の位置である(1)。

この番付の最上段は藩主や公家・家老クラスで、家士クラスは二段目から。東の一番は長州・来島又兵衛、二番も長州の久坂玄瑞、高杉晋作は龍馬の次の東の四番である。しかも龍馬は土佐では最上位にランクされているので、十分大物の扱いであろう（ちなみにこの番付は安政五年から慶応三年までに亡くなった志士の番付だから、西郷・大久保・木戸あたりは載っていない。また土佐で龍馬に次ぐのは、二段目西の九番の中岡慎太郎、武市半平太は西の十一番である）。

では明治初年の龍馬はどのような人物としてとらえられていたのであろうか。

高知の漢詩人・土居香國が明治十一年（一八七八）に「土州人ノ国難ニ殉スル者ノ略伝」として編纂した『海南義烈傳』には、わずか五ページ足らずであるが龍馬伝が掲載されており、まとまった龍馬伝としてはおそらく初めて刊行されたものと思われる。当時の龍馬像をイメージするために引用してみよう。

坂本直柔

坂本直柔ハ龍馬ト称ス後チ姓名ヲ変シテ才谷梅太郎ト称ス。父ハ直足世々藩士タリ。少シテ卓犖英奇小節ニ拘ハラス。長スルニ及テ武技ヲ善クス。嘗テ千葉氏ノ門ニ入リ撃剣ノ術ヲ修メ傍ラ史書ヲ読ム。嘉永癸丑外国要盟ノ事起テヨリ幕政ノ萎靡振ハサルヲ慨歎シ頗ル勤王ノ大志ヲ発奮シ竟ニ国ヲ脱シテ四方ニ周游シ嶮ヲ踏ミ危ヲ冒シ、崎嶇間関志気益々堅ク、日夜大権ノ朝廷ニ帰シ国基ノ確起センコトヲ熱望シ、進テハ数々闕下ニ建議シ退テハ関西ノ諸藩ニ歴説ス。其言極メテ剴切一時有志ノ士等風ヲ望テ起ツ者無慮数百人。

慶応元年乙丑正月長藩ノ士高杉晋作兵ヲ其藩ニ挙ク。是ヨリ先キ甲子京師ノ乱薩藩力メテ長兵ヲ撃ツ。遂ニ隙アリ。此ノ月薩藩ノ士西郷隆盛使ヲ遣シテ和ヲ講ス。衆之ヲ拒テ容レサラント欲ス。適々直柔長に在リ。其利害得失ヲ弁明シ以テ大ニ不可ヲ言フ。衆乃チ心服シ隆盛ノ言ヲ容レ厚ク礼シテ使者ヲ還ス。直柔隆盛ト相知ル。隆盛常ニ人ニ語テ曰ク、直柔ハ真ニ天下ノ英傑ナリト。当時有志ノ士輩ニ推尊セラル、コト此ノ如シ。

同三年丁卯十一月十五夜賊アリ直柔及ヒ中岡道正ヲ京師河原街ノ逆旅ニ斬ル。直柔重傷ヲ負ヒ其治ス可カラサルヲ知リ知人ニ後事ヲ遺託シ其夜卒ニ逝ク。時ニ年三十三。（中略）直柔不幸ニシテ中道ニシテ斃ルト雖トモ、大権朝廷ニ帰スルノ一大盛事ヲ観ルヲ得ルハ実ニ其忠尽ノ功多キニ居ル。(2)（後略）

どうだろうか。「卓犖英奇」とか「其言極メテ剴切」とかいった誉め言葉が続き、何となくすごそうではある。しかし「忠尽ノ功多キ」と言うわりには、具体的なことは薩長盟約に関わったことと暗殺されたことくらいしか書いていない。これが当時の龍馬のイメージだったのである。

そこに登場したのが坂崎紫瀾である。紫瀾は明治十六年（一八八三）『土陽新聞』に連載した新聞小説「汗血千里の駒」でこの抽象的な龍馬像に「自由民権」という物語を与え、自由を希求する志士・坂本龍馬像を創り上げる。そして現代に至る龍馬像はその紫瀾が編纂した、大正元年（一九一二）の『維新土佐勤王史』でほぼ完成するのである。

ビーズ玉の論理

ここでノンフィクション・ライター沢木耕太郎のエッセイ、「事実という仮説」の一節を引用したい。

ノンフィクション・ライターが作り上げるノンフィクションの一篇とは、子供がビーズ玉で作る首飾りのようなものだという気がする。テーブルの上に散らばっている数多くのビーズ玉。

> 赤、青、緑、白、黄……と、さまざまな色をしたそのビーズ玉の中から、糸をつないだ針で気に入ったいくつかを掬い上げ、ひとつの首飾りを作っていく。ノンフィクション・ライターもそれと同じく、現実という大海にばらまかれているビーズ玉のような無数の事実の断片から、いくつかの断片を選んで掬っていく。
>
> （中略）たとえどのような通し方をしたにしても、無数の中からいくつかを選ばねばならないという事態に変わりはない。そうである以上、彼がどのような色のビーズ玉を、どのような配列にするかで、その首飾りはまったく異なるものに仕上がるということになる。
>
> ノンフィクション・ライターの個性によって内容が変化していく。そうであるなら、彼が描く一篇を、事実そのものが書かれたものだといいつづけることは不可能ということになる。ここに、ノンフィクションといえども、一種のフィクションにすぎない、という考え方の基盤がある。[3]

この沢木の発言は「記録」という作業に本質的に伴う主観性を指摘している。文中の「ノンフィクション」という言葉を「歴史」と置き換えても、さほどの違和感はないだろう。

ノンフィクションといえば現代を描くもの、歴史とは違うんじゃないの、という声もあるかもしれないが、紫瀾が「汗血千里の駒」を書いたのは龍馬の死後十七年目。二〇一二年の現在から十七年前と言えば一九九五年だから、阪神淡路大震災や地下鉄サリン事件だ。皆さん、「あの時は……」と思い当たる程度の近さだろう。

作者が、どんな事実（記憶）を取捨選択し、どんな解釈を与えるかによって、同じ出来事から全く正反対の物語が生まれる可能性がある。この「解釈」が「史観」である。

つまり「汗血千里の駒」という首飾りは、紫瀾が無数の龍馬の史実の中から拾い上げたビーズ玉に、「自由民権」という糸を通したことで完成した作品なのである。

司馬史観と『竜馬がゆく』

ところがこのような作者の主観を反映した首飾り――「歴史」という「物語」――がいったん成立すると、今度は逆にその物語が新たに人々の記憶を支配するようになる。

それは歴史を物語ることが、「さまざまな異質な要素を統合する「物語」という装置を用いて、集団への成員の自己同一化を促す「共通の来歴の物語」を創出し、社会統合を可能にする」(4)からであり、「想像の共同体」を形作るからである。

わかりやすいところで言えば「司馬史観」とも呼ばれる司馬遼太郎の小説だ。「日露戦争」についての大多数の人間のイメージは『坂の上の雲』で描かれたそれであり、「新選組」といえば『燃えよ剣』である。筆者などは幕末史が大好きな癖に、戊辰戦争になった途端ガクンと理解が落ちる。理由は簡単。『竜馬がゆく』は戊辰戦争前で終わっているので以降の基本イメージがないのだ。

「司馬史観」なる言葉が存在するのも、日頃意識することのない日本という共同体に対しての社会統合の役割が、司馬の物語の中で十全に働いているからであろう。

現在の龍馬ブームも詰まる所、司馬遼太郎の作った大きな物語『竜馬がゆく』と、その感化を受けたタレントの武田鉄矢が原作を執筆した、『竜馬がゆく』のエッセンスをわかりやすく、さらにエンターテインメント化した漫画『おーい！竜馬』が起点となっている。

「司馬先生は複雑でこみ入っている明治維新というものを、坂本龍馬のような人物によって一つの世界モデルとして提示してくださった。それを通してわれわれは、明治維新を理解したわけです」[5]というのは、井上ひさしの言葉であるが、まさに『竜馬がゆく』は、「幕末」という時代の一典型として、日本の「共通の来歴の物語」を語り、「想像の共同体」を形作ったのである。

よく知られているように、司馬龍馬は昭和三十年代後半、高度経済成長期の日本の価値観を体現したキャラクターである。入れ札で選ばれた大統領が下女の給金を心配する国家を作ろうとする「民主主義者」龍馬。経済を重視し海外雄飛を志向する「ビジネスマン」龍馬。そして何より無血革命を成し遂げようとする「平和主義者」龍馬。

司馬のビーズ玉の選び方、そして糸通しが絶妙なために、司馬の物語は戦後の日本人の記憶を支配し、我々に龍馬はこのような人だった、と信じ込ませてしまったのだ。[6]

そうそう、龍馬と言えば「心はいつも太平洋ぜよ」と土佐弁がお約束ですが、実は龍馬がガンガン土佐弁を使い始めたのも『竜馬がゆく』からなんです。それまでの龍馬がどんなしゃべり方をしてたかって？　「重太郎さん、異国と戦争が始まるのかね。始まったら……一番乗り、おれは一番乗りをする」[7]。こんな感じです。何だか雰囲気が出ませんね。

また龍馬といえば身なりに構わないイメージがあるが、そんなイメージも大きくは『竜馬がゆく』以降である。時代的に一九六〇年代の若者――ヒッピーのイメージでとらえられたのかもしれない。いかに司馬龍馬像が我々のイメージを支配しているかが窺えるだろう。

ちなみに昭和三十八年（一八六三）発行の『竜馬がゆく 立志篇』初版の帯には「幕末の風雲児坂本竜馬」というところに「さかもとりょうま」とルビが振ってある。このことは当時まだルビを振らないと「りょうま」と読めない人の方が多かったということだ。ちょっと今では信じ難い（昭和四十三年の大河ドラマ化以降の版からは、このルビが消える）。

宮地正人は、日本の歴史の語られ方を、江戸期は「講釈師の語る歴史を歴史として聞」き、現代では「時代小説家が歴史を語る語り手になりました」とするが(8)、氏の言を借りれば、龍馬伝は、「歴史物語」として「講釈師」坂崎紫瀾の語りによって誕生し（紫瀾は自由民権の活動家時代、馬鹿林鈍翁と名乗り、「東洋一派民権講釈・馬鹿林一座」を結成している）、司馬遼太郎という「時代小説家」の語りで完成したのである。

坂本龍馬という「物語」

またこれもよく知られていることだが、『竜馬がゆく』以前も数回の坂本龍馬ブームがあり、それぞれの時代相に添って「解釈」された龍馬像が提示されている。

① 明治十年代→「自由民権の祖」龍馬
② 日露戦争期→皇后の夢に登場し日露戦争の勝利を約束した「日本海軍の祖」龍馬
③ 昭和初期→階級打破を志向する「デモクラシー論者」龍馬

そして昭和三十年代後半の「高度経済成長型」龍馬である。ちなみに大河ドラマ『龍馬伝』の龍馬は「自分探し」のために脱藩し、亀山社中は「ベンチャー企業」という設定だった。これも「平成二十二年」ならではの龍馬の「解釈」である。

鹿野政直は、「いつの時代にも歴史文学は、人びとがその時代観を託する恰好の文化的創造物としてある。作者は、創造者のつねとして、ほとんど意識することなく、人びとの歴史意識を代弁し、それを方向づけるという役割を担う。そこに人びとは、みずからの生活実感と願望が、歴史上の人物に具現されているとの発見に打たれ、鎖につながれたみずからの想念が解き放たれるのを味わって、充足感にひたされる」(9)と語っている。

このようにそれぞれの時代相の欲求に応じた解釈が可能であることも、龍馬が時代を超えてヒーローであり続ける理由の一つなのである。

そして全ての龍馬ブームに共通する特徴がある。

それはいずれの龍馬ブームもアカデミズムとしての「歴史学」ではなく、小説や新聞といった「マスメディア」の中で誕生した「歴史物語」が牽引している、ということである。「汗血千里の駒」も『竜馬がゆく』も共に新聞小説であり、皇后の瑞夢も『時事新報』が報じたことで日本中に伝わった。

小説、映画、大河ドラマ……我々の歴史イメージ(歴史観)に多大な影響を与えるのは、歴史物語の数々である。例えば『元治夢物語』『近世事情』『近世史略』『近世紀聞』といった明治初期に書かれた実録体通俗明治維新史は、アカデミズムの中では顧みられることが少ないが、当時の大多数の読者にとってはこれらの歴史物語——稗史こそが歴史であり、その記述をそのまま流用した著作も多い。

先に引用した宮地正人は、日本人は講釈師が語る歴史を歴史として聞いた、というコメントに続けて「講釈師は集めた材料を実録物として貸本屋に回していました。講釈師は史料編纂と歴史物の執筆に関係していたのです。材料を集めなくては話せませんでした。明治になると、新聞が彼らのネタになる」(10)とコメントしているが、まさに明治の新聞を舞台に龍馬の歴史物語を語った「講釈師」こそが坂崎紫瀾なのである。

マスメディアの中で誕生したこれらの歴史物語は、いったん成立すると、再びマスメディアに乗りますます人々の記憶を支配し、「想像の共同体」としての歴史を形作る。明治という時代は、新聞や出版という活字メディアが急速に全国レベルで拡大し、多くの読者を獲得していった時代でもあった。まさに龍馬は大衆の欲求と共にマスメディアの中で増殖を続け、人々の記憶を支配するヒーローなのである。

全ての道は龍馬に通ず？

その一方でアカデミズムの場で龍馬が語られることは思った以上に少ない。

そもそもアカデミズム自体が人物論を取り扱うのに積極的ではない、という傾向がある。(11)それでも薩長盟約に関しては、盟約の成立経過やその性格を論じる諸論稿の中で、盟約の最終的な仲介者たる龍馬の役割も考察されているが、「船中八策」に至っては、「坂本が後藤に「政権奉還」建白構想の原案を示した（「船中八策」）と言われるが、その事実が史料に基づいて論証されたことは一度もない」(12)という状況なのである。

日本を近代国家に導く羅針盤である「船中八策」は当然幕末の最重要文書であるはずだ、なぜアカデミズムはこれを取り上げてこなかったのか。そんな思いを抱く龍馬ファンも多いだろう。

残念ながら幕末は龍馬を軸に回転してはいないのである。

龍馬は西郷や木戸、後藤らのように、島津家・毛利家・山内家を代表する立場の人間ではなく、その政治活動の大部分を「浪士」として過ごしている。戦前の書籍で龍馬を中国春秋戦国時代の縦横家、蘇秦・張儀になぞらえたものを時折見掛けるが、あえて乱暴な言い方をすれば、龍馬は○○家という勢力を背景に持たず、蘇秦・張儀と同じ「人のふんどしで相撲を取る」しかない入説の徒なのである。後藤に対する大政奉還の建言がまさにこれだ。

政治のアイディアは無数に存在する。重要なのはそれを誰が構想したかではなく、誰がどの政治勢力を背景に政治行動化したかであり、大政奉還でいえばそれが後藤象二郎によって採用され、土佐山内家の藩論となって中央政局に登場したことが重要なのである。また第一章でも述べるように、土佐の藩論が大政奉還に決定した後、龍馬が大政奉還に向けて起こした政治活動はほとんど確認出来ない。

すなわちアカデミズムの側から見れば、龍馬を研究対象とすることも「船中八策」を史料として使うこともなかったから、その史料批判自体必要なかったのだ。

ちなみに大河ドラマ『龍馬伝』に使用提供を行った佐藤宏之は、「船中八策」に関するこれまでの言説を、

龍馬は近代国家の理念をもち、なおかつそれを実践する人物であると評価される一方で、「船

中八策」の存在そのものに対する疑問も提示されており、その構想が龍馬オリジナルのものではなく当時の知識人がもつ共通認識であること、しかし、その影響を受けつつも、そこには龍馬らしさが見出せる、と位置付けられている[13]と整理し、「船中八策」を真木和泉、横井小楠、大久保一翁、赤松小三郎、津田真道らとの政治構想と比較した上で、「すなわち「船中八策」に掲げられていた構想とは当時の知識人に共通する認識であった[14]」と再度まとめている。

龍馬伝の解体

成田龍一は、「歴史を書くつもりなどはない」という『新選組始末記』冒頭の子母澤寛の言葉を取り上げ、国家や歴史学の作り出す明治維新の「物語」に対して、子母澤は物語という手段で対抗することを拒絶し、新選組三部作を聞き書きや抜き書き、体験談等の「断片」の集積として提示したとする[15]。

この子母澤の方法論を援用するならば、これまで語られた歴史物語を否定せず、新たに歴史学の中に置く方法は、まずその物語性を解体し、それぞれの物語の中で取捨選択され、排除・隠蔽・変形された記憶を、「断片」として再確認し、体験としての明治維新史に還元することではないかと思われる。つまり首飾りの糸を切って、いったんバラバラのビーズ玉に戻すのである。特に龍馬の場合、脱藩者ということで公的史料が少ない。その履歴の多くは龍馬周辺の談話——記憶で形作られており、既にその時点で談話者のフィルターがかけられている。

歴史物語の糸とはすなわち「作者」の「主観」である。歴史は作者ではなく事実が語るもの、そんな歴史叙述の匿名性の中に隠れた作者をもう一度見つけ出さなくてはならないのである。

以下本書では、初期の龍馬伝がどのようなビーズ玉を選び、どのような糸通しをしたかということを考察してゆく。

現在まで刊行された龍馬伝はおそらく数百冊に上るだろう。しかし実は明治〜大正までの十冊足らずの本で龍馬伝のビーズ玉選びと糸通しはほぼ終わってしまっている。現代に至る龍馬像はこれらの諸書で明治年間に拾われたビーズ玉とそれを繋ぐ物語について、何の検証をする事もなく引用引用を繰り返すことで成立しているのである。

①『土藩坂本龍馬伝』 小野淳輔原筆、馬場文英補訂、明治二十四年までに成立
②「汗血千里の駒」 坂崎紫瀾 明治十六年
③『阪本龍馬』 弘松宣枝 明治二十九年
④『少年読本第十九編 坂本龍馬』 坂崎紫瀾 明治三十三年
⑤『殉難録稿巻之五十四 坂本直柔』 宮内省編 明治四十年
⑥『維新土佐勤王史』 瑞山会編（実質は坂崎紫瀾編） 大正元年
⑦『坂本龍馬関係文書第一・第二』 岩崎鏡川編 大正十五年
⑧『坂本龍馬 海援隊始末』 平尾道雄 昭和四年

以上が本書で取り上げる主な龍馬関係書籍である。もちろんこの時期にはこれ以外にも例えば、千頭清臣『坂本龍馬』（大正三年）や『雋傑坂本龍馬』（昭和二年）などの龍馬本があるのだが、筆

者は大正元年の『維新土佐勤王史』で龍馬伝のフォーマットはほぼ完成したと考えているので、『維新土佐勤王史』以降の著作は、龍馬史料の集大成たる『坂本龍馬関係文書』と龍馬評伝の集大成たる『坂本龍馬　海援隊始末』以外、あえて省いた。

①〜⑧までを概観してわかるのは、著者が皆土佐出身ということである（第三章で述べるが⑤の『殉難録稿』も、土佐出身者の瑞山会がまとめた稿本が元になっている）。つまり坂本龍馬は当初から「あしがお国の龍馬さん」として登場したのであり、その糸通しには「土佐」という価値観が込められているのである。

しかも②④⑥は紫瀾の著作だし、⑦にも紫瀾の論考が掲載されている。まさに龍馬像の形成は坂崎紫瀾を軸として行われたと言えるだろう。

本書での最初の試みは、これら明治期の龍馬伝が語ろうとした「物語」の検証である。

その一例として「船中八策」の成立について検証する。もちろん「船中八策」は慶応三年に坂本龍馬が書いた（書かせた）ものではない。坂本龍馬が大政奉還を後藤象二郎に建言した、という物語が、数度の引用を繰り返すうちに「船中八策」という文書として結実し史実となってしまうのである。その過程を追跡する。また併せて土佐の幕末を土佐勤王党の視点で叙述した紫瀾が構想した「土佐勤王党の物語」も検証する。

次いで、先に述べたようにこれらの龍馬伝を解体し記憶の断片に還元する。糸を切りバラバラのビーズ玉に戻すのである。拾われなかったビーズ玉もあれば、糸が通され配列された後、全体に調和するように色が塗り直されてしまったビーズ玉もある。ビーズ玉が拾われるその瞬間まで遡って、それがどのような断片だったのかを探ろうというのが第二の試みである。これは紫瀾の書いた物語の解体と、土佐の志士たちの顕彰を目的に結成された瑞山会がまとめた龍馬の伝記稿本を中心に行うことになる。

なお本書では先行文献・研究の紹介・引用に際して著者の肩書敬称等は全て略させていただいた。また引用史資料に関しては原則、旧字等は常用漢字（ただし書名は除く）、助詞は仮名に改め、合字は展開し、闕字・平出・擡頭は省略している。また必要に応じて筆者の判断で句読点を補った。予めここに記してお断りさせていただきたい。

第一章　「船中八策」の物語

原本が存在しない「船中八策」

「坂本龍馬は何をした人？」

龍馬の歴史的役割を考えてこの質問に答えるとしたら、まず「薩長盟約」と「大政奉還」の二つが挙げられるだろう。

龍馬は浪士の身でありながら、犬猿の仲であった薩摩島津家と長州毛利家の間を周旋し、この両家に「薩長盟約」を結ばせ、幕府に対する一大勢力を作り上げる。それは第二次長州征伐での長州の勝利という形で結実するが、このままでは幕府と薩長の内戦が不可避と考えた龍馬は、逆に戦争を避けるために平和裡に将軍が政権を朝廷に返還する大政奉還策を構想する。龍馬は「船中八策」という文書を土佐山内家の後藤象二郎に示し、土佐の藩論として確定させ、自らは黒子となってついに大政奉還を実現させ、「日本の夜明け」を演出する。

一般的に流布している龍馬像を要約するとこのような形になるだろうか。

特に「船中八策」には、「土藩大政奉還建白の基案となり、明治新政府の綱領ともなったもので、維新史上、最も注目すべき文献」という最高級の評価が与えられており、龍馬の伝記には必ずと言っていいほど「天下の政権を朝廷に奉還せしめ…」から始まるこの八箇条が掲載されている。(1)

日本史の辞典の最高峰である『国史大辞典』にも、

坂本竜馬が起草させた公議政体論にもとづく国家構想。慶応三年（一八六七）六月九日、土佐藩の後藤象二郎は、京都にある山内容堂（豊信）に大政奉還を説くために長崎を出発したが、その上京の途次藩船夕顔にて、坂本竜馬が後藤に示した時務策を同乗の海援隊書記長岡謙吉に起草させたとされるもの。その内容は、幕政返上・議会開設・官制改革・外交刷新・法典制定・海軍拡張・親兵設置・幣制整備の八ヵ条であって、朝廷のもとで公議政体を構想するものであった(2)

と立項されており（執筆者・池田敬正）、その評価の高さがうかがえるだろう。

余談であるが、TBS系のドラマ『JIN・完結編』では、この八策に「皆が等しく必要なる医療を受けられ健やかに暮らせる保険なる仕組みを作る事」という一条を付け加えた「船中九策」なるものを登場させていた。ドラマを見た人から「いくらドラマとはいえ、あそこまで史実を改変するのはいかがなものか」という声を聞いたが、これなども逆に「船中八策」が史実としていかに人口に膾炙しているかの好例だろう。

それではその「船中八策」の原本はどこにあるのだろうか？　二〇一〇年、東京・京都・高知・長崎の四都市で過去最大規模とも言われる龍馬展、「NHK大河ドラマ特別展・龍馬伝」が開催されたが、二百点近く出品された史料の中に「船中八策」は含まれていなかった。

それもそのはずで、「いわゆる「船中八策」には龍馬自筆本はもちろん、長岡謙吉の自筆本も、長岡本を直接に写したとの保証がある写本も、存在しない(3)」し、もっと言えば同時代の人間、例えば後藤や西郷、木戸が「船中八策を見た」という記録すら存在しないのである。

ちなみに龍馬の新政府構想を表すものとして、「船中八策」とよく似た「新政府綱領八策」と呼ばれる文書がある。この「新政府綱領八策」は「船中八策」とは異なり「慶応丁卯十一月　坂本直柔」という日付・署名がある龍馬の自筆文書が、国立国会図書館と下関市立長府博物館に一通ずつ伝存しており、それぞれこの大河ドラマ特別展にも出品された。

「船中八策」の正しいテキストは？

それではまず「船中八策」と、我々が呼んでいる文書のテキスト（以下、「本文」という意味でテキストという言葉を用いる）を確認しておきたい。現在龍馬に関する基礎史料集として用いられているのは、『坂本龍馬全集』(4)（以下本書では『全集』と表記する。なお本書では一九八八年に刊行された『増補四訂版』を使用する）である。これを定本と考え、そのテキストを以下に引用する。

一　天下ノ政権ヲ朝廷ニ奉還セシメ、政令宜シク朝廷ヨリ出ヅベキ事

一　上下議政局ヲ設ケ、議員ヲ置キテ万機ヲ参賛セシメ、万機宜シク公議ニ決スベキ事

一　有材ノ公卿諸侯及ビ天下ノ人材ヲ顧問ニ備ヘ官爵ヲ賜ヒ、宜シク従来有名無実ノ官ヲ除クベキ事

一　外国ノ交際広ク公議ヲ採リ、新ニ至当ノ規約ヲ立ツベキ事
一　古来ノ律令ヲ折衷シ、新ニ無窮ノ大典ヲ撰定スベキ事
一　海軍宜ク拡張スベキ事
一　御親兵ヲ置キ、帝都ヲ守衛セシムベキ事
一　金銀物貨《ママ》宜シク外国ト平均ノ法ヲ設クベキ事

以上八策ハ方今天下ノ形勢ヲ察シ、之ヲ宇内万国ニ徴スルニ、之ヲ捨テ他ニ済時ノ急務アルナシ。苟モ此数策ヲ断行セバ、皇運ヲ挽回シ、国勢ヲ拡張シ、万国ト並行スルモ、亦敢テ難シトセズ。伏テ願クハ公明正大ノ道理ニ基キ、一大英断ヲ以テ天下ト更始一新セン[5]

もし読者の手元に「船中八策」を引用した本があれば、その「船中八策」と比較してもらいたい。果たして「てにをは」に至るまで同じテキストだろうか？　余り意識されていないが、諸書に引用されている「船中八策」のテキストをよく見ると、それぞれが微妙な点で異なっており、数パターンのテキストが、同じ「船中八策」の名称で紹介されているのである。

『坂本龍馬全集』の監修者である平尾道雄は土佐史研究の権威であり、平尾が昭和四年（一九二九）に執筆した『坂本龍馬　海援隊始末』は、龍馬評伝の決定版として、昭和十六年（一九四一）、昭和四十三年（一九六八）にそれぞれ改訂版が出され（タイトルはそれぞれ『海援隊始末記』『坂本龍馬海援隊始末記』）、後者は昭和五十一年（一九七六）に文庫化もされている。また平尾には昭和四十一年（一九六六）の『龍馬のすべて』という著作もあるが、実はその全てで「船中八策」のテキストが異なっているのである。

①昭和四年版：七条が「御親兵を置き、帝都を守衛せしむる事」。八策の後の建白文が「万国と並立するも」「之を捨て、」

②昭和十六年版：二条が「上下議政局を設け、議員を置き万機を参賛せしめ」。七条が「御親兵を置き、帝都を守衛せしむる事」。建白文が「以上八策は方今天下の勢を察し」「之を捨て、」「天下を更始一新せん」

③昭和四十三年版：二条が「上下議政局を設け、議員を置き万機を参賛せしめ」。七条が「御親兵を置き、帝都を守衛せしむる事」。建白文が「天下の勢を察し」「之を捨て、」「皇国を挽回し」「天下を更始一新せん」（その他、助詞の「の」が「之」で表現されている箇所が数箇所ある）

④『龍馬のすべて』：二条が「上下議政局を設け、議員を置き万機を参賛せしめ」。建白文が「以上八策は方今天下の勢を察し」「之を捨て、」「万国と並立するも」

それぞれに微妙な差異があり、同一のテキストが存在しないことが分かるだろう（これ以外にも明らかなミスプリントが存在するが、それは除外する）。甚だしいのは『龍馬のすべて』で、昭和六十年（一九八五）に高知新聞社から出版された「旧著を新版として編集したもの」である『新版 龍馬のすべて』は、「船中八策」のテキストが旧版（筆者が使用したのは、久保書店から昭和四十三年三月に発行された第十一版）と異なっているのである。

重箱の隅をつつく話で恐縮だが、さすがに同一人物の著作でこれほどテキストがブレると読む方もとまどってしまう。これは「船中八策」の原本や原本に代わり得る写本が存在せず、テキストが確定していないために起こった現象なのである。

「船中八策」は実在したのか？

「船中八策」には自筆本も写本も存在しない、しかもテキストも曖昧である、となれば当然「船中八策は本当に存在したのか」という疑問が出てくる。実際最近では「船中八策」の存在を疑問視する声の方が大きい。また「はじめに」でも記したように、明治維新史研究においても「船中八策」の史料批判がきちんと行われたことはほぼ皆無である。

では自筆原本も写本も存在しない、加えてその史料批判すら行われていない「船中八策」が「史実」とされるのは、なぜだろうか？

そこで鍵となるのが『坂本龍馬関係文書』なる史料集である。

明治四十四年（一九一一）五月、「文部大臣ノ管理ニ属シ維新史料ノ蒐集及編纂ヲ掌ル」ために文部省所管の一局として維新史料編纂会事務局が開設され[6]、さらに大正四年（一九一五）十一月、その外郭団体として、岩崎英重（鏡川）・早川純三郎が幹事となって日本史籍協会が設立された[7]。

この日本史籍協会の実際の活動は、蒐集した維新史料を活字化し刊行することで、実際同年から昭和十年（一九三五）まで計百八十七冊の史料集が会員のみに印刷、頒布されている。この一連の刊行物は一般に「日本史籍協会叢書」と呼ばれ、今に至るまで維新史研究の基礎史料と見なされているが、その一冊として、大正十五年（一九二六）四月に刊行されたのが、岩崎英重編『坂本龍馬関係文書第一』（以下『関係文書一』）、同年六月に刊行されたのが『坂本龍馬関係文書第二』（以下『関係文書二』）である。

この『坂本龍馬関係文書』二冊は龍馬の書簡を中心に、龍馬に関する基本史料を網羅的にまとめたもので、龍馬研究には必要不可欠な基礎文献の一つである。これに収録された史料のうち戦災で失われたものもあり、今この『関係文書』でしか確認出来ない史料も多い。

『関係文書一』は龍馬の書簡を中心に、龍馬にまつわる一次史料を編年的にまとめたものであり、『関係文書二』は編年的には処理できない「坂本龍馬手帳摘要」「海援隊日史」「いろは丸航海日記」の手録・関係記録類、「木戸孝允覚書」や土方久元、谷干城らの回顧談などを収録している。特に編者の岩崎が執筆した「坂本と中岡の死」は、今に至るまで龍馬暗殺の底本となっている。

ただ一方で先行する歴史物語（紫瀾らの著作）[8]が改変した史料をそのまま掲載したり、史料の出典や来歴をきちんと記していなかったりと実は問題点も多い[9]。

例えば『関係文書二』に収録されている坂崎紫瀾「坂本龍馬海援隊始末」（以下「坂崎・海援隊始末」）は、初めに綱文を記しその後に典拠となる史料を引用するという形で、龍馬の生涯を年譜的にまとめたものであり、岩崎はこれを参考に『関係文書一』を編纂し、またこれまでの龍馬研究の到達点として『関係文書二』にも収録したものと思われる。

しかし一方で「坂崎・海援隊始末」は、『関係文書一』と同一の史料を使用していながら引用史料のテキストや解釈が『関係文書一』と異なったり、根拠のない記述が多かったりと、意外に面倒な著作であることも事実である。松浦玲はこれを「フィクション混じり」であると批判し、「これが『坂本龍馬関係文書二』に収録されているが故に盲信する人々の混乱は今に続く[10]」としている。

その『関係文書一』に、

此綱領ヲ俗ニ「船中八策」ト云フ、是月龍馬後藤象二郎ト同船長崎ヨリ上京ノ際船中ニ於テ協

定シ海援隊書記長岡謙吉ヲシテ起草セシメシヨリ此名アリト云フ[11]（傍線・引用者）

というコメントで紹介されたのが、現在、「船中八策」と呼ばれている八箇条なのである（ちなみに「坂崎・海援隊始末」にもこの八策は引用されているが、「所謂八策」と呼ばれている）。

続いて昭和十四年（一九三九）から十六年にかけて、文部省維新史料編纂会の編纂で、官製の正史たる『維新史』計五巻が刊行される。その第四巻で「（後藤）象二郎が龍馬と共に上京の途中立案したものが所謂船中八策である[12]」として八策が紹介される。

すなわち「日本史籍協会叢書」と『維新史』という文部省の外郭団体の編纂物に掲載されたことで、「船中八策」は史実として見なされ、無批判に利用され続けてきたのである。

本書で「船中八策」のテキストとして採用した『全集』は、「『関係文書』を原典資料として尊重し、再録する事に務めた[13]」としているが、実はその『関係文書』は第一巻と第二巻（所収の「坂崎・海援隊始末」）で既に「船中八策」のテキストが異なっている。

一例を挙げると、八箇条の後の建白文が、『関係文書一』では「之ヲ捨テ、他ニ済時ノ急務アルヘシ」であるのに対して、『関係文書二』では「之ヲ捨テ他ニ済時ノ急務アルナシ」となっている。双方ともわかったようなわからないような表現であるが、『関係文書二』のテキスト（急務アルナシ）の方が『維新史』以降、諸書で採用されており、『全集』もこのテキストを採用している。

ところが今度は『関係文書』の両巻で一致していた、建白書の「万国ト並立スルモ」という部分が、『全集』では「並行スルモ」となっているのである。もうグチャグチャである。

「船中八策」のルーツを探れ！

あるエピソードが何人もの人間を経ることで、当初のものとは似ても似つかぬエピソードに変化してしまった経験は誰もが持っているだろう。「〇〇さんから聞いたんだけどね」という伝聞調の話である。極論を言えば「船中八策」もこれと同じ構図によって成立したのである。

以下本章では、

「坂本龍馬は船中八策という文書は作成しておらず、船中八策は明治以降の龍馬の伝記の中で次第に形成されていったフィクションである」

という視点から「船中八策」の成立を検証してゆく。

結論から言えば「船中八策」は、龍馬を顕彰する物語の中で語られた「建議案十一箇条」という「記憶」が、複数の著作の「引用」の中で研磨され、現在の「文書」という形に至ったものである。そして「碑史」の中で登場した「船中八策」という「物語」は、最終的に「正史」という国家の物語の中に回収されるのである。

筆者の管見の範囲では「船中八策」なる言葉が登場するのは、大正に入ってからであり、それ以前、「船中八策」は様々な名称、テキストで紹介されている。

これまでも先行する諸書で『関係文書』以前の「八策」を比較・検討する作業は行われてきたが、いずれも比較する先行文献のサンプル数が少なく、系統だった検証にはなっていなかった。

本章では、明治から大正期の活字メディアに発表された複数の「八策」を時系列的に整理することで、

①「船中八策」のテキストの成立
②「船中八策」という名称の成立

の二点を確認してみたい。

最終的に「船中八策」というテキストと名称を定着させたのが『関係文書』であるにしても、同書以前に遡ることで、自筆本も写本も存在しないはずの「船中八策」という「記憶」がどの時点で登場し、「史実」として確定したかがわかるはずである。

最初に断っておけば、「船中八策を○○が○○年に創作した」という直接的な記録は現在見つかっていない。これからの作業は、グラント警部や春桜亭円紫には遠く及ばぬながら、犯人の自白のない事件を状況証拠で証明しようという安楽椅子探偵のような作業になるだろう。

またこの作業の目的はあくまでも「船中八策」という文書がフィクションであるか否かの検証にある。仮に「船中八策」がフィクションであるにしても、それは龍馬が後藤に対して大政奉還策を建言しなかったということではないし、「船中八策」に記された国家構想が龍馬と無関係なものであることも意味しない。極端な話、「船中八策」自体は存在しなくても、龍馬が全く同内容のプランを「口頭」で後藤に建言した可能性だってあるのである。

加えて本書では大政奉還建白に関する一連の政治過程や、「船中八策」に対する政治的・思想的評価などについて必要以上には触れていない。あくまでも「船中八策」という史料の成立に特化した作業であることを付記しておきたい。

第一節　龍馬は本当に大政奉還派なのか？

前述のように龍馬の新政府構想を表すものとして、「船中八策」とよく似た「新政府綱領八策」と呼ばれる龍馬自筆の文書がある。この「新政府綱領八策」と「船中八策」の唯一と言ってもいい差異は第一条の「大政奉還の建言」の有無であり、この大政奉還の建言こそが「船中八策」を「船中八策」たらしめている要諦だと言えよう。

この節では、まずこの大政奉還について龍馬がどのような発言、行動を取っているのか、また「船中八策」が起草されたそもそものきっかけとされる後藤象二郎への大政奉還建言の事実はあったのかどうかを龍馬周辺の証言から確認してみたい。

大政奉還はみんなの常識

大政奉還論そのものは、既に文久二年（一八六二）に、幕臣の大久保忠寛（一翁）によって幕議の席で提唱されている。

徳川家の傾覆近年ニあり、上洛あつて可然、其時幕府にて掌握する天下之政治を、朝廷ニ返還し奉りて、徳川家ハ諸侯の列ニ加リ、駿遠参の旧地を領し、居城を駿府に占メ候儀、当時の上策なり(14)

この大久保の提言は「衆役人満座大笑し、とても出来ナイ相談なりといへり」と一笑に付されたが、その後天皇から将軍への大政委任と表裏一体をなす形で大政奉還論は政局表面に浮上し、「慶応三年時点の政治社会ではすでに共通了解事項となっていたと見る方が自然」[15]という状況になる。もちろん殊更に龍馬の独創的な論ではない。

例えば中岡慎太郎も慶応二年（一八六六）十月二十六日の「窃ニ示二知己一論」で「今日助徳川ノ策ハ無他、政権ヲ朝廷ニ返上シ、自ラ退テ道ヲ治メ、臣子ノ分ヲ尽スニアリ」[16]と大政奉還策を提案しているし、大政奉還に一番遠いイメージがある西郷吉之助ですら、慶応三年五月、将軍慶喜との謁見に臨む島津久光への建言書に

> いつれ天下之政柄ハ天朝江奉帰、幕府ハ一大諸侯ニ下り、諸侯と共ニ朝廷を補佐し、天下之公議を以所置を立、外国之定約ニおひても朝廷之御所置ニ相成候而、万国普通之定約を以御扱相成候[17]

と大政奉還策を記している。念のため記しておけば、龍馬が「船中八策」を起草したとされるのは、この建言書の翌月、六月のことである。

松平春嶽へのアプローチ――大久保忠寛・下山尚の証言

龍馬が初めて大政奉還構想を聞いたのは文久三年（一八六三）の四月、提唱者である大久保忠寛その人からだと思われる。

大久保が横井小楠に宛てた書簡に拠ると、屋敷を訪ねてきた龍馬らに大久保が刺される覚悟で持論を語ったところ、龍馬と沢村（惣之丞）は手を打ち「解得」し、ならば、と大久保が上京周旋を

依頼したのに対して、その実現に死力を尽くしたいと語った、という。(18)

龍馬らが松平春嶽にも一筆書いてほしいと頼んだため、大久保は応じて「徳川家は御職御辞の御事御実意より被仰上、駿、遠、三御旧国丈にても御願、一方の御武備御勤可被遊外有之間敷奉存候(19)」と大久保が前年幕議の席で提唱したものと同様の、大政奉還策を記した春嶽宛書簡を認めている。おそらくこの書簡同様、政権返上の覚悟で攘夷を拒否せよとの論が龍馬にも語られ(20)、龍馬はそれに「解得」したと思われる。

ちなみに京で政事総裁職にあった春嶽も、大久保同様、将軍への大政委任か大政奉還かのいずれかに決めなければ天下は治まらないと論じ、それを天皇の簾前で評議しようとしたが果たせず、これ以前の三月二十一日に政事総裁職辞職を届け捨てにして福井に帰国している。

龍馬は福井まで春嶽を追ってこの大久保からの書簡を届けるが、時既に遅しである。

龍馬の春嶽へのアプローチは慶応二年にも行われる。この年の八月、龍馬は長崎で、越前福井松平家の下山尚に「政権奉還ノ策ヲ速カニ春岳《ママ》公ニ告ゲ、公一身之レニ当ラバ幸ヒニ済《ママ》スベキアラン」と説いたという。なぜ龍馬がこのタイミングで下山に大政奉還策を訴えたのかはわからない。下山は「之ヲ諾シ」、同年十月に春嶽に謁見した際、大政奉還策について建言し、春嶽はそれに対し「襟ヲ正フシ」「然ルカ余モ亦思フ所アリ、汝ジ宜シク執政ニ告グベシ」と答えている(21)。

実は龍馬が下山に大政奉還策を訴えた、まさにこの慶応二年八月（十四日）に春嶽は一橋慶喜に七ヶ条の提言を建白し、その第六条で「天下之大政一切朝廷へ御返上相成候事(22)」と、大政奉還を建白しているのである。

結局春嶽は慶喜にはぐらかされたことを悟り、十月に福井に戻る[23]。その経緯を知らなかった下山が帰国直後の春嶽に大政奉還策について建言したのである。春嶽が「余モ亦思フ所アリ」と答えたというのもむべなるかなである。胸中お察しします。よく春嶽も怒らなかったものだ。それにしても前回に引き続きよくよくタイミングが悪い話である。

結局春嶽と越前松平家を主役に設定した大政奉還策は実ることがなかった。慶応三年になって土佐山内家という足場を獲得した龍馬が三度、今度は土佐を主役にした大政奉還策を企画するというのは考えられない話ではない。

木戸準一郎からの手紙

青山忠正は論文「慶応三年一二月九日の政変[24]」の中で、木戸準一郎（孝允）から龍馬に送られた慶応三年一月十五日付の書簡に注目している。

この書簡は前述した春嶽の七ヶ条提言を木戸が「弟実に感服仕候に付老兄へ差上け申候　薩州と何卒御合一に被為成候辺尤至急務と奉存候[25]」と龍馬に送り、土佐薩摩が合同でこの提言を実現してもらいたい、と要請したものである。

青山は、この春嶽の提言の内容が「五月頃に坂本から後藤に告げられ、後藤がこれに、具体的な運動方策として、慶喜に対して大政返上そのものを建白するという案を付け加えたと考えるのが、成り行きとして最も自然である」としている[26]。

松浦玲が述べているように、慶応二年末から三年半ばまで龍馬の個人的本拠地は下関にあった[27]。

松浦は、木戸が既に薩長間での役割がなくなっていた龍馬を土佐に帰らせようという意図から、龍馬に紹介された土佐山内家家士の溝渕廣之丞に土佐の政治的復活について助言。それが後藤象二郎に報告されたことによって出崎土佐重役の雰囲気が「余程夜の明候気色」（慶応三年一月十四日・坂本龍馬書簡、木戸準一郎宛）[28]になり、後藤と龍馬との会談（清風亭会談）に繋がっていった、と推測する。[29]

木戸の書簡には「容堂公には春岳《ママ》公とは格別御交之由　何卒此等之御志を御助被遊候はゝ実に為天下尤結構なる御事と奉存候」[30]というフレーズもある。このように考えれば、龍馬が土佐に復帰するに当って木戸が期待していたことは、大政奉還を軸とした薩土連携の周旋ということになり、これは後藤との会談に臨む龍馬のカンニングペーパーともなる。

もとより龍馬は大政奉還策についてはよく知っている。あるいは青山の言う「五月頃」を待つまでもなく、かなり早い段階で龍馬は後藤に大政奉還策を建言していたのではなかろうか。本当に「船中八策」が書かれたかどうかは擱くとして、龍馬が後藤に大政奉還策を建言する可能性は十分にあると思われる。

慶応三年六月以降の坂本龍馬

続いて、慶応三年六月に土佐の藩論として大政奉還策が採用されてから、十月十三日に慶喜によって大政奉還の意思が告げられるまでの、龍馬の足取りを追ってみよう。

実は史料上、龍馬が大政奉還実現のために積極的に動いた事実はあまり確認できない。むしろ龍馬は薩長の武力行使の情報に臨機応変に対応し、薩長とのバランスの中で土佐の立ち位置の修正を図ろうとしている。龍馬が薩長と連携した武力行使へ傾斜してゆく過程を、先行研究に導かれつつ、改めて確認してみたい(31)。

慶応三年六月二十二日、薩摩の小松帯刀、西郷吉之助、大久保一蔵、土佐の後藤象二郎、福岡藤次（孝悌）、真辺栄三郎、寺村左膳の薩土重役会談に、「浪士之巨魁」（『寺村左膳道成日記』慶応三年六月二十二日条(32)）として中岡慎太郎と共に参加した龍馬は、大政奉還策と奉還後の政体を定めた薩土盟約に賛同する。また翌日、土佐山内家大目付・佐佐木高行と会った龍馬は「吾ガ藩ハ是迠幾度モ藩論変ジタル故、薩藩モ未ダ疑念解ケズ。此度ハ充分目的相立テ、変換無之ヲ要ス」と発言している（『保古飛呂比』慶応三年六月二十三日条(33)）。

そもそも大政奉還と武力行使は対立する概念ではなく、どのようにして徳川家から政権を奪取するか（幕府を廃止するか）という「手段」の問題である。薩土盟約が大政奉還策を採用したといってもそれは決して大政奉還一本やりの平和革命路線に決したということではない。「薩此頃大島吉之助等決心、幕と一戦相心得候得ども、土佐後藤庄《ママ》次郎が今一度上京をまち居申候」（慶応三年八月十四日・坂本龍馬書簡、三吉慎蔵宛(34)）と龍馬も記すように、薩摩（狭義では西郷）は既に武力行使を決意しており、藩論をまとめるため、七月八日にいったん土佐に帰った後藤が、再度兵を連れて上京するのを待っているのである。

龍馬もまたこの書簡で「近日京師の戦」が起こることを想定している。むしろ西郷や龍馬は大政奉還の建白→拒絶→武力行使、というシナリオを念頭に置いており、大政奉還が幕府に拒絶された場合に備えての土佐兵の上京は盟約の必須条件であった。

盟約成立後、龍馬が大政奉還の実現に向けてどのように奔走したかは、史料がなくいま一つよくわからない。六月二十五日に中岡と共に岩倉具視を訪れた記録はあるが、何を話したのかは不明である。

ところが七月には海援隊士に英国水兵を殺害したとの嫌疑がかけられた事件（イカルス号事件）、海援隊使用の大極丸の水夫が殺人を犯した事件（大極丸事件）が立て続けに起こり、龍馬は京を離れその解決に忙殺されることになる。

木戸は龍馬を煽る

龍馬はイカルス号事件解決のため、土佐を経由して（龍馬は上陸せず）八月十五日に長崎に到着するが、長崎には艦船修理のためにちょうど木戸準一郎が滞在していた。龍馬は八月二十日に玉川亭で佐佐木高行を木戸に引き合わせており、おそらくこの時、大政奉還の建白→拒絶→武力行使という薩土盟約のシナリオが、改めて木戸にも説明されたと思われる。

一方の長州内部では薩土盟約に対して、武力に拠らず建白という手段で実現することは不可能、という見方が一般的であった[35]。木戸も玉川亭での会談で「大政返上ノ事モ六ッ敷カ」「十段目ハ砲撃芝居ヨリ致方ナシ[36]」と語り、翌日認めた礼状にも「後藤君御上京に相成候は、不日大御公論天下に相立可申、其末乾君之御上京誠以御都合之次第と奉感伏候[37]」と結局最後には主戦派の乾（板垣）退助の出番になるだろうと記している。直接中央政局に参加出来ない長州は、この建白の成り行きを見守るしかないのだが、それにしても「誠以御都合之次第と奉感伏候」という木戸の言い方はちょっと嫌味っぽい。

前述のように龍馬に大政奉還を軸とした薩土連携を勧めたのは木戸その人である。しかしこの年の五月には四侯会議が開かれ、四侯側は慶喜に完全に敗北する。

今般土越宇申談一同上京皇国の御為微力を尽し候得共建言の旨趣御採用も無之幕府反正の目途とても無之事に付今一際尽力の覚悟罷在候(38)

当時情報収集のため京の薩摩藩邸にいた山県狂介・品川弥二郎に対して島津久光はこう語っている。長州にしてみれば、もはや賢侯による言論――「建白」という手段には何の期待も出来ず「砲撃芝居ヨリ致方ナシ」という状況なのである。いわば木戸は数ヶ月前の自分に自分の進路を邪魔されることになった。

八月十四日、薩摩との協議のために長州から京に派遣された品川弥二郎、柏村数馬らは、小松帯刀、西郷吉之助、大久保一蔵と会談。薩摩側も幕府の対抗策への焦りから、(39)

最早人事口頭にては迚も貫徹不致候付此上は兵力を以て御行詰被成候外御手段不被為在候様拙者共に於ても相考候(40)

と武力行使の決意を述べる。

八月二十日、芸州の使者によって、長州処分伝達の件で「吉川氏と毛利家の老臣一人を大坂に召致する」旨の幕命が届く。これを京坂に兵を出す絶好の機会と捉えた長州は、「我藩は幕府の召あるを機とし之れに応じて一老臣に上坂を命じ付するに兵を以てし薩藩と呼応して非常に備ふる」と、護衛の兵を連れた家老・毛利内匠の上坂計画を立てる。『修訂防長回天史』に拠れば、この方針が定まったのが、木戸が長崎より帰国した九月四日のことである。[41]

この日書かれた木戸の龍馬宛書簡では、武力討幕を「芝居」に見立て「乾頭取」（乾退助）と「西吉座元」（西郷吉之助）が「得と打合に相成居手筈きまり居候事尤急務歟と奉存候」と薩土の武力連携を訴える。[42]長州は自らが武力行使出来る方策を見つけたことで、もはや迂遠な大政奉還の建白→拒絶を待つことなく、薩摩、土佐も即時武力行使へ方針転換し、長州と行動を共にすることを訴えているのである。

尚々書に書かれた「此芝居に付候而は少しも損の行かぬ様御工風被為在」という文言は痛烈である。

龍馬、即時武力行使に転ずる

イカルス号事件が解決したのは九月十日。木戸の意見に刺激されたのか、同じ頃龍馬はオランダ商人ハットマンから小銃千三百挺を購入する。

一方後藤象二郎は国元で藩論の統一には成功したものの、前当主の山内容堂から率兵上京は禁じられ、単身再度上京する。この違約に加えて、土佐の大政奉還建白書から薩土盟約で定めた将軍職辞職の条項が削除されていたことから盟約が破綻（九月九日）、同時進行していた薩長芸の三家による武力行使による政変が具体化されてゆく。

購入した小銃を震天丸に積み込み土佐へ運搬する途中、九月二十日に下関に寄港した龍馬は伊藤俊輔から決定的な情報を聞く。それが「薩土及云云且大久保が使者ニ来りし事迄承り申候」（慶応三年九月二十日・坂本龍馬書簡、木戸準一郎宛）[43]——すなわち薩土盟約の破綻と、大久保利通が使者となって長州を訪れ、約定書が取り交わされた薩長芸三藩出兵協定の成立（九月十九日）である。

そしてこの木戸への書簡で遂に龍馬は「後藤庄次《ママ》郎を国にかへすか、又は長崎へ出すかに可仕と存申候[44]」と、後藤と乾との交代案——すなわち大政奉還建白の中止を告げるのである。

ここで龍馬は自らが建言した（と思われる）大政奉還策を捨て去る。

龍馬は薩摩が即時武力行使に路線変更してしまった今、土佐が大政奉還策に固執し薩長陣営から脱落してしまうことを一番危惧していたと思われる。

この時期の龍馬の立ち位置として松岡司が、

> 龍馬の幕府への対応は、用兵建白を基本としていたはずである。龍馬は慎太郎とともに薩長同盟を成立させた。新しい日本をつくるための布石で、したがってこのあと生じた薩長路線とか土佐路線とかは問題の本質ではない。しいて言えば、薩長土三藩の協力による新しい日本づくりが最良だった。そしてその最良の策にいちばん近いものが、武力をうしろ楯とした大政奉還建白策だった。いわば薩長路線と土佐路線の中道といえ、これが実現してこそ三藩の協力がなる。（中略）
>
> 　しかも龍馬には建白策が失敗したときの第二段階として武力倒幕（討幕）があり、それはそれでやむをえぬ[45]

と論じている。筆者も概ねこの松岡の見解に賛同しつつ、もう少し土佐寄りの龍馬をイメージしている。

後述の山内家仕置役・渡辺弥久馬宛書簡にあるように、龍馬はこの時下関で、京での後藤の周旋を「実に苦心に御座候」と聞いている。実現出来ない大政奉還策ならさっさと放棄し、薩長芸と歩調を合わせ武力行使による政変に参加すべきなのである。

意地の悪い見方をすれば龍馬は木戸のシナリオのままに動かされているようにも見えるが、逆にこの現実的な振幅の大きさと的確な判断力、瞬発力こそが龍馬の政治的凄みであろう。小銃千挺を土佐に持ち込んだ龍馬は、渡辺弥久馬へ薩長の武力行使を伝え、土佐に小銃を購入させる。

京師の急報在之候所、中々さしせまり候勢、一変動在之候も、今月末より来月初のよふ相聞へ申候。二十六日頃は薩州の兵は二大隊上京、其節長州人数も上坂是も三大隊斗かとも被存候との約定相成申候。（中略）御国の勢はいかに御座候や。又後藤参政はいかゞに候や京師の周旋くち下関にてうけたまわり実に苦心に御座候乾氏はいかゞに候や。早々拝顔の上、万情申述度、一刻を争て奉急報候（慶応三年九月二十四日・坂本龍馬書簡、渡辺弥久馬宛）(46)

この書簡が書かれたのは九月二十四日、薩摩兵の上京は「二十六日頃」である。「一刻を争て」と龍馬は焦りを隠そうとしない。

ちなみに薩長芸三藩出兵協定の行動計画とは、京での「政変」で天皇を奪い、大坂に到着した三藩の兵が大坂城を襲い占拠するというものである。(47)兵力は主に禁裏封鎖と大坂城攻撃に用いられる。龍馬がどこまで具体的にこの行動計画を知っていたかは不明だが、渡辺への書簡で上京する薩摩の兵力を「二大隊」、長州も「三大隊斗」と報じていることから薩長の本気度は十分に感じていただろう。

龍馬、京に着く

出兵の段取りが整った薩摩は、土佐が大政奉還の建白書を出すことに同意し、土佐は十月三日、単独で幕府に大政奉還の建白書を提出する。薩摩のシナリオでは幕府が大政奉還を拒絶したまさにそのタイミングで兵が到着することになる。

ただこの建白書自体、後藤が幕府若年寄格・永井尚志から早々に差し出すよう言われていたものであり、提出すれば十分に採用が見込まれるものであった。

土佐に小銃を渡した龍馬が京に着いたのは十月九日である。薩摩兵はまだ上京していなかった。龍馬らは翌日白川の中岡慎太郎を訪ね、土佐が建白書を提出したことを知る(48)。建白書が提出された以上、もう土佐としては大政奉還を成功させるしか道はない。福岡孝悌の回想では、土佐の建白に際して薩摩（小松・西郷・大久保）は挙兵を五日間待つと約束したようだが(49)、既に建白からは五日以上過ぎている。薩摩がいつ挙兵に踏み切ってもおかしくはなかった。

実は薩長芸三藩出兵計画は、薩摩の国元で反対論が根強く薩摩の出兵が遅れたことから、長州は十月三日に出兵の延期――失機改図を決定している。これを伝える長州の使者・福田侠平が京に到着したのが十月九日の夜のことである（十日夜から十一日にかけて、今後の対策について薩長芸在京指導部の間で協議がもたれている(50)）。

同じ十日頃に龍馬は後藤象二郎に宛てて書簡を書く。この書簡は「江戸の銀座を京に移せば、将軍職は名だけで実がなくなるので恐るるに足らず」という部分が、龍馬の経済的視点を窺わせるものとしてよく引用されるが、注目すべきはそれに続けて「けして破談とはならざるうち御国より兵をめし御自身は早ゝ御引取老侯様に御報じ可然奉存候。破談とならざる内ニ云云は、兵を用るの術ニて御座候」と記していることである。[51]

松浦玲はこの書簡の意図を「（龍馬は）大政奉還建白を幕府がすんなりと採用するとは思っていない。まだ交渉が継続すると思っている。そこへ銀座を京都に移すという新しい難題を持込んでさらに交渉を長引かせ、兵を用いるための時間稼ぎとせよという」「時間稼ぎが後藤の役割、軍隊を呼んで「兵を用る」段階になれば、もう後藤の出る幕ではないのだ」とする。[52]

つまりこの時点で龍馬はまだ失機改図の件を知らず、土佐が薩長芸と共に出兵計画に参加する方策を探していたのである。

土佐山内家の仕置役・神山左多衛の十月十日の日記にも、土佐から到着した小目付の野本平吉や梅太郎（龍馬と思われる）らが「此度之御献白筋ニ付、御人数不出テハ決而不可然」[53]と土佐兵の上京を訴えたという記事がある。

上京後の龍馬について岡内俊太郎は「才谷（引用者注：龍馬）は薩長人の間に周施し、又吾（引用者注：岡内）後藤象次《ママ》郎殿に論議参画し、兎に角御建言は御建言の方に進め、又薩長の挙兵論は挙兵論に進め」[54]と記している。果して龍馬はどの時点で失機改図の件を知ったのであろうか。それは土佐の出兵までの時間稼ぎを目論む龍馬には願ってもない事態だっただろう。

ちなみに「坂崎・海援隊始末」には、十日に龍馬が福岡の紹介で永井尚志を訪れ建白書の採用を説いたことが記されている。龍馬が大政奉還策実現に向けて起こした数少ないアクションの一つだが、編者（岩崎？・紫瀾？）は福岡の談話に拠るものと注記しているものの、現在残されている複数の福岡談話のいずれにもこのことは記されておらず、このエピソードの正確な出典はわからない。

しかし時勢は龍馬の予想以上の急スピードで展開する。龍馬上京の四日後の十月十三日、将軍慶喜は二条城に在京十万石以上の諸家の重役を集め、大政返上の意志を告げる（二条城会議）。

慶喜は二条城会議の前日十二日には、京都守護職や所司代、大小目付、町奉行等を二条城に召集して大政奉還を諭告しているし、さらにその前日の十一日に永井から後藤に大政奉還の採納を内示する書簡が送られたという(55)。

「神山左多衛日記」の十月十二日条にも「今朝も象二郎永井へ出ル弥以御建白御採用ト決定」と記されているし、既に龍馬が上京した九日の時点で「御採用ノ所へ弥運ヒ」という永井書簡が後藤に届いたことが記されている(56)。土佐山内家では後藤以外の人間も二条城会議以前に大政奉還が受諾されることを知っており、龍馬もある程度、この状況は把握していたと思われる。

それでも龍馬が二条城に向かう後藤に、

万一先生一身失策の為に天下の大機会を失せバ、其罪天地ニ容るべからず。果して然らバ小弟亦薩長二藩の督責を免れず。豈徒ニ天地の間に立べけんや（慶応三年十月十三日・坂本龍馬書簡、後藤象二郎宛(57)）

と半ば脅迫文のような書簡を送ったのは、最後の局面で詰めを誤り、事を破ることに対する龍馬自身の危機感を表現したものであろう。

ことここに至れば、龍馬も後藤と乾を交代させるなどと言っておられず、再び後藤とタッグを組んで大政奉還実現に賭けざるを得ない。「小弟亦薩長二藩の督責を免れず」というフレーズが、結局時間稼ぎにも失敗し、土佐の出兵を実現し得なかった龍馬の立ち位置を如実に示している。

龍馬にとって薩長土の三藩は少なくとも対等の関係でいなければならなかった。既に武力行使に舵を切った薩長を土佐が制するには、この大政奉還を成立させるしかない。龍馬にとってこれは平和革命か武力革命かという問題ではない。土佐が薩長に先んじるか、後塵を拝すかの問題だったのである。

これに比べれば後藤の「併今日之形勢ニ因リ、或ハ後日挙兵之事を謀リ、飄然として下城致哉も不被計候得共、多分以死廷論スル之心事」（慶応三年十月十三日・後藤象二郎書簡、坂本龍馬宛）(58)という返信は随分軽い。既に建白が受諾されることを知っていたことに加えて、薩長芸三藩出兵計画から受けているプレッシャーが龍馬と後藤とでは全く違うのである。

これまでの龍馬本の多くは、龍馬＝大政奉還論者＝平和革命論者、という前提条件を当然のことのように設定し、龍馬の武断的言動は大政奉還拒絶という最悪の事態に備えた「保険」であり、決して彼の本意ではないのだと説明してきた。

確かに「保険」ではあるのだが、これまで見てきたように、龍馬にとってはむしろ拒絶後の武力展開こそが想定されるシナリオであり、龍馬は明らかに土佐の武力行使勢力の一翼を担う存在だったのである。

福岡孝悌の証言

再度の繰り返しになるが、土佐山内家が大政奉還を藩論として採用して以降、大政奉還実現に向けての龍馬の政治的行動はほとんど確認出来ず、むしろ龍馬は薩長と歩調を合わせての武力行使に熱心であったように思われる。

また龍馬が大政奉還を周旋した事実が確認できないのと同様に、龍馬は自らの書簡や文章でも大政奉還構想については言及していない。

そもそも龍馬は本当に後藤に大政奉還を建言したのだろうか、そしてそこに「船中八策」の影はあるのだろうか。

続いて龍馬の周辺の土佐関係者、海援隊士らの証言を見てみよう。

まず、長崎から上京した後藤に大政奉還策を聞いた土佐山内家の仕置役・福岡藤次（孝悌）の証言を見てみたい。福岡といえば「船中八策」がその原点となったとも言われる「五箇條の御誓文」の起草者の一人でもある。

最初に「温知会速記録」の講演を見てみよう。

龍馬の策を立てたは余程違って居る。土佐も立ち天下の事を治むるには是（引用者注：大政奉還）より外に道は無い。さうして慶喜を始め兵を動かして討つには及ばないと彼は言ふて居る。(59)

福岡はこのように龍馬が大政奉還策を立てたように証言している。ただこの福岡の談話は明治四十三年（一九一〇）十二月十二日に行われたものであり、龍馬の大政奉還への関与や「八策」の存在が世に知られるようになってからの談話である。しかも一方では今日（引用者注：大正二年）福岡子爵に此事を尋ねましたら、此の根拠が坂本龍馬から出たといふ事は全く知らぬと申されました。福岡子爵は今日に至ってもまだそれが全く後藤伯の考から出たものだと信じて居られる様であります[60]

というコメントもある。三年前に「龍馬の策を立てた」と言っておきながら、いまさら「全く知らぬ」とはいい加減なものであるが、いずれの談話も維新後五十年近くを経過した時点の談話なので、記憶も随分曖昧になった上に、後日得た情報で修正されているはずである。

ただこの時点で故意に龍馬の大政奉還への関与を秘匿、否定しなければならない理由はない。福岡の記憶は所詮その程度なのである。

福岡の談話は数件が現在に伝わっているが、岩崎鏡川らによってこの後大正六年（一九一七）に行われたと思われる「子爵福岡孝弟談話」[61]では具体的に「船中八策」に触れかけている。少し長くなるが引用しよう。

問（岩崎君）あの案（引用者注：大政奉還）は二通りほどありますが、坂本と後藤が船の中で拵へた船中八策と云ふものがあります。

答　あれは決めて言へませぬが、自分の心地上で言うて見ると、坂崎の書いたのを見ましたが（引用者注：『維新土佐勤王史』と思われる）、大政返上の建白書は詰り松岡（引用者注：松岡毅軒）が書いて、民部（引用者注：山内民部（豊誉《とよたか》））が書入れた。

（中略）

問（岡部君）あれは京都で出来たものではありませぬか。

答　自分が書いたと思ふ。種はあの通りであったに相違ありませぬ。

（書冊中の一節を読む）これは各々少し違ふ。八策ぢゃ五策ぢゃ違ふ。

問　長岡謙吉の手紙に自分が大政返上の建白を二通書いた、京都から送ったと云ふことがありますが、後藤さんが出られて、あなた様と御協議の上で出来たものでせう。

答　初め持ってきた八策は船の中で見た。それは案が二通りある。方今皇国之務国体。これに限って月日を皇慶応としてある。

問　愈々朝廷へ奉るとなったのは京都でやって長岡が書いた。それから土佐へ来たときは松岡が筆を執った…

答　さうらしい。

いったい福岡が何を言いたいのか余りよくわからないが、どうやら福岡が言っている船の中で見た二通りの八策とは、薩土盟約に際して作成されたいわゆる「約定の大綱」と「約定書」のことのようだ。つまり福岡はこの談話で「大政奉還の建白書は、約定の大綱と約定書を元にまず自分が草稿を書き、それを最終的に長岡と松岡が仕上げた」と言っているのである。

しかし慶応三年のこの時期、福岡はずっと京におり船に乗る機会はない。「約定の大綱」と「約定書」は、共に土佐山内家の御隠居様御側用役・寺村左膳が薩土盟約に際して執筆したものであり、当然福岡はそれを薩土重役会談の前後に始めて見たはずである。あるいは四月に長崎に行っているので、その際、「船中八策」を見たとでもいうのだろうか。

ちなみに山内民部は既に慶応三年二月に没しており、大政奉還の建白書に書き込みが出来るはずもない。

福岡はこの時八十二歳。記憶が曖昧になっていても仕方がない年だが、やはり「船中八策」については芯を喰った記憶がないようである。

佐佐木高行の証言

土佐山内家の大目付であった佐佐木高行の日記『保古飛呂比』も土佐山内家の大政奉還建白書の後に、「参考」として「坂本龍馬ノ八策」を引用している（慶応三年九月二十九日条）。

えっ、佐佐木の日記にあるんだったら「船中八策」は少なくとも慶応三年の九月には存在したんじゃないの、と思われた方、少し待って下さい。

『保古飛呂比』は明治三十六年（一九〇三）から四十年（一九〇七）の間に佐佐木が書き留めていた書類を、佐佐木家に寄寓していた丸橋金次郎が整理する形でまとめられたものであり(62)、なおかつ収められた書簡や史料には、当時の様子を関係者に思い出させて、当時の日付で「書簡風」に書かせたものなども混じっている（慶応三年十月四日・岡内俊太郎書簡、佐佐木高行宛など）。

つまり『保古飛呂比』の史料は同時代史料としては微妙に怪しいのである。しかも「坂本龍馬ノ八策」は、日記本文ではなく「参考」として別に記載されており、編纂の際挿入されたことが明らかである。

ただ、『保古飛呂比』に引用された「坂本龍馬ノ八策」には「右ハ坂本ノ持論ニテ、毎々右ノ相談アリタル事也(63)」とのコメントが付されている。少なくとも佐佐木にとってこの八策の内容自体は既知のことだったようだ。

後藤象二郎の証言

さて当の後藤象二郎である。後藤は大政奉還策の仕入先について、どう証言しているのであろうか？

後藤自身がこの時期を回想した談話に、明治二十一年（一八八八）六月二十一日、島津家の家史編纂に従事していた市来四郎、寺師宗徳に対して行った「大政返上ノ議ヲ起シタル原因及ヒ二條城ニ於テ談論ノ情況」がある。(64)

結論から言うとこの談話に龍馬は登場しない。大政奉還の着想については慶応二年からの長崎滞在中、

此間ニ予ノ研学セシハ福沢諭吉著西洋事情・清訳聯邦政略・英国議院論等ノ書物ヲ読ミテ粗ボ西洋ノ事情ヲ察シ、又天下ノ大勢ヲ考案スルニ至リテ始メテ徳川ノ政権ヲ取リテ更ニ政府ヲ設クルノ可ナルニ若カスト思ヘリ。（中略）最早徳川家ノ政権ヲ去リテ更ニ一新セサレハ国家ノ治平望ムベカラストハ決心セリ。因テ此ノ旨意ヲ以テ上京セシ

と自分の勉強と知見の成果であると語り、龍馬及び「船中八策」の影響には一切触れていないのである。(65)

この辺の後藤の態度を、龍馬が大政奉還策の立案者であることを隠し、手柄を独り占めしようとした、中にはこれが龍馬暗殺の動機で、黒幕は後藤だ、と記述するものまでもある。

残念ながら容堂は文久三年に大政委任か大政奉還かについて春嶽らと共に議論した、武家側の当事者の一人なのである。後藤が龍馬の名前を隠しても「立案者」という点では全く意味がない。

そもそも現代の会社組織でも、ある部局に所属する個人の意見が上申される際、その個人の意見としてではなく、部局としての意見、あるいはその部局の代表者の意見として上申される、というのは普通のことである。

海援隊は「暗に出崎官に属す[66]」組織であり、出崎官は参政・後藤象二郎である。組織論から言っても、海援隊は後藤の配下にあり、後藤は龍馬のことを自分のブレーンとして考えていたかと思われる。

であれば、龍馬の意見は俺のもの、であり、「天下ノ大勢ヲ考案スルニ至リテ」という範疇に収まってしまうものである。仮に大政奉還策が龍馬の示唆だったとしても、後藤は大政奉還策を「チーム後藤」の代表者として堂々と述べたに過ぎないのである。

海援隊士・陸奥宗光の談話、長岡謙吉の記録

海援隊士だった陸奥宗光は明治三十年(一八九七)七月の談話で、

坂本に至りては(中略)平和無事の間に政権を朝廷に奉還せしめ、幕府をして諸侯を率ひて朝廷に朝し、事実に於て大政大臣たらしめ、名に於て諸侯を平等の臣属たらしめ、以て無血の革命を遂げんと企てぬ。(中略)(龍馬が)其経綸を後藤に説くや、彼は何の躊躇する所なく、坂本の説を容れ、進んで之を慶喜に説かんとするに至りぬ[67]

と語っている。これは後藤の危篤を聞いた陸奥が病床で口述筆記させたものであり、陸奥の絶筆である。(68) この時期長崎で商務を執ることの多かった陸奥は、長崎での後藤と龍馬の動向については通じていたと思われ、後藤の顕彰という目的からは後藤が発案したと言いたいところをわざわざ龍馬の発案と記すあたり、この談話は事実に近いのではないだろうか。ただし「船中八策」は登場していない。

それでは「船中八策」を実際に起草したといわれる長岡謙吉はどうだろうか？

長岡が筆記したとされる「海援隊日史」で、龍馬と後藤が夕顔丸に乗った慶応三年六月九日はどう書かれているだろうか？

> 六月九日本藩ノ運送船水蓮長崎港ヲ発ス。由井《ママ》桂《ママ》三郎船長タリ。参政後藤象次《ママ》郎、附属官松井周助、高橋勝右衛門、隊長才谷梅太郎、文官《臣》謙吉等同乗タリ。翌十日馬関ニ達ス。十一日晴天暁霧岩見島ノ辺ヲ過ルトキ少シク暗礁ニ触ル。破傷大ナラズ十二日朝兵庫ニ達ス。午後大坂長堀ノ邸ニ入ル。同日後藤、松井等、上京。十四日京師ニ到ル。邸外に宿ス(69)

以上である。「船中八策」はおろか、船中で協議したことすら書いていない。

この後、「日史」は海援隊士の動向などを記し、「六月九日ヨリ七月七日ニ到ルマデ廿八日ノ間、種々ノ記載スベキ事アリ、今省文に従フ」というコメントに続いて、「幕府暴逆失体ニ因テ、相議シテ檄文ヲ作ル」と二種類の文書が記してある。

しかしこの二種類の文書は薩土盟約に際しての「約定の大綱」と「約定書」であり、前述のように、共に土佐山内家の寺村左膳が執筆したものである。

ちなみに「約定の大綱」は薩土盟約に関する土佐側原案、「約定書」は二十二日の薩摩・土佐の会談を受けて、「約定の大綱」に加筆添削をし、七月二日の第二回会議で合意に達した薩土盟約の正本である。(70)「日史」の「相議シテ檄文ヲ作ル」はこの間の交渉を指している。

もし長岡が「船中八策」を起草しており、それがこの「約定の大綱」と「約定書」に引き継がれているのであれば、長岡はなぜそれらの原点である「船中八策」だけを記していないのであろうか？

長岡はその後土佐山内家の大政奉還建白書に関与し、そのことを、

純正（引用者注：今井純正＝長岡謙吉）平生之閑文字モ這回建白ニ書ヲ草案シ遂ニ大樹公謝表中政刑ヲ挙テ朝廷ニ帰還スル草案ヲ起スニ至リシハ存挂《ぞんじがけ》モナキコトニテ(71)

と記している。「子爵福岡孝弟談話」に出てきた「長岡謙吉の手紙」とはこれを指す。しかしやはり龍馬の大政奉還構想や「船中八策」については関連する記述を残していない。

『土藩坂本龍馬傳』

山口県立文書館の「毛利家文庫他藩人履歴」の中にあるのが、『土藩坂本龍馬傳　附近藤昶次郎池内蔵太之事』である。(72)

「此原書ハ直柔ガ籍嗣小野淳輔（初名高松太郎）ガ、維新ノ際官ニ上スル所ノ直柔ガ履歴書」(73)と本文中の注記にあることから、元海援隊士・小野淳輔（高松太郎・のち坂本直―龍馬の甥）の原筆を補訂したものであることがわかる。(74)

ちなみに山本栄一郎は、『伊藤公実録』（中原邦平著・明治四十二年）の記述を根拠に、この補訂者を『元治夢物語』や『七卿西竄始末』の著者・馬場文英とするが、(75) 筆者もこの説に同意する。

この『土藩坂本龍馬傳』の簿冊の巻末には「欄外ニ朱書シタハ島津編輯員市木四《ママ》郎氏ノ筆ニ係ル録シテ参照トス　明治二十四年七月十一日」という、毛利家編輯所の中村弼の注記がある。(76) 当然それ以前にこの伝記は完成しているはずなので、本格的な龍馬伝としては最も古いものと思われる。(77) ただし当時刊行はされていない（現在は『坂本龍馬全集』に全文収録されているのでご参照いただきたい）。

高松太郎原筆という事で、後世の編纂物ではあるがここでは関係者の証言に準じるものとして検討してみたい（ただ本文の注記以外にこの史料の来歴を示すものはない。原本が本当に高松によって書かれたものかという点も含めて、正直使っていい史料なのか判断に迷うところではある）。

　同年（引用者注：慶応三年）夏直柔又京師ニ到リ、在京ノ日西郷後藤等ト会議ヲ尽シ、幕府大権返上ノ事又藩主容堂公へ数ケ条建言ス。同年秋ニ至リ大権返上ト議決セシ(78)

『土藩坂本龍馬傳』に記された大政奉還に関する記述は以上で全てである。ここでも「船中八策」は登場しないが、一点引っかかるのは「容堂公へ数ケ条建言ス」という一文である。

この「数ヶ条」が「船中八策」を意味するのか、あるいは「約定の大綱」「約定書」を意味するのか微妙であるが、「西郷後藤等ト会議ヲ尽シ」という文章に続くことから、薩土重役会談を経てまとめられた盟約の正本たる「約定書」（あるいは「約定の大綱」を含む）と考えておきたい。

ここまで龍馬周辺の証言を幾つか見てきた。

龍馬が後藤に建言するその瞬間ズバリの証言はないのだが、陸奥や高松といった海援隊の人間は土佐山内家の大政奉還策が龍馬の建言に拠ることを語っており、龍馬が大政奉還策を後藤に建言したことまでは十分あり得ると思われる。おそらく佐佐木の言う「坂本ノ持論」の中に大政奉還策もあったのだろう。

実際、龍馬は既に二度、松平春嶽を通じて大政奉還策を実現しようとしている。しかしそれが三度目の正直──後藤への建言になるには、松平春嶽の七ヶ条提言の内容が、まず木戸から龍馬、次いで龍馬から後藤に伝えられ、後藤がそこに大政返上そのものを慶喜に建白するという案を付け加えた、という青山忠正の論が一番無理がない。

ただこれらの証言には「船中八策」の影はなく、龍馬が自分の建言を「船中八策」という文書の形にしたのかというとやはり疑問符を付けざるを得ない。

それでは「「船中八策」を書いた、大政奉還の立役者・坂本龍馬」はいつ頃から登場するのであろうか?

いよいよ本題である。明治以降の龍馬関係書籍で確認してゆこう。

第二節 「船中八策」テキストの成立

① 明治十六年・坂崎紫瀾『汗血千里の駒』

龍馬没後、活字メディア上で発表された坂本龍馬に関する初めてのまとまった伝記は、管見の範囲では明治十一年、土居香國編の『海南義烈傳』であると思われる。ただ「はじめに」の引用からもわかるように、この伝記は実際には龍馬の事績にほとんど触れておらず、大政奉還策にも一切触れていない。

同じく明治十三年（一八八〇）の『海南愛國民権家列傳』にも龍馬は取り上げられているが、「後藤象次《ママ》郎厚ク龍馬ノ事業ヲ賛成シ之ト深ク交ヲ結ベリ(79)」という文章があるだけで、大政奉還についてはやはり一切記載がない。「民権家列伝」であるのに、議会構想などを記した「船中八策」についてもまったく触れず、龍馬の事績としては薩長盟約といろは丸事件が記されているだけなのである。

そして明治十六年、ついに坂崎紫瀾のあの小説が登場する。そう！大河ドラマ『龍馬伝』で一躍知名度がアップし何と岩波文庫に収められるまでになった、政治小説「天下無双人傑海南第一伝奇汗血千里の駒」（以下「汗血」）である。

この「汗血」が、現代に至る坂本龍馬像のアウトラインを決定付けた小説である、とはよく言われるが、実はこの小説は「薩長盟約」にも「船中八策」にも余り触れる所がない。

土佐の大政奉還建白に関しては、

> 後藤は又乾氏と少しく其意見を異にし、国家の大権を一途に帰せしむるには之を干戈に訴へんより寧ろ言論を以てするの穏当なるに如かずと主張したる（第五十二回）(80)

と後藤象二郎の発案であるとし、「船中八策」の存在はもちろん、龍馬が大政奉還策を建言したことにも一切触れていないのである。

その一方でこの小説の龍馬には、慶応三年十月十三日、徳川慶喜が二条城に在京の御三家・譜代・外様の諸藩を呼び集めた二条城会議の席で、

> 恐れながら殿下の御眼中には最早朝幕公武の小差別なく唯此の日本国の安危のみを御覧ぜられて大政返上を思し立てられたまひしかと愚察仕りて候へ。此上は片時も早く其実効を立てさせられんこと然るべう存じ奉り候なり（第五十八回）

と、慶喜に大政奉還を進言し説得する最も派手な役回りが与えられている。このシーンが史実でないことは言うまでもないだろう。

第二章で詳しく述べるが、この「汗血」は、土佐の倒幕運動を天賦人権説に基づく自由主義革命の母胎として位置付けると共に、その中心人物・坂本龍馬と中岡慎太郎の後継者に板垣退助、後藤象二郎を置くことで、二人に自由民権運動における正嫡性を賦与しようとした小説である。

であるならば、まさに自由民権運動の中心課題である公議による議会政治を建白する「船中八策」と、その実現に向けた龍馬・後藤の連携こそ、この物語に最も相応しい題材であるはずである。しかし紫瀾がその「船中八策」に触れることがないのは、紫瀾が「汗血」執筆当時、「船中八策」について全く知る所がなかったからだと思われる。

ちなみに「汗血千里の駒」の四年後の明治二十年（一八八七）四月、『土陽新聞』紙上に、長岡謙吉の伝記「名士《めいし》傳《でん》泣血遺稿《なみだのしたがき》」が全十七回にわたって連載されている(81)。

> 謙吉は同隊（引用者注：海援隊）の人々に擢んで、文章に富みたるゆゑ此れ等浪士が国に報ひ世を憂ふの熱血の余瀝を染めし幾篇の論稿は十中八九謙吉が手に成りたる（『土陽新聞』明治二

十年五月三日付紙面）

と、この伝記では海援隊の論稿のほとんどは長岡が執筆したものだとしているが、それが具体的にどの論稿を指しているかは記されておらず、「船中八策」も登場しない。

逆に長岡と大政奉還策の関わりは「慶応三年に将軍徳川家茂《ママ》より朝廷に奉つらんと筆せし謝表の草案も当路の人を経由して謙吉に属せられ遂に添削加竄して差し出せし」（同前）と、龍馬どころではない、将軍家の文書を添削したものとして記されている。これは先に引用した長岡の書簡の中にある「遂ニ大樹公謝表中政刑ヲ挙テ朝廷ニ帰還スル草案ヲ起スニ至リシ」のことだろう。

② 明治二十九年・弘松宣枝『阪本龍馬』

「汗血千里の駒」が政治「小説」であったのに対して、坂本家に伝わる家族宛ての龍馬書簡を豊富に引用した、龍馬に関する初めての実証的な「史伝」が明治二十九年（一八九六）に民友社から刊行される。弘松宣枝の『阪本龍馬』（以下『弘松龍馬』）である。

著者の弘松宣枝は坂本の長姉・千鶴の孫であり、坂本龍馬家の跡を継いだ元海援隊士坂本直（高松太郎・小野淳輔）とその弟である海南自由党の坂本南海男（直寛）の甥に当る。当然坂本家周辺からの取材も行われたであろう。

大久保利謙によれば、明治二十年代以降、すぐれた人物に理想像をさぐる文明批評的な人物評論と人物再検討の要求に応じて、読書界では一種の伝記ブームが起こる(82)。その伝記ブームの中心となったのが民友社と博文館であり、この『弘松龍馬』も民友社の伝記の一冊として刊行されたものである。売れ行きも好調だったのか、現在でも意外と古書店で見かける本である。

勝海舟を暗殺するつもりだった龍馬が勝の説に感じ入り勝に弟子入りする、西郷を龍馬が一喝し薩長盟約が締結される、などの龍馬伝の有名なエピソードは、実はこの『弘松龍馬』で初めて登場する。「汗血」以上に龍馬伝の正統な「型」を作ったのがこの『弘松龍馬』なのである。

そしてこの『弘松龍馬』で始めて、龍馬は土佐の大政奉還策の作者として登場する。

後藤は高知城下に帰着し、密かに容堂公に面し、王政復古の議を奉りければ、老公もかねて政権二途に出るはよろしからずと思ひければ、大に之を喜び、曰く、象二郎よくも心づきたりと。実は象二郎にあらずして龍馬也(83)

傍丸は原著のままである。

「建議案十一箇条」

『弘松龍馬』で、龍馬が「満腹の経綸を吐露し、長岡謙吉をして（中略）草せしめたり」として紹介されるのが、「建議案十一箇条」である。

其略に曰く、天下の政権を朝廷に返還せしめ、政令宜ろしく朝廷より出づべし。

曰く、上下議政局を設け、議員を置て万機を参賛し、万機宜ろしく公議に決すべし。

曰く、有材の公卿、諸公及び天下有名の人材を顧問に備へ、官爵を賜ひ宜ろしく従来有名無実の官を除くべし。

曰く、外国の交際宜ろしく広く公議を採り、新たに至当の規約を立つべし。

曰く、古来の律令を折中し、宜ろしく新たに無究の大典を撰定すべし。

曰く、海陸軍宜ろしく拡張すべし。

曰く、親兵を置き、宜ろしく帝都を守護すべし。

曰く、金銀、物価宜ろしく外国と平均の法を設くべし。

（九、十、十一条は不詳）

方今の急務此数策を捨てゝ、他に求むべきものなし。苟も此数議を挙行せば皇運を挽回し、国勢を拡張し、万国と並立する亦た難きにあらず、伏して願はくば公明正大の道理に基き、一大英断を以て天下更始一新せんことをと。(84)


龍馬の死後三十年、管見の範囲では龍馬の大政奉還策が具体的に紹介されたのは、これが初めてである。

いきなり結論になるが、これまでも菊地明、桐野作人、山本栄一郎らが指摘してきたように(85)、名称こそ「建議案十一箇条」であるが、これが「船中八策」の初出原型だと断言しても差し支えないだろう。提言される項目の順序も「船中八策」と同じであり、大きな相違点と言えば、「建議案十一箇条」の第六項が「曰く、海陸軍宜ろしく拡張すべし」であるのに対して、「船中八策」が「海軍宜シク拡張スベキ事」と陸軍が抜けている点ぐらいである。

一見してわかる通り、「船中八策」と「建議案十一箇条」は、何よりもまず表現形式が異なっており、「船中八策」が「一・～べき事」という一つ書き形式で書かれているのに対して、「建議案十一箇条」は「曰く～すべし」という口語体形式で書かれている。また「其略に曰く」「九、十、十一条は不詳」といった表現があることからも、弘松は「建議案十一箇条」なる文書を見たわけではないと思われる。つまり「船中八策」はその当初から文書が実在しない、「記憶」の中の存在だったのである。

重ねて言うが、龍馬の後藤への大政奉還建言が具体的に記されたのは、この「建議案十一箇条」が初めてである。例えば、明治二十五年（一八九二）刊の松本仁吉『日本忠臣美談』では、慶応三年十月十三日付の龍馬の後藤宛書簡を使用し、大政奉還を熱望する龍馬の姿を描くが、大政奉還策そのものが龍馬の建言だとはしていない。

「建議案十一箇条」は船中で書かれたのか？

ではこの「建議案十一箇条」はいつどこで書かれたものとされているのだろうか。慶応三年六月九日長崎を出港し京に向かう夕顔丸の「船中」（同十二日兵庫着）で書かれたから「船中八策」なのであるが、弘松はこの「建議案十一箇条」を、龍馬が長崎から上京した後、京で時勢を分析し構想したものとしている。

『弘松龍馬』では、龍馬にこの「建議案十一箇条」を示された後藤は「快なり！」とこの案に賛同し、早速土佐に帰り、大政奉還策を容堂に説き土佐の藩論にしようとする。龍馬と後藤は西郷・大久保を訪ねて、後藤が土佐から戻るまでは挙兵を延期する約束を取り付ける。そのまま二人は七月二十九日に大坂に下り、後藤は八月一日に高知城下に帰着するのである。

ちなみに龍馬が七月二十九日に大坂に行ったのは事実であるが、これはイカルス号事件に際して松平春嶽から山内容堂へ宛てた書簡を佐佐木高行に託しに行ったのであり、大政奉還の件とは関係ない。後藤とは同行していないばかりか、後藤は既に七月八日土佐に戻っている。

③ 明治三十年・坂崎紫瀾「後藤伯の小傳」

この「建議案十一箇条」を「汗血」の作者・坂崎紫瀾が、早速自著に用いる。明治三十年八月五日、後藤象二郎が没すると、紫瀾はその日から『東京新聞』紙上に「後藤伯の小傳」という連載を開始する。

その第四回（明治三十年八月八日付）で、

坂本固より兵を知れる者幕府陸軍の手並は知れたり。敢へて恐るるに足らず。唯だ海軍の精鋭に至りては薩長土の軍艦を合するも之に当るに足らず。寧ろ大義名分と日本の大利害を以て之を慶喜公に説き、自ら大政返上の挙を行はしむるに如かず。若し果して此の時勢切迫を利用して其の建議を容れられんには本藩も亦頗る面目あり

と、龍馬が後藤に「建議八策の草案」という建言を示すシーンが描かれている。

一　天下の政権を朝廷に奉還なさしめ政令宜しく朝廷より出づべき事
一　上下議政局を設け議員を置きて参賛せしめ万機宜しく公論に決すべき事
一　有材の公卿諸侯及び天下の人材を顧問に備へ官爵を賜ひ宜しく従来有名無実の官を除くべき事
一　外国の交際宜しく広く公議を採り新に至当の規約を立つべき事

一　古来の律令を折中し新に無窮の大典を選定すべき事
一　海軍宜しく拡張すべき事
一　御親兵を置き帝都を守衛せしむべき事
一　金銀物価宜く外国と平均の法を設くべき事　（傍線部・引用者）

この「後藤伯の小傳」が『弘松龍馬』刊行の翌年、ということから見ても、「建議八策の草案」は「建議案十一箇条」から不詳とされる三条を除き全八箇条のものとし、それを一つ書き形式に整理したものだと思われる。随分と形が整ってより一層「船中八策」に近付いてきていることがわかるだろう。

傍線を附した箇所が「建議案十一箇条」との相違点であるが（「建議案十一箇条」の第二条は「議員を置きて万機を参賛し」であり、「万機」が省略されている）、「建議八策の草案」は「建議案十一箇条」とほとんどの字句が同一であることがわかる。特徴的なのは第二条と七条で、「〜し」という主体的表現が「〜せしめ」と使役形に改められていることと、「建議案十一箇条」の「海陸軍」がこの時点で「海軍」に変更されていることである（変更の理由は不明だが、龍馬が海援隊隊長だったことからの連想だろうか。あるいは単純な誤記とも考えられる）。

また「建議案十一箇条」にあった「方今の急務〜」以下の建白体の文章が「建議八策の草案」には欠けている。紫瀾はあるいは「方今の急務〜」以下の文章を、十一箇条に付随するものではなく、弘松が書いた地の文と思ったのかもしれない。

紫瀾が「建議八策の草案」なる文書を入手し、それをもとに「後藤伯の小傳」を記したとは考えにくい。紫瀾はこの後も自著で何度か八策を記すが、それぞれのテキストにブレがあるからである。もし紫瀾が文書を転記したのであれば、この時点でテキストが確定しているはずである。

ちなみに佐佐木高行の日記『保古飛呂比』に、「坂本龍馬ノ八策」なるものが引用されていると前述したが、その龍馬の八策のテキストはこの「建議八策の草案」と同一のテキストである。これも前述したように、『保古飛呂比』は明治三十六年〜四十年の間にまとめられたものであり、『保古飛呂比』編者の丸橋金次郎が紫瀾の「建議八策の草案」（あるいはそれを引用したもの）を引用したものと思われる。

紫瀾は、この「建議八策の草案」が書かれた時期を明示していないが、この案を得た後藤が「当時長崎に滞在せし西郷と大久保を歴訪し」討幕挙兵延期を依頼したとすることから、弘松の七月説とは異なり、後藤が夕顔丸で長崎を発つ六月九日以前を、起草のタイミングとして想定していたことと思われる。

ちなみに慶応三年には西郷も大久保も長崎に滞在したことはない。

④ 明治三十三年・坂崎紫瀾『少年読本・坂本龍馬』

紫瀾は続いて明治三十三年（一九〇〇）に、『少年読本第十九編　坂本龍馬』（以下『少年読本』）を刊行する。

この「少年読本シリーズ」は、博文館から明治三十一年から三十五年にかけて全五十冊が刊行された「わが国最初の、複数の著者による伝記児童書の、シリーズ出版」である。(86)

子供向きと侮るなかれ！　取り上げられた被伝者は半数が幕末に活躍した人物であるが、水戸烈公（斉昭）、阿部伊勢守（正弘）、佐久間象山、桐野利秋、河井継之助、三条実美、周布政之助、月性、なんと近衛忠熙までが取り上げられるマニアックな人選である。近衛忠熙の伝記などは恐らくこの一冊しかないのではないだろうか。作者も幸田露伴（伊能忠敬）、田山花袋（池大雅）、饗庭篁村（曲亭馬琴）、堺利彦（周布政之助）、巌谷小波（井伊掃部頭）といった豪華メンバー揃いである。

この「少年読本シリーズ」は大変好評の内に迎えられ、重版も相次いだとされる。『少年読本』の龍馬像もまた広範に流布し、あるいはその影響力は「汗血」を凌いだのではなかろうか。『坂本龍馬』はシリーズの他の巻よりもページ数が多いだけではなく活字も小さい。ギッシリと書き込んだ、紫瀾の龍馬伝の集大成ともいえるのがこの『少年読本』であり、「汗血」を少年版に書き改めたもののように思われているのか、余り注目されないが、龍馬伝の形成と後世への影響において、大変重要な一冊だと言える。

ここで紫瀾は、

右の一書（引用者注：「汗血」）は其の伝播の広く且つ久しきが為め往々世人の仮を認めて真と為すに至る、是れ余の窃に慙悔する所たり。爾来余は龍馬其人の為めに大書特書すべきの新事実を発見したること一にして足らず。是に於て更に実伝を著はし[87]

と、自著の「汗血」が「仮」――フィクション――であることを認め、『少年読本』はこれを訂正した「実伝」だと位置付けている。

そしてこの『少年読本』に「汗血」では描かれなかった「八策」が初登場するのである。

名称は「建議八策の草案」ではなくただの「八策」、テキストは「建議八策の草案」とほぼ同一のものであるが、第二条のみ、

「上下議政局を設け、議員を置きて参賛せしめ、万機宜しく公論に決すべき事」が

「上下議政局を設け、議員を置きて万機を参賛せしめ、万機宜しく公議に決すべき事」

と、「建議案十一箇条」の表現に戻り、より「船中八策」に近付いている。

紫瀾は「其の薩長両藩の連盟と幕府大政返上に関する秘密の如きは（中略）中島長城及び後藤伯に就て聞けるもの多き[88]」と、元海援隊士の中島信行と後藤象二郎をこの『少年読本』のネタ元と記しているが、実は紫瀾の「八策」の典拠が、『弘松龍馬』だったことは、例えば以下の二つの文章の比較からも伺える。

其（引用者注：幕府）海軍の如きは到底諸藩の及ぶ所にあらず。三藩合し一団となるも亦た対戦する難し、今若し軽挙して一着を誤るあれば、毛を吹て瘡を覓むるの悔なしとせず、先ず正々堂々の議論を籍て政権を朝廷に収むるを謀るに如かず、其議論の行はれざるに至て兵力を用ふるも、亦た遅しとせさる也（『阪本龍馬』「大政返上」の章[89]）

果して之（引用者注：幕府海軍）と相当らんには薩長土三藩の連合艦隊と我が海援隊を以てするも、勝負の数は未だ孰れに在るを知らず、若し軽挙に兵端を開きて初一着を誤らんには、為めに摂海を封鎖せられて進退維谷の死地に陥らんこと必然なり。故に先づ正々堂々大義名分を主張して、其の政権を朝廷に収るを以て先務とするこそ得策なれ、若し其の議論行はれざるに

於ては、則ち始て之を兵力に訴へんも未だ敢て遅しとはなさゞるなり（『少年読本』第二十五回）[90]

これは龍馬が「船中八策」を構想する件のそれぞれの文章であるが、『少年読本』の文章は、明らかに先行する『弘松龍馬』を下敷きにしたものと思われる[91]。

「後藤伯の小傳」では長崎で書かれたとイメージされていた「八策」だが、『少年読本』では『弘松龍馬』同様、長崎から京に到着した後に書かれたものとされている。

いずれにしても、船中で八策を示された当事者の後藤に取材したはずの『少年読本』だが、依然夕顔丸の船中のエピソードは登場していない。

ちなみにこの『少年読本』で「海援隊約規」が紹介されているのだが、その形式に注目したい。「海援隊約規」は「凡嘗テ本藩ヲ脱スル者及佗藩ヲ脱スル者　海外ノ志アル者此隊ニ入ル」「凡隊中ノ事　一切隊長ノ処分ニ任ス」と、「凡（およそ）〜」から始まる五項目が列記されている文書であるが[92]、『少年読本』はその前に「一」を付け、「一．本藩を脱する者及び他藩を脱する者〜」「一．凡て隊中の事〜」と、五項目を全て一つ書き形式で紹介しているのである[93]。これは「建議案十一箇条」を一つ書き形式に直し「建議八策の草案」としたのと同様の作業であり、あるいはこのような箇条整理は紫瀾の癖なのかもしれない。

次いで紫瀾は明治三十五年（一九〇二）、土佐山内家十五代当主・山内容堂の伝記『鯨海酔侯』を刊行するが、この著作でも『少年読本』同様、「建議八策の草案」のテキストが「八策」という名称で紹介されている。

⑤ 明治三十一年・秋月（岩崎）鏡川『後藤象次郎』

少し遡るが、明治三十一年（一八九八）に刊行された秋月鏡川の『後藤象次郎《ママ》』にも八策が紹介されている。八策の名称は「建議案八條」、テキストは、「後藤伯の小伝」で紹介された「建議八策の草案」と全く同一のものである。

この書の冒頭で著者の秋月自身が「坂崎紫瀾の筆になりて、嘗て東京新聞紙上所載の後藤伯小傳は、余の此の篇をなすに当て、幾多未知の材料を提供せられしものたるや知るべからず[94]」と書いているほどなので、秋月の「建議案八條」は紫瀾の「建議八策の草案」をそのまま転記したものと思われる。

実は作者の秋月鏡川とは、後に『坂本龍馬関係文書』を編纂することになる岩崎鏡川のことである。およそ三十年後に「俗ニ「船中八策」ト云フ」とコメントする文書を、明治三十一年の岩崎（秋月）は「建議案八條」と紹介しており、この時点ではまだ「船中八策」という名称が存在しなかった（あるいは一般的ではなかった）ことを窺わせる。

⑥ 明治四十年・『殉難録稿』と「船中八策」テキストの完成

『殉難録稿』という書物をご存知だろうか。
『国史大辞典』の説明を引用すれば、

> ペリー来航から王政復古に至る時期、非命に倒れた尊攘派志士の小伝を網羅したもの。五十五巻。各府県から進達した志士履歴を宮内省で集録し、明治二十六年（一八九三）以降四十年ま

で順次刊行された。ついで修補訂正が続けられ、昭和八年（一九三三）には『（修補）殉難録稿』が刊行された。安政の大獄など事件別に膨大な数の人物が区分けされ、小伝が文語体で列記されている(95)という書物である。すなわち宮内省がまとめた官製の志士伝であり、全五十五巻、伝記が収録された人物は二千四百八十余人にも上る。

龍馬に関しては、ほぼこの事業の最終時点、明治四十年八月に『殉難録稿　巻之五十四　坂本直柔』が刊行されており、編纂者として、大橋義三と外崎覚、二人の名前が記されている。いわばこの時点で坂本龍馬の国家公認の伝記が完成した、と言える。

そしてこの『殉難録稿』で「船中八策」のテキストがほぼ現在の形に整うのである。

一　天下ノ政権ヲ朝廷ニ奉還ナサシメ、政令宜シク朝廷ヨリ出ツベキ事
一　上下議政局ヲ設ケ、議員ヲ置キテ万機ヲ参賛セシメ、万機宜シク公議ニ決スベキ事
一　有材ノ公卿諸侯、及ヒ天下ノ人材ヲ顧問ニ備ヘ官爵ヲ賜ヒ、宜シク従来有名無実ノ官ヲ除クベキ事
一　外国ノ交際、宜シク広ク公議ヲ採リ、新ニ至当ノ規約ヲ立ツベキ事
一　古来ノ律令ヲ折衷シ、新ニ無究ノ大典ヲ選定スベキ事
一　海軍宜シク拡張スベキ事
一　御親兵ヲ置キ、帝都ヲ守衛セシムベキ事
一　金銀物価、宜シク外国ト平均ノ法ヲ設クベキ事

以上八策ハ、方今天下ノ形勢ヲ察シ、之ヲ宇内万国ニ徴スルニ、之ヲ捨テ他ニ済時ノ急務アルナシ。苟モ此数策ヲ断行セバ、皇運ヲ挽回シ国勢ヲ拡張シ、万国ト並立スルモ、亦敢テ難シトセス。伏テ願クハ公明正大ノ道理ニ基キ、一大英断ヲ以テ天下ト更始一新セン。

「直柔乃ち満腹の経綸を吐露し、長岡謙吉をして、建議案八條を草せしめたり」[96]として紹介される八条の条文は紫瀾の『少年読本』と同一のテキストだが、八条の後に附される建白文がこの『殉難録稿』から再登場する。建白文が付け加えられたこの「建議案八條」が「船中八策」のテキストのほぼ完成形と考えて良いだろう。

第三章で詳述するが、この『殉難録稿　坂本直柔』は、土佐勤王党の加盟者あるいはその支持者だった土佐出身の官僚たちが明治十七年（一八八四）に結成した会―瑞山会によって編纂された「坂本龍馬傳艸稿」なる伝記が元になっているのだが、その参考資料として紫瀾の『少年読本』が使用されている。おそらく『少年読本』の「八策」が、「坂本龍馬傳艸稿」を経て、『殉難録稿』に孫引きされたと思われる。

弘松が記した「建議案十一箇条」という「記憶」は、坂崎紫瀾のリライトを経て、宮内省の編纂物に掲載されることで、「建議案八條」という「史実」に変容したのである。

一方でその名称が依然「建議案八條」であることからわかる通り、『殉難録稿』でも未だ夕顔丸の船中のエピソードは登場せず、「建議案八條」は龍馬が上京後、京で長岡謙吉に起草させたものとしている。

「船中」の発見

『殉難録稿　坂本直柔』刊行の二年後、明治四十二年（一九〇九）十一月十六日、史談会例会で行われた「維新五ヶ條御誓文発布草案の由来」というタイトルの紫瀾の談話がある。

> 後藤象二郎が阪本龍馬と長崎から京都へ参りました其の船中で協議しました。そこで一つの方案を立てました。将軍は職を退いて諸侯の会議で之を解決して、政権は朝廷へ返上する、是は阪本龍馬の書いた時務八策といふものに上下両院を建つるといふ事が確に書いてあります。
> （傍線部・引用者）[97]

まだ名称も「船中八策」ではなく、また「時務八策」が船中で書かれたものとはしていないが、八策が今まで入京後、京の情勢を窺って起草されたものとされていたのに対して、ここで初めて長崎から上京する夕顔丸の船中が協議の場としてクローズアップされている。

明治四十四年六月、紫瀾は設立されたばかりの維新史料編纂会事務局の常置編纂員となるが、それからまもなく大正二年（一九一三）の二月十七日に没する。

その後を襲った岩崎鏡川の編著によって、[98] 大正十五年に刊行された『坂本龍馬関係文書第二』の中には、前述のように紫瀾が執筆した「坂本龍馬海援隊始末」という稿が収められている。

この稿の正確な執筆年代は不明であるが、東京大学史料編纂所に残る「坂本龍馬海援隊始末・初稿」稿本[99]には、謄写完了日として明治四十四年十一月四日という日時が記されており、「土佐勤王史ニ曰ク」という引用が散見されることからも、『維新土佐勤王史』の執筆の終了後、維新史料編纂会採用直後に編纂業務の一環として書かれたものかと思われる。

この「坂崎・海援隊始末」で「建議案八條」の第一条が「奉還なさしめ」から「奉還せしめ」に変更されており、この稿を以て、現在に至る「船中八策」のテキストが完成する事になるのである。

第三節 「船中八策」という名前の誕生

『新政府綱領八策』の登場

さて重箱の隅を突付く話の連続で、すっかり頭が混乱された読者の方も多いかもしれない。大変恐縮だが、ここでもう一つの混乱の種が登場する。

「新政府綱領八策」という文書である。

これは前述のように「慶応丁卯十一月　坂本直柔」という日付・署名がある龍馬の自筆文書が、国立国会図書館と下関市立長府博物館に一通ずつ伝存しているので、何らかの機会に目にされた方も多いかもしれない。

以下「新政府綱領八策」の全文である。

第一義

天下有名ノ人材ヲ招致シ　顧問ニ供フ

第二義

有材ノ諸侯ヲ撰用シ　朝廷ノ官爵ヲ賜ヒ　現今有名無実ノ官ヲ除ク

第三義

外国ノ交際ヲ議定ス

第四義

律令ヲ撰シ　新ニ無窮ノ大典ヲ定ム　律令既ニ定レバ　諸侯伯皆此ヲ奉ジテ部下ヲ率ユ

第五義

上下議政所

第六義

海陸軍局

第七義

親兵

第八義

皇国今日ノ金銀物価ヲ外国ト平均ス

右預メ二三ノ明眼士ト議定シ　諸侯会盟ノ日ヲ待ツテ云々　〇〇〇自ラ盟主ト為リ　此ヲ以テ朝廷ニ奉リ　始テ天下万民ニ公布云々　強抗非礼公議ニ違フ者ハ断然征討ス　権門貴族モ貸借スルコトナシ

慶応丁卯十一月　　坂本直柔[100]

（これは国立国会図書館憲政資料室蔵のテキストであり、下関市立長府博物館蔵のテキストは、第四義の末尾が「部下ヲ率ス」となっている）

この「新政府綱領八策」と「船中八策」との一番の大きな違いは、大政奉還を建白する条文が存在しないことであり、文末の「慶応丁卯十一月」という日付表記と併せて、大政奉還後に書かれたためと解釈されている。しかし一方で「上下議政所」や「海陸軍局」といった単語だけを並べている条もあり、文書としての完成度は「船中八策」の方が高い。

この「新政府綱領八策」は、どうやら明治四十年前後からその存在が広く知られるようになったようだ。

明治三十七年（一九〇四）二月、美子皇后（昭憲皇太后）の夢枕に龍馬が現れ、日露戦争の勝利を約したという「国母陛下の御瑞夢」をきっかけに一種の坂本龍馬ブームが起こる。

明治三十九年（一九〇六）には龍馬・中岡の没後四十年を記念して、皇室から祭祀料が下賜される形で「坂本・中岡没後四十年祭」が開催されるが（これは現在に至るまで十一月十五日の墓前祭として継続されている）、その際京都で龍馬と中岡の遺墨展が開催され、そこにこの「新政府綱領八策」が石田男爵（元海援隊士・石田英吉家）蔵として展示されたのである。(101)

以降、龍馬の伝記に「新政府綱領八策」が登場し始め、「船中八策」論はこの「新政府綱領八策」を交えた形で展開されることとなる。

以下この節では混乱を避けるため、二つの八策をその起草された（と言われる）月をとって呼ぶことにしたい。現在「船中八策」と呼ばれている八策のテキスト（「建議案八條」）を「六月八策」、「新政府綱領八策」のテキストを「十一月八策」と呼ぶことにしよう。

⑦ 大正元年・瑞山会編『維新土佐勤王史』

紫瀾の没する一年前の大正元年、『維新土佐勤王史』が刊行される。この『維新土佐勤王史』は土佐勤王党殉難者の顕彰と祭祀の継続を目的に結成された瑞山会の事業として、土佐勤王党の活動を紫瀾が通史の形で編纂したものであるが、ここに「六月八策」と並んで、「十一月八策」が登場する。

紫瀾はまず、

世に所謂坂本の八策なるもの、即ち是れなり、《或は云ふ。当時長岡の草せる箇条は、拾壹までありしと。而して其の第九、第十、第十一の文字は、世に伝らず》[102]

と「十一月八策」を紹介し、一方で今まで「坂本の八策」としてきた「六月八策」を、

別に世に伝はりし八策の稿は、頗る其の字句を修飾せるのみならず、末尾に建白体の文字を加へあり。併せて之を左に録して参考に供す[103]

と「参考」扱いにしている。

龍馬自身の署名がある「八策」の登場に、紫瀾はこれこそが「建議案十一箇条」のオリジナルだと考えたのだろう。

「或は云ふ。当時長岡の草せる箇条は、拾壹までありしと。而して其の第九、第十、第十一の文字は世に伝らず」という但し書きは明らかに「建議案十一箇条」を意識している。

自分がアレンジしたものを「別に世に伝はりし八策の稿」とは随分他人行儀な書き方だが、紫瀾は「後藤伯の小傳」や『少年読本』では八条の後の建白文は記しておらず、「末尾に建白体の文字

を加へあり」という八策は、自分は与り知らぬ、という感覚だったのだろう。

前述のように「十一月八策」には「慶応丁卯十一月」という年月が記してあるが、土佐山内家から大政奉還の建白が行われたのは慶応三年十月三日のことであり、大政奉還を建言する「六月八策」と並べるとその点明らかに矛盾する。そのため紫瀾は、「慶応丁卯十一月」という日付をカットした上で「十一月八策」を「六月八策」と置き換え、従来の「六月八策」は別稿として「参考」扱いにしたのである。

ただし『維新土佐勤王史』で、紫瀾は三年前に史談会の談話で語った後藤と龍馬の船中の協議については一切触れておらず、「坂本の八策」は入京後中岡から京の情勢を聞いた龍馬が、大政奉還の建白によって土佐の藩勢回復を目論み、そこに「世界的開国進取の新経綸を加え」て作成したものとしている。

ところが紫瀾が面倒なのは、同じ『維新土佐勤王史』の中で、もう一度同じ「十一月八策」の引用をやってのけたことだ。しかも今度は「慶応丁卯十一月」の日付を入れて！

再度の引用は、慶応三年十一月の龍馬の越前行き（由利公正との会談）を記した後である。「当時坂本の手書せしもの」として、前後の脈略も何の解説もないまま「十一月八策」がポツンと登場する。(104)「十一月八策」の写真も掲載されているが、名称は「坂本龍馬八策覚書」である。

つまり紫瀾は「十一月八策」に書かれた「慶応丁卯十一月」という日付は、単に文書が書かれた日（「当時坂本の手書せしもの」）と解釈し、「十一月八策」の構想自体は六月の段階で既に存在し、それが修飾されて伝わったものが「六月八策」（元は建議案十一箇条）としたのである。紫瀾はその誤解を防ぐため最初の引用では日付をカットしたと思われるが、それにしても同じ文書を二度、別の所で解説なく引用するのは、紛らわしいから止めて欲しいものである。

すなわち紫瀾にとって「坂本の八策」とはあくまでも「十一月八策」のことなのであって、その「坂本の所謂八策を敷演したるもの[105]」が薩土盟約の「約定書」なのである。

ちなみに紫瀾は先程紹介した明治四十二年の史談会での談話で「時務八策」について、

此時福沢諭吉氏の西洋事情も出版されて天下に流布して居ったが多少長崎で外国の事情を聞いたので、大政返上と共に、諸侯会議を開くといふ方針を書いて建策に及んだ[106]

と語っている。

諸侯会議を開く、という内容は「十一月八策」にしかないものであり、このことからも紫瀾が「十一月八策」の方を船中で協議した八策だと考えていたことが窺える。

紫瀾は「六月八策」のオリジナルなのに、その肝とも言うべき大政奉還の条文が「十一月八策」にないことをおかしいと思わなかったのだろうか。

ところが『維新土佐勤王史』の後に書かれたと思われる「坂崎・海援隊始末」では、「慶応三年丁卯六月十五日後藤初テ大政返上建白ヲ藩論トスルニ決ス　龍馬為メニ長岡謙吉ヲシテ八策ヲ草セシム[107]」として「六月八策」のテキストを紹介し、「十一月八策」の方は「十一月上旬（日不詳）龍馬ハ諸侯会議ノ為メ八個條ノ覚書ヲ草シ土藩重役等ニ示ス[108]」と大政奉還後の諸侯会議のために書かれたものとしている。

やっとここで紫瀾は「十一月八策」の日付と内容を素直に受け入れることにしたらしい。

岡部精一と「船中八策」の登場

ここで岡部精一なる人物が登場する。この岡部、余程の龍馬マニアでもご存知ないのではないかと思う。龍馬に関する著作はないので知らなくて当たり前だろう。

岡部精一は明治四十四年に維新史料編纂事務局の常置編纂員となり、史料の蒐集・編纂に関する諸規程の立案に尽力している。編纂業務では明治初年の部分を担当したが、この間、日本歴史地理学会の創設・発展に貢献。晩年は東京遷都の研究に没頭し、大正六年『東京奠都の真相』を上梓している。[109]つまり紫瀾、岩崎の同僚である。

この岡部が「八策」に触れる講演を二回行っている。

まずは大正二年二月二十二日。史学会の例会で行われた「五箇條御誓文の発表に就きて」という講演である。

坂本龍馬が後藤象二郎と長崎から京都へ上らんとする時に船中で互に協議をして一つの方策を立てました。これが坂本龍馬の時勢八策として知られて居ります。龍馬自筆のものも今現に伝はつて居ります。実に慶応三年六月の事で（傍線部・引用者）

このコメントに続いて「十一月八策」が引用されるが、

更にまたこの八策の別稿として同じく坂本龍馬の手に成つた他の八策といふものも伝はつて居ります。然し内容は全く同一で、只文句が多少修正してあります[110]

として「六月八策」も引用している。

おいおい、「内容は全く同一」じゃないでしょう！　と突っ込みたくなるが、岡部もこの二つの八策を、紫瀾同様「十一月八策」が正本で「六月八策」は別稿としている。しかし『維新土佐勤王史』と異なるのは、この八策が「船中の協議」の成果物としている点であり、これは紫瀾の史談会の談話と同様である。それでもまだ名称は「時勢八策」なのであるが。

　ちなみにこの岡部の講演も『維新土佐勤王史』同様、「慶応丁卯十一月」という年月を一切無視し（引用も年月をカットしている）、「十一月八策」を「慶応三年六月」のものとしている。

　大正二年二月二十四日付の『東京朝日新聞』にはこの岡部講演の要旨をまとめた「五ケ條御誓文の研究」なる記事が掲載されているが、そこでは、

　龍馬が後藤象次《ママ》郎と同船して長崎よりの帰途船中にて打ち合せたる覚書あり、後後藤が藩主容堂に協議の必要ありて京都を去る時再び覚書を認め福岡子（引用者注：福岡孝悌）の手許に残し置きたる

と「覚書（八策）」が「① 船中にて打ち合わせたる覚書（十一月八策）」「② 後藤が京都を去る時再び認めた覚書（六月八策）」の二通あるとしており、岡部は二つの八策を「初稿と改訂（修正）稿」という時系列を持った二つのテキストとして認識していたことがわかる。

紫瀾が『維新土佐勤王史』で「六月八策」を曖昧な「参考」扱いにしていたのに対して、岡部はこの二つの八策に時系列を設定したのである。その一方で紫瀾が「坂崎・海援隊始末」で「十一月八策」を十一月の文書と比定し直したことは、無視されているが。

　続いて、岡部のもう一つの講演について触れたい。

　大正五年（一九一六）十一月十五日、京都で行われた坂本中岡両先生五十年祭記念講演会での、

「坂本先生と大政奉還運動」という講演である。この年は龍馬中岡の遭難五十回忌に当たる年で、四十年祭と同様、京都で記念祭典が開催され、講演会や展覧会が開催されている。

「船中八策」という名称は『坂本龍馬関係文書』から初めて登場した、とする書籍が多いが、管見の範囲で「船中八策」という名称が初めて登場するのは、この講演である。

岡部はまず、

坂本先生は平生懐抱して居らるゝ所の意見を明に示され長岡謙吉が筆を執って草案が出来ました。それが即ち所謂八策といふのである（傍丸原著）

とした上で、

所がこの八策なるものが今日に伝つて居るのは二様ある

と「十一月八策」と「六月八策」の両テキストを挙げる。そして、

思ふに前の分（引用者注：「十一月八策」）は最初の草案で、多分長崎から上京の途次船中で仮りに案を立てゝ見たものではありますまいか。此の八策を船中八策（傍丸原著）とも申しますことを併せ考へると如何にもさうであらうかと思はれます。それで後の分（引用者注：「六月八策」）が京都で先生と後藤と相談の成り立ったとき長岡謙吉をして書かせたものではないかと思はれます。(11)

との説を披露している。

大正二年の講演では「時勢八策として知られて居ります」と言われていた「八策」の名称がここで「船中八策」になっている。しかも岡部は「此の八策を船中八策とも申しますことを併せ考える

と」と、「船中八策」と呼ばれる以上船の中で作られたはずだ、という理屈で、名称を論拠にして船中の協議を導き出している。逆である。

「長崎からの上京の途次、船中で書かれた「船中八策」」がここで初登場することになるのである。[112]

岩崎鏡川の講演

ついに「船中八策」という名称が登場した。大正五年のことである。

ここでもう一度四十五ページに引用した大正六年の「子爵福岡孝弟談話」を見てもらいたい。

問（岩崎君）あの案は二通りほどありますが、坂本と後藤が船の中で拵へた船中八策と云ふものがあります

ほら、ここでも「船中八策」って使ってますね。何度も言うが、岩崎鏡川は『坂本龍馬関係文書』の編纂者である。その岩崎もやはり大正六年の段階で「船中八策」という名称を使っているのである。しかもこのインタビューには岡部も参加している。

加えて温知会で行われた岩崎の講演がある（講演日不明）。

六月九日に龍馬先生は長崎を出発して、六月十八日に大阪に着しました。（中略）其時に船中で大政返上の建白の筋書を八箇條立たのであります。其一箇に「天下の政権を朝廷に奉還せしめ、政令は宜しく朝廷より出づへきこと」其他「上下議政局を置く」とか「人材を抜擢し無用の官を除く」とか云ふやうな八箇條があります。これを世に船中八策と申しますが、実に堂々たるもので、他日五箇條の御誓文の粉本となりました。[113]

岩崎も岡部同様「世に船中八策と申します」と、すっかり人口に膾炙した名称であるかのように「船中八策」という名称を使っている。おーい、君は明治三十一年の『後藤象次郎』では、八策を「建議案八條」と呼んでたよね。

ただ岡部が「十一月八策」のテキストを船中で書かれたもの、「六月八策」のテキストを京都で改訂されたものとし、「十一月八策」を「船中八策」と呼んだのに対して、岩崎は逆に船中で書かれたテキストは大政奉還の建白がある「六月八策」の方だとし、それを「船中八策」と呼んでいる。つまりは現在と同じテキストである。

⑧ 大正十五年・岩崎鏡川『坂本龍馬関係文書』

やっと大正十五年「日本史籍協会叢書」の『坂本龍馬関係文書』まで辿り着いた。この本に収録されることで、「船中八策」は文書としての「正当性」を得ることになるのである。

この『坂本龍馬関係文書一』に慶応三年六月十五日の文書として「六月八策」のテキストが紹介される。ただなぜか文書に附せられた名称は「新政府綱領八策」である。

もう一回言います。テキストは「六月八策」、名称は「新政府綱領八策」です。

編者の岩崎は、この文書に編纂者識として、

此綱領ヲ俗ニ『船中八策』ト云フ、是月龍馬後藤象二郎ト同船長崎ヨリ上京ノ際船中ニ於テ協定シ海援隊書記長岡謙吉ヲシテ起草セシメシヨリ此名アリト云フ、然トモ此綱領ノ確定セルハ是日ナリシコトハ次ニ掲グル中岡ノ日記ニヨリテ証スヘシ、想フニ船中ノモノハコノ粉本ナラ

ンカ(114)
というコメントを附している。
すなわち、この「新政府綱領八策」（テキストは六月八策）は船中で書かれたものではなく六月十五日に京で確定されたものであり、これを俗に「船中八策」と言っているが（岩崎自身も前述の講演ではそう言っている）、本当に「船中」で書かれたものはこの「新政府綱領八策」の「粉本」＝元、であるとしたのである。

つまり岩崎も岡部と同様、初稿と改訂稿という二つの八策を想定しているのだが、岡部が、「十一月八策」（船中）→「六月八策」（京）、と考えていたのに対して、岩崎は、「（粉本）」（船中）→「六月八策」（京）と考えている。

「六月八策」のテキストを「船中八策」と呼ぶ、この岩崎のスタンスに変わりはない。ところが岩崎は更に、これは夕顔丸の中で起草されたという文字通りの意味での「船中八策」ではなく、京で修正された「改訂版」であると厳密に定義して、「船中八策」と呼ばれている文書の名称を「新政府綱領八策」に付け替える作業を行ったのである。

それでは、岡部が船中で書いた初稿とした「十一月八策」がどこに行ってしまったのかというと、文書に記された「慶応丁卯十一月」という年月を重視し（というか当然だが）、「龍馬自筆新政府綱領八策」という名称で慶応三年十一月上旬の文書としたのである。

「龍馬自筆」と付け加え「新政府綱領八策」という名称はそのまま生かしたということは、岩崎がこの二つの八策を基本的には同じものだと認識していたことを表す。

つまり岩崎は、漠然と「船中八策」という名称で呼ばれていた二つのテキストを、それぞれ「新政府綱領八策」と「龍馬自筆新政府綱領八策」と整理、名称変更をしたのであり、厳密には『関係文書一』に「夕顔丸の中で起草された「船中八策」のテキスト」は収録されていないことになる。

坂崎紫瀾の作為

同様に紫瀾が執筆した『関係文書二』の「坂本龍馬海援隊始末」を見てみよう。

紫瀾は「慶応三年丁卯六月十五日後藤初テ大政返上建白ヲ藩論トスルニ決ス。龍馬為メニ長岡謙吉ヲシテ八策ヲ草セシム」と「八策」が六月十五日に起草されたものとする。

紫瀾はその論拠として中岡慎太郎の日記、『行行筆記』の「同（引用者注：六月）十五日晴　後藤面会、聞昨夜政府議論決ス云々〇才谷面会云々」という記述を挙げる。中岡の日記には「八策」のことは全く書かれていないが、「政府議論決ス云々」は土佐の藩論が大政奉還に決まったことであり、それを受けて（おそらく「才谷面会」の時）八策が起草された、としたのである。ただ中岡の日記では土佐の藩論が決まったのは「昨夜」であり、「六月十五日後藤初テ大政返上建白ヲ藩論トスルニ決ス」という紫瀾の網文はそもそもおかしい(115)。

岩崎が「船中八策・改訂版＝六月八策」の成立日を六月十五日としたのもこの紫瀾の説を踏襲したものと思われる。『関係文書一』で岩崎はこの中岡の「政府議論決ス云々」に「政府議論云々ハ新政府綱領八ヶ条及薩土協約ノ要綱ヲ云フ」と注釈を付けているのである(116)。

ところがここに紫瀾の作為がある。実は中岡の日記の原文では「才谷面会、土州いろは丸一件、紀州償金出す云々」[117]なのである。紫瀾の引用では龍馬の用件も「政府議論」であり、あるいは後藤と同席しているかのようにも見えるが、龍馬の用件のメインはいろは丸事件の報告だったのである。紫瀾は『維新土佐勤王史』では中岡の日記を正しく引用しており、この省略は意図的なものであると思われる。即ち龍馬を「政府議論」に絡めたかったのである。

テキストも変える、名称も変える、史料も自説に沿う部分しか紹介しない。紫瀾のこの恣意的な史料操作が「船中八策」論議をややこしくしたのは間違いないだろう。

管見の範囲では、「此綱領ヲ俗ニ「船中八策」ト云フ」という一般的事実はこの時期にはまだ見当たらない。

「船中八策」という名称を考えたのが誰なのか結局不明であるが、明治四十四年までに書かれた紫瀾の「海援隊始末」では「所謂八策」、大正二年の岡部講演では「時勢八策」、と呼ばれていたものが、その三年後に「船中八策」になったということは、この期間に「船中八策」という名称が誕生したということなのだろう。

また岡部が「船中八策」という名称を論拠として船中で起草された、と論を組み立てていることから考えると、「船中八策」は岡部の造語ではなく、この講演が行われた大正五年には岡部の周辺で普通に使用されていた用語だったと思われる。岡部、岩崎はこの「船中八策」という名称と二つの八策の整合性をそれぞれ考察しているのである。

岡部、岩崎がいずれも維新史料編纂会事務局の人間であったことを考えると、編纂会事務局のいわば内内の「記号」として、紫瀾の「夕顔丸船中の協議」という説に符合させる形で、二つの八策

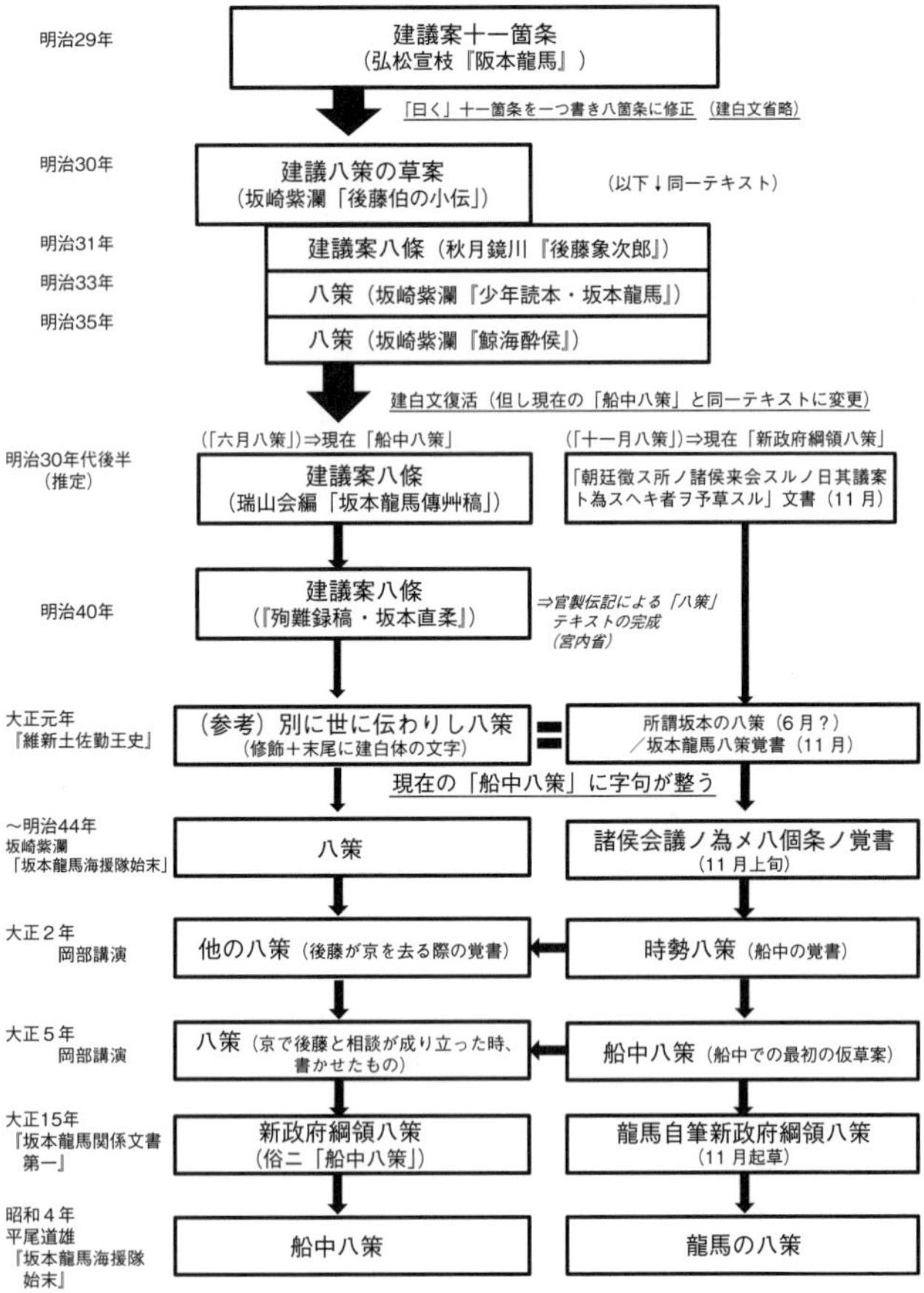
明治29年
建議案十一箇条
(弘松宣枝『阪本龍馬』)
「曰く」十一箇条を一つ書き八箇条に修正 (建白文省略)
明治30年
建議八策の草案
(坂崎紫瀾「後藤伯の小伝」)
(以下↓同一テキスト)
明治31年
建議案八條(秋月鏡川『後藤象次郎』)
明治33年
八策(坂崎紫瀾『少年読本・坂本龍馬』)
明治35年
八策(坂崎紫瀾『鯨海酔侯』)
建白文復活(但し現在の「船中八策」と同一テキストに変更)
(「六月八策」)⇒現在「船中八策」
(「十一月八策」)⇒現在「新政府綱領八策」
明治30年代後半
(推定)
建議案八條
(瑞山会編「坂本龍馬傳艸稿」)
「朝廷徴ス所ノ諸侯来会スルノ日其議案ト為スヘキ者ヲ予草スル」文書(11月)
明治40年
建議案八條
(『殉難録稿・坂本直柔』)
⇒官製伝記による「八策」テキストの完成
(宮内省)
大正元年
『維新土佐勤王史』
(参考)別に世に伝わりし八策
(修飾+末尾に建白体の文字)
所謂坂本の八策(6月?)
/坂本龍馬八策覚書(11月)
現在の「船中八策」に字句が整う
~明治44年
坂崎紫瀾
「坂本龍馬海援隊始末」
八策
諸侯会議ノ為メ八個条ノ覚書
(11月上旬)
大正2年
岡部講演
他の八策(後藤が京を去る際の覚書)
時勢八策(船中の覚書)
大正5年
岡部講演
八策(京で後藤と相談が成り立った時、書かせたもの)
船中八策(船中での最初の仮草案)
大正15年
『坂本龍馬関係文書第一』
新政府綱領八策
(俗ニ「船中八策」)
龍馬自筆新政府綱領八策
(11月起草)
昭和4年
平尾道雄
『坂本龍馬海援隊始末』
船中八策
龍馬の八策

「船中八策」の成立

に「船中八策」という名称が使用されていた可能性を提起しておきたい。
いわゆる「業界用語」である。

⑨ 昭和四年・平尾道雄『坂本龍馬海援隊始末』

最終的に「六月八策」が「新政府綱領八策」ではなく「船中八策」という名称で確定されるのは、昭和四年に刊行された、平尾道雄の『坂本龍馬 海援隊始末』である。『関係文書二』の紫瀾の稿と同じタイトルなのでお間違えないように。

平尾はこの著書で「長崎からの船中で、龍馬は後藤と相談して時勢救済策として八箇條を議定した。所謂船中八策と称せられる(118)」と記し、岩崎が京で修正された「改訂版」であるとして「新政府綱領八策」と名称を付け替えた「六月八策」を、夕顔丸の中で起草されたものとして、もう一度名称を「船中八策」に戻し確定させる。

この平尾の著作は以降坂本龍馬研究の決定版とされ、龍馬の基礎文献として利用され続けた。そして「坂本龍馬が長崎からの船中で議定した船中八策」が史実として世間に流布されることとなったのである(119)。

最後にここまでの考察を前頁のフローチャートにまとめてみたのでご確認いただきたい。

第四節　「船中八策」用語の検討

「船中八策」のアリバイを探れ

この節では、「船中八策」のアリバイ崩しに挑戦してみたい。

そのアリバイ崩しの手段として、本節では時刻表ではなく「船中八策」に使用されている「用語」を使用する。当然のことであるが、その中に例えば「総理大臣」といった慶応四（一八六八）年以降に成立した言葉があるとすれば、「船中八策」が慶応三年に龍馬もしくは長岡の手によって記された、というアリバイは成立しなくなるはずである。

ただ言葉がどの時点で誕生したかというのを確認するのは実質不可能に近い。本節では、松井利彦の「ほぼ同時期の数種類の文献に現われれば、その近代漢語は個人が臨時的に偶然に用いたのではなく、ある程度の範囲において通用していたと考えてよい(120)」という言葉を援用し、「船中八策」の用語の同時代性を検証してみたい。

恥ずかしながら本節の作業はごく簡単な表面的なものであるので、新たな視点の提示、という意味でお付き合いいただければ幸いである。

周知のように、明治維新期には欧米の医学、軍事、政治、経済、学術等が日本に移入されるのに伴い、様々な分野で新たな用語が誕生した。それらの翻訳語には主に漢語が用いられ、新規に造語するケース、それまで存在した漢語に新しい意味を付加させたり、他の意に転用したりするケース、漢訳洋書からそのまま借用するケースなどがあった[121]。

松井利彦はこれらの近代漢語について、「医学・化学・物理学・兵学・地理学などの分野の語彙の増加は近世の後半ないしは末期から始まっているが、他の分野のものは、ほぼ明治に入ってからであるといってよい。法令用語も同様である[122]」と述べている。

「船中八策」の国語辞書的アリバイ

『日本国語大辞典 第二版[123]』は、その言葉の意味・用法で最も古い用例と思われるものを採用することを編集方針としているが、まずこの『日本国語大辞典 第二版』で「船中八策」で使用されている漢語の明治期以前の用例の確認を行った（「船中八策」のテキストは『坂本龍馬全集』所収のものを使用した）。

もとより『日本国語大辞典 第二版』の用例は、それぞれの時代の一部の文献をサンプリングした結果に過ぎないのでそれをもって確証とすることは不可能であるが、ここで慶応四年以前の用例がない漢語を、明治期以降に使われるようになった漢語の容疑者として考えみたい。

確認の結果、

「議員」「規約」「拡張」「断行」「並立」

の五語に慶応四年以前の用例がなく[124]、「顧問」という漢語もこの意では慶応四年以前の用例がなかった。また「議政局」は結局設立されることがなかったためだろう、単語そのものが見出し語として採用されていなかった。

ただし「拡張」に関しては、松井利彦から慶応三年と四年の兵学書（『兵家須知戦闘術門』『砲火日新』）に用例がある事が報告されているのでこれから除くこととする。(125)

逆に「主に幕末・明治初期に新造された語、成立はそれ以前であるが、新しい概念を示す語として改めて用いられた語」などを収録した『幕末・明治初期漢語辞典』(126)には、この「議員」「規約」「断行」「並立」の四語全てが収録されている。

「断行」という単語などは、この二つの辞書の用例を併せ見ても、明治十二年（一八七九）五月の『東京日日新聞』の「其治図ヲ改良スルノ際ニ於テ、断行シタルノ一大措置タリシニ非ズヤ」が一番早い用例であり、慶応三年とは、十年以上の時間の隔たりがある。

ちなみに「慶応丁卯十一月　坂本直柔」という日付・署名がある龍馬の自筆文書が伝存する「新政府綱領八策」の漢語も同様に調査した結果、「公布」「貸借」など江戸末期に成立したと思われる漢語も使われているが、いずれの漢語も文書の日付である慶応三年十一月以前の用例を確認することが出来た。

あくまでも辞書上の調査であるが、「船中八策」の用語の中には、慶応三年の時点で一般的に通用していなかったと思われる漢語が複数存在する可能性がある、ということは言えそうである。(127)

「議員」の用例

次に具体例として、慶応四年以前の用例がない四語のうち、「船中八策」の第二条、「上下議政局ヲ設ケ、議員ヲ置キテ万機ヲ参賛セシメ、万機宜シク公議ニ決スベキ事」に使われている「議員」

という漢語について、同時代の用例を確認してみたい。

「議員」という単語は、西欧の政治制度の移入に際して生まれた、それまでの日本語になかった概念であり、幕末期に新しく造語された可能性が高い単語だと考えられるからである。

幕末期には既に海外の書籍の翻訳や、渡米・渡欧した日本人の見聞録等で欧米の議会制度が盛んに紹介されている。立法府の構成員を総称する用語としては、

「官員」（「八紘通誌・巻一」嘉永三年）

「院員」（「聯邦志略・上巻」文久元年）

「人員」（「英国志・職政志略」文久元年）

「総代」（西周「議題草案」慶応三年）

「議事官」（福沢諭吉『西洋事情初編・巻之二』慶応二年／大給乗謨・慶応三年十月上書）

などの用例が見られるが、その一方で「議員」の用例は見られない。また「船中八策」が下敷きになったと言われる、慶応三年六月の「薩土盟約・約定書」、同年十月の「土佐山内家大政奉還建白書」でも、「議員」ではなく「議事官」という用語が使われている。

筆者の確認出来た「議員」の最も早い用例は、慶応四年閏四月二十一日に公布された「政体書」に書かれた「各府各藩各県皆貢士を出シ議員トス」[128]、及び「戊辰（明治元年）十二月」の日付がある、議事体裁調局発行『公議所法則案』の「諸議員在職ノ年限ヲ四年トシ」[129]他の二件であり、共に「船中八策」の翌年の用例となる。

もちろん一年に満たない差でありこの調査をもって、「議員」は慶応三年の時点で存在しなかっ

た用語である、とは断言できないが、「船中八策」の用例がほぼ初出と言えるほど、「議員」の同時代用例が少ないことは指摘できる。

実際「議員」という用語は、佐藤亨によれば「欧米の政治体制の導入によって明治初期に生じた新漢語(130)」とされている。

立法府は何と言う?

「船中八策」の第二条「上下議政局ヲ設ケ、議員ヲ置キテ万機ヲ参賛セシメ、万機宜シク公議ニ決スベキ事」と、「新政府綱領八策」の第五義「上下議政所」は同じ内容を述べながら使用されている単語が異なっている。

また「船中八策」の影響下で作成されたとされる文書でも、薩土盟約約定書では「議事院」、大政奉還建白書では「議政所」、と用語のブレが見られる。

もちろん立法府・両院制という前例のない制度の提言であるため、造語も含めて、あらゆる言葉が選択される可能性があるが、この立法府、両院制についても「議員」同様、既にこの時期には欧米の議会制度が盛んに紹介されており、ある程度同時代用例が存在する。

例えば龍馬の周辺にも慶応二年に渡英し翌年帰国した中井弘(桜洲)の存在があり(中井は薩摩島津家士であるが、脱藩し後藤象二郎の援助で渡英している)、龍馬の用語選択もこれらと無関係ではなかったはずである。では「議政局」という単語はどの程度、同時代文書に用例があるのであろうか。

以下、幕末に翻訳書や見聞録で記された、立法府及び両院を指し示す漢語を幾つか挙げてみよう。
「上庁、下庁」（「坤輿圖識・補三」弘化二年）
「議事庁」（「亜米利加総記」嘉永七年）
「議事閣・選議処」（「美理哥総記和解・中篇」嘉永七年）
「上政省、下政省」（「八紘通誌・巻一」嘉永三年）
「公会」（「英和対訳袖珍辞書」文久二年）
「上の評定所・下の評定所」（「海外新聞」）元治二年）
「総会—上房、下房」（「万国公法・巻一・第二章二十四節」慶応元年）
「議政所」（中井桜洲『西洋紀行・目耳見聞録・巻之下』慶応四年）
などがあるが、その中でも、
「元老院《ホーケレホイス》・紳董院《ラーゲレホイス》」（「聯邦志略・上巻」文久元年）
「上院—労爾徳士、下院—高門士」（「英国志・職政志略」文久元年）
「公侯院、百姓院」（「智環啓蒙・第百四十四課」慶応二年）
「議事院」（福沢諭吉『西洋事情初編・巻之二』慶応二年、『写本・西洋事情』元治元年）
のように、「〜院」とつけた単語が特に多く見受けられる。
同様に日本への議会制導入を提言した建白書類でも、
「巴力門《ハルリモン》、高門士《コンモンス》則上院下院」（松平春嶽「虎豹変革備考」推定文久二年）
「議政院」（西周「議題草案」慶応三年）

「制法上院・制法下院」（津田真道「日本国総制度」慶応三年）
「議事院」（「薩土盟約・約定書」慶応三年六月／横井小楠・慶応三年十一月建言／大給乗謨・慶応三年十月上書／「神山左多衛日記」慶応三年十月二十五日／大久保一蔵書簡、蓑田伝兵衛宛・慶応三年十二月）

など「～院」という単語が最も多く使われており、他に、

「公議会」（吉井幸輔書簡、大久保一蔵宛・文久三年九月）
「公議所」（大久保忠寛書簡、松平春嶽宛・文久三年十月）
「議政所」（土佐山内家「大政奉還建白書」慶応三年十月、「新政府綱領八策」慶応三年十一月）
「議政局」（赤松小三郎・慶応三年五月松平春嶽宛建言）

といった用例が見られる（これら以外にも、『続再夢記事』『保古飛呂比』『寺村左膳日記』などに大政奉還や立法府・両院制に関する記述が見られるが、いずれも明治以降に編纂された物であり、編纂時の用語でリライトされている可能性があるためあえて省いた）。

当初様々に呼ばれていた立法府に関する用語は、慶応三年の時点では「～院」（特に「議事院」）が多数派として通用していたとみられる。これは当時破格のベストセラーになった福沢諭吉の『西洋事情』が「議事院」という用語を選択しているのが大きく影響しているのではないかと思われる。

「局」と「所」の使い分け

「議政局」という単語に関しては、「船中八策」の他に、信州上田松平家・赤松小三郎の建白書

（慶応三年五月）が、やはり「議政局」という単語を使用している。しかし「〜局」という用例はこの赤松の建白書程度しか見当たらない[131]。

幕末期になって新設された組織（特に陸海軍）には「〜局」と称される事例が多く見られる。例えば新選組「局長」近藤勇は「兼々局中も右等之次第有之候哉[132]」と、「新選組」を「局」と自称しているし、勝海舟や佐藤与之助も神戸海軍操練所を「神戸操練局[133]」「神戸は関西の海局と相定[134]」と記している。また文久三年十二月四日、長州毛利家には「海軍局」が設置されており[135]、土佐山内家も慶応二年二月五日に開成館を設立し、軍艦局、貨殖局、捕鯨局など十二局を設けている（開成館筆頭奉行は後藤象二郎[136]）。

土佐山内家の人間である龍馬と後藤が、開成館の用語を参考に新政体の用語をネーミングするというのはごく自然な流れだろう。「新政府綱領八策」の第六義にも「海陸軍局」という単語が使われており、「議政局」を龍馬が選択する可能性は高い。

ただ一方で同じ「新政府綱領八策」の中に「議政所」と「海陸軍局」が混在しているということは、龍馬が「局」と「所」を意図的に使い分けていたということも意味する。

龍馬の用語選択にも影響を与えただろう人物として、先に名を出した中井弘（桜洲）は「議政所」という単語を使っている。

龍馬が立法府や両院制などに言及した書簡・論考は、「船中八策」を除けば、「新政府綱領八策」が唯一のものである。「船中八策」が龍馬の構想を長岡謙吉が起草したもの、という説にも留意しつつ、ここでは龍馬の自筆文書である「新政府綱領八策」が「議政局」ではなく「議政所」という単語を使用しているということを改めて指摘しておきたい。

本節の冒頭でも記したように、言葉の誕生日を確定するのは実質不可能である。ただ同時期の数種類の文献に現われることを言葉の通用の証明だとすれば、「船中八策」には慶応三年時点で、まだ世間に通用していない言葉が含まれている可能性がある。

通説のように「船中八策」が慶応三年に書かれたものだとすれば、それは最新の価値観を出来たばかりの最新の漢語を用いて（あるいは造語して）表した文書であり、その表現力は次代を先取りしている。龍馬もしくは長岡は相当鋭敏な言語センスと漢籍の素養を持っていたということが言えるだろう。(137)

しかし「新政府綱領八策」が完全に慶応三年のアリバイを証明してみせたのに対して、「船中八策」のアリバイはやや苦しい、というのが筆者の正直な印象である。

第五節　「建議案十一箇条」とは何か

ここまでの筆者の論を整理すると、
①「船中八策」のテキストは、明治二十九年刊の弘松宣枝『阪本龍馬』に掲載された「建議案十一箇条」を、坂崎紫瀾が一つ書き・八箇条の形式に整理し、それを最終的に明治四十年刊、宮内省『殉難録稿　坂本直柔』が採録することで「史実」として扱われることになった。
②「船中八策」の名称は、慶応三年六月十五日に土佐の藩論が大政奉還策で確定した、という

説から逆算する形で夕顔丸船中の協議が注目され、その協議の成果物を表す「記号」として、維新史料編纂会の中で使用されていた。

となる。

また「船中八策」の用語の中には、慶応三年の時点で一般的に通用していなかったと思われる用語が複数存在しており、用語の面からも「船中八策」が明治以降に作成された文書であることが推測される。

さていよいよ本丸である。「船中八策」の起点になったと思われる「建議案十一箇条」は、なぜ書かれたのだろうか?

龍馬の経綸策を復活させよ!

「建議案十一箇条」を紹介した弘松宣枝の著書『阪本龍馬』では、大政奉還の建議が「実は象二郎にあらずして龍馬也」であり、龍馬が「大政返上の立案十一ヶ條を草し、容堂公の名を借りて将軍に献す(138)」というストーリーを描く。

そもそも弘松の起稿の目的は、

其公生涯の余りに短きを以て伝ふべきなしとするか。否な大に伝ふべきものあり。(中略)世人唯だ「薩長連合」のみを知りて其他あるを知らず。若し今にして伝ふるものなければ終に湮滅して知られざるに到らん(139)

と、知られざる龍馬の「事業」をアピールすることであり、その「事業」の最大のものが大政奉還の建言だったのである。
「容堂公の名を借りて将軍に献す」と弘松は龍馬の建言と土佐山内家の大政奉還建白書の因果関係を直線的に明示している。

であるならば、大政奉還の立案者としての龍馬の建言は、その成果物である土佐山内家の大政奉還建白書から逆算することで導き出されるはずである。

弘松にとって大政奉還建白書は「盖し彼が草案十一ヶ條を黠鼠塗抹せるに外なく、之か主眼とする所は悉く存して遺漏なし(140)」というものであるから、これは「検算」なのである。

ちなみにここで確認しておきたいのは、弘松は「建議案十一箇条」なる「文書の復元」を目指したのではない、ということである。弘松が復元しようとしたのは、あくまでも龍馬が後藤に建言したと思われる「龍馬の経綸策」であり、弘松はそれが十一箇条あったと誰かから聞いていたのである。

『近世紀聞』の影響

この「検算」に際して弘松が参考書として使ったと思われるのが、石津賢勤『近事紀略』(明治六年(一八七三))や山田俊蔵『近世事情』(明治七年(一八七四))、條野有人・染崎延房編『近世紀聞』(明治八年(一八七五)~十四年(一八八一))などの実録体通俗明治維新史で紹介された、土佐山内家の大政奉還建白書である。

例えば『近世紀聞』では大政奉還建白書は「八編巻之二」で紹介されるのだが、建白文をそのまま引用するのではなく、建白項目の順番を入れ替えるなど、内容を整理して地の文にし、文章にもアレンジを施している。

◎「幕下大政を王室に還さバ　政令一途に出るをもて其権一に朝廷にあれバ　朝廷急に議政局を設け　制度法令悉く其局より出すべし」

（曰く、天下の政権を朝廷に返還せしめ、政令宜ろしく朝廷より出づべし）

◎「其局を二局に分ち称して上局下局とし広く議して宜しきを採らん」

（曰く、上下議政局を設け、議員を置て万機を参賛し、万機宜ろしく公議に決すべし）

◎「議官ハ貴賤を論ぜず正明純良の士を選び挙げ其事を議する者ハ私曲を絶て公平を主とし既往の是非を問ハずして宜しく今後の得失を考へ天下を更始一新すべし」

◎「制度典礼自から古来の律令ありと雖も時と勢ひの異なれば之に拘り泥む事なく宿幣を改革し旧制を折衷し時勢切当の法を立つべし」

（曰く、古来の律令を折中し、新たに無究の大典を撰定すべし）

◎「都会の地に於てハ宜しく必ず学校を設け群材を教育して国家他日の用に充つべく」

◎「京摂の間に於て一大軍団を結び号して親兵となしてもて則ち帝都の守衛となすべし」

（曰く、親兵を置き、宜ろしく帝都を守護すべし）

◎「外国交際ハ宜しく諸藩の公議を採り、新たに至当の規約を修し信義を以て通商すべし」

（曰く、外国の交際宜ろしく広く公議を採り、新たに至当の規約を立つべし）

『近世紀聞』で紹介された大政奉還建白書のそれぞれの項目に、該当すると思われる「建議案十

一箇条」の項目を並べてみたがいかがであろうか。(141)

ちなみに『近世紀聞』のこの記述は、先行する『近事紀略』『近世事情』を参考にしたらしく、両書ともほぼ同様の記述である。(142)

前節で指摘したように、「船中八策」には明治期になってから成立したと思われる漢語が複数見られる。「建議案十一箇条」が明治二十年代後半にまとめられたものであるがゆえに、そこには無自覚にこの時点で流通していた漢語が使用されることになったのである。おそらく執筆に際して「参考文献」とされたこれら明治期の著作の語彙が混入したと思われる。

ちなみに前節で挙げた「慶応四年以前に用例がない四つの漢語」のうち「規約」は『近世紀聞』に登場し（新たに至当の規約を修し）、『日本国語大辞典 第二版』はこの用例を「規約」の一番古い用例として挙げている（既に明治六年の『近事紀略』に使われているが）。

また大政奉還建白書では「議政所」と書かれている立法府が、この『近世紀聞』では「議政局」になっている。「船中八策」の「議政局」はあるいはこの『近世紀聞』の反映ではなかろうか（議政局も既に『近事紀略』から使われている）。

明治二十四年の展示

しかしながら大政奉還建白書や『近世紀聞』から逆算するだけでは「建議案十一箇条」は作成できない。

例えば「建議案十一箇条」の「曰く金銀物価宜ろしく外国と平均の法を設くべし」に該当する項

目は大政奉還建白書にはない。では何に書いてあるかと言えば、そう「新政府綱領八策」である。「新政府綱領八策」を参照しない限り「建議案十一箇条」の「金銀物価」の項目は導き出されないのである。

「建議案十一箇条」の内容は「新政府綱領八策」とカブる。であるならば、後で書かれた「建議案十一箇条」が「新政府綱領八策」を参考にした、と考えるのが自然であろう。

ただ前述のように、この「新政府綱領八策」は明治三十九年、「坂本・中岡没後四十年祭」に際しての遺墨展で展示され、以降龍馬関係の書籍に収録されるようになったものである。では『弘松龍馬』が執筆された明治二十年代後半、弘松は「新政府綱領八策」の内容を知ることが出来たのであろうか。実は出来たのである。

明治二十四年（一八九一）四月八日、武市瑞山、坂本龍馬、中岡慎太郎、吉村寅太郎の四人に正四位が贈位された[143]。これを記念して五月八日、東京の富士見軒で武市以下、諸士の贈位を祝う会が開かれている。

その会の様子を明治二十四年五月十日付の『読売新聞』の記事で見てみよう。

高知出身の人々ハ一昨日午前九時より麹町区富士見町の富士見軒にて之が為に（引用者注：武市らの贈位）祝祭を行へり。楼上の精室に祭壇を設け別室に四氏の遺物を陳列す。遺物の中にハ武市氏の筆になれる書画多かりしが、また人をして慄然たらしめしハ坂本氏が佩用せし肥前忠義の刀と中岡氏の海西雑記と云ふ日記帳なり。刀も日記も遭難の日持ち居りし由にて刀ハ鞘のまゝにて格闘せしものと云ふ。日記にハ血痕の猶ほ腥きものあり

この会は佐佐木高行、土方久元、岩村道俊、河野敏鎌が呼び掛け人となって開いたもので、武市の未亡人の富子を始め、瑞山会会員、後藤、板垣などの土佐山内家関係者はもちろん、由利公正や陸奥宗光、井上馨など総計百四十四人が参会している(144)。

ここで注目したいのはこの会で四人の遺物を陳列していたということである。この五月十日付の記事には龍馬の遺品として、遭難時に佩用していた肥前忠吉の刀が記されているが、他にも展示されている龍馬の遺品があった。翌五月十一日の記事である。

（前略）民選議院の建白ハ明治六年に於て板垣、後藤、江藤、古沢、小室の諸氏に濫觴せりと思はざる者少し。然るに何ぞ知らん慶応丁卯の年に於て早く既に此事あるを。故坂本龍馬氏に正四位を贈らせ給ひしに付き土州人士が祝祭を催すと聞き霊前に涙を手向けて英魂を弔ひけるに、氏の遺物の中に就て左の大経綸策を見たり。此ハ実に氏が徳川幕府に建じて二条城を震動せし鐘音なりと

この文章の後に紹介されているのは、「新政府綱領八策」の全文である。

公開されたのは僅か一日だけであり、この贈位記念祭の出席者を記録した「武市瑞山先生外諸士贈位祭記録」にも弘松の名前はない。しかし明治二十四年の段階で「新政府綱領八策」は一度公開され、新聞にも掲載されていたのである。

この記事では「此ハ実に氏が徳川幕府に献じて二條城を震動せし鐘音なり」と、大政奉還に際して龍馬が幕府に提出した建白書として紹介されているが、紫瀾が文書に記された「慶応丁卯十一月」という日付をカットして誤魔化したのに対して、こちらはきちんと日付まで掲載されている。

偉い！　でも辻褄は合わないのだが。

これが弘松が「新政府綱領八策」を知ることのできる可能性、その一である（『読売新聞』の記事については皆川真理子氏にご教示いただいた）。


弘松のネタ元は誰なのか？


弘松が「新政府綱領八策」を知ることのできる可能性、その二は何だろうか。

簡単である。「新政府綱領八策」の内容を知っている、極端な話をすれば文書の写しを持っている誰かが、その情報を弘松に提供することである。そもそも弘松に十一箇条の龍馬の経綸策があった、と教えた人物がいるのだから。

再度、「建議案十一箇条」の作者・弘松宣枝について触れてみたい。

写真１　弘松宣枝
（高知県立坂本龍馬記念館寄託）

弘松は龍馬の長姉・千鶴の娘、茂が土佐安芸郡田野村の郷士・弘松宣晴に嫁いで生まれた男子（明治四年（一八七一）生）であり、坂本龍馬家の跡を継いだ元海援隊士坂本直（明治四年に改名。高松太郎・小野淳輔）とその弟である海南自由党の坂本南海男（直寛）の甥に当る。

弘松の著作として『阪本龍馬』の他に、明治三十二年（一八九九）にやはり民友社から刊行された『岩崎弥太郎』がある。没年は明治三十六年四月二十七日。わずか三十二年の生涯であった。[145]

以上終わり。

えっそれだけ！　ええ、そうなんです。弘松がどのような人生を送ったか今の時点では何もわからないのである。ちなみに『阪本龍馬』の奥付には著者の住所として東京の麹町区が記されているので、この時期東京にいたのではないかと推測はできる。[146]

高知県立坂本龍馬記念館寄託の弘松家資料の中には、宣枝と裏書きされた写真が数葉残されているので、その一枚をここに紹介しよう（写真1）。何歳の頃の写真かはわからないがまだ若い書生然とした風貌である。

それでは弘松のネタ元が誰かもわからないじゃないか。はいその通りです。唯一の手掛かりは彼が坂本家の縁者であるということ。

筆者は弘松に「龍馬による大政奉還の建議」という記憶を語った談話者の一人として、龍馬の甥であり同時に弘松の叔父でもあった、元海援隊士の坂本直（高松太郎）を想定している。[147]

坂本直は明治四年に坂本龍馬家の家督を継ぎ、東京府典事、宮内雑嘗などを歴任したが、明治二十二年（一八八九）健康上の理由で職を辞し、その後高知に戻り弟の直寛と同居している。[148]直寛の子孫である土居晴夫の『坂本龍馬の系譜』[149]は、直が弘松宣枝の父である義兄の弘松宣晴と共に高知教会の熱心な信者であった、と記している。

『土藩坂本龍馬傳』の建言書

先に、坂本直原筆の稿として紹介したのが『土藩坂本龍馬傳』である。その中に、

一日在京ノ同志ヲ集会シテ、直柔一ツノ建言書ヲ草シテ衆ニ示シテ各違論ナキ否ヲ問フ。其書ノ意タルヤ幕府大権返上ノ後、事務大小凡テ政体ニ関セル条件ニシテ是ヲ容堂公ニ出サントナリ。各同一然ル可シト云フニヨリ、又是ヲ後藤ノ許ニ贈レリ(150)

という記述がある。

大政奉還前の出来事なのか後の出来事なのか、微妙な表現ではあるが、「西郷後藤等ト会議を尽シ、幕府大権返上ノ事又藩主容堂公へ数ケ条建言ス」という記述がこの前に別途あることから、大政奉還後の出来事であろう。

それならばこの「建言書」とは「新政府綱領八策」を指しているのではないかと思われる。「新政府綱領八策」は直接新政府に対するものではなく、大政奉還後、きたる諸侯会議に際して、山内家が新政府に建白すべき事項を教えるために後藤に提出されたもの――つまり後藤が大政奉還に続いて容堂に放つ二の矢のカンニングペーパーだったのである（ただ「新政府綱領八策」は箇条書きの項目があるなど文書としては未完成であり、果たしてそのまま容堂に提出することを意図したものかどうかは疑問である）。

坂本直は慶応三年四月以降、大坂の人足差入屋薩摩屋万兵衛方で海援隊の商務を担当し、龍馬暗殺の報もそこで受けている(151)。大坂にいた直が「在京ノ同志ヲ集会シテ、直柔一ツノ建言書ヲ草シテ衆ニ示シテ各違論ナキ否ヲ問フ」という集会に出ても不思議ではない。否、実際その集会の事を書

いているのだから出席したのだろう。

であれば直は間違いなく「新政府綱領八策」の内容を知っていたはずである。あるいは直の手許にあった「新政府綱領八策」の写しが弘松に提供されたとも考えることが出来る。可能性、その二である（ちなみに現存する二通の「新政府綱領八策」はそれぞれ用紙のサイズや紙質も異なり、それぞれ別の機会に記されたようにも思える。一方で、二通は同一部分で改行するなど、書式フォーマットが共通しており、いずれかがいずれかのコピーである可能性も考えられる）[152]。

其時分小野（引用者注：坂本直）などは、坂本が死ねば海援隊の隊長になるくらゐの位置であるから非幸《ママ》な勢力を有《ママ》って居て、我々の言ふことは到底歯牙にも掛けぬくらゐであった。（中略）後に宮内省あたりに出て居ったが、えらい者でないと云ふやうになって居る

陸援隊に所属した大江卓は龍馬暗殺前後の直をこう語っている[153]。

あくまでも推測であるが、龍馬の死後、このような権力を失い明治政府でも重用されることのなかった直には、随分と屈折した思いがあったのではないだろうか。

革命の果実を食したのは、龍馬から大政奉還の建言を「受けた」側の後藤や板垣、福岡孝悌、佐佐木高行といった上士たちであり、彼らには爵位まで授けられている。しかし本来ならばその果実は建言を「立てた」側の自分たちが食すべきものであったのだ。

直には龍馬の縁故ということで封爵の内示もあったが、実現しなかったという[154]。直にとって龍馬を大きく語ることとは、当時の自分をもまた大きく語ることであった。それゆえに土佐山内家の大政奉還の物語が、「実は象二郎にあらずして龍馬」の物語であったことが語られなければならなかっ

たのである。

ただ一方で東京の弘松と高知の直がどの程度密にコンタクトを取ることが可能であったのか、など検討すべき課題は多い。また例えば前述の「新政府綱領八策」に関しての集会が『弘松龍馬』には記載されていないなど、同じ人間がネタ元であるにしては『弘松龍馬』と『土藩坂本龍馬傳』の落差は大きい。

今後、直、弘松の伝記史料が発掘・検証されることで、「建議案十一箇条」の成立についても新たな知見が得られるはずである。


なぜ十一箇条なのか?


次に疑問となるのは「なぜ十一箇条なのか」という点である。

「新政府綱領八策」も大政奉還建白書も共に八箇条である。なのに『弘松龍馬』が「大政返上の立案十一ヶ条を草し」とし、わざわざ「九、十、十一条は不詳」と記すからには、そこには何らかの根拠があったはずである。

その根拠は正直わからないとしか言いようがないのだが、例えば山本栄一郎は、薩土盟約に際しての「約定の大綱」四箇条と「約定書」七箇条の項目を併せれば十一箇条になり、土佐と薩摩が交わした文書は十一箇条あったという曖昧な知識が「建議案十一箇条」の十一箇条を規定した、としている[155]。

前述のように、「約定の大綱」は薩土盟約に関する土佐側原案、「約定書」はそれに加筆添削をした薩土盟約の正本、という時系列をもった二点の別個の文書であり、そもそも足して十一箇条になるといった二点セットの文書ではない。本来正本である「約定書」が完成した段階で「約定の大綱」は破棄されるべき性質のものである。

しかし慶応三年に長岡謙吉が書いたとされる「海援隊日史」にも「約定の大綱」「約定書」は連続して記されており、「約定の大綱」には「綱」、「約定書」には「目」と朱字で記入されている。朱字は後世の加筆であろうが、明らかに「約定の大綱」と「約定書」を二点で一組のセットの文書と見なしている。

また『弘松龍馬』の二年前、明治二十七（一八九四）年に鹿児島出身の史家・勝田孫弥が初の本格的な西郷の伝記『西郷隆盛傳』を刊行しているが、その第五篇でも「二藩の間に左の盟約を結びたり」[156]と「約定の大綱」と「約定書」を二点セットの文書として掲載している。[157]

以下アクロバティックな考え方になる。

第一節で記したように『土藩坂本龍馬傳』には、

夏直柔又京師ニ至リ、在京ノ日西郷、後藤等ト会議を尽シ、幕府大権返上ノ事又藩主容堂公へ数ケ条建言ス。同年秋ニ至リ大権返上ト議決セシ[158]

という記述がある。

弘松のネタ元（筆者は坂本直と推定している）は、後藤への龍馬の建言の内容や薩土盟約の詳細は知らないまま、龍馬の建言を元に、後藤から容堂に対して十一箇条の提言（「約定の大綱」＋「約定書」）がなされ、それが大政奉還建白書につながった、という大摑みな記憶だけを弘松に語ったのではないだろうか。つまり『土藩坂本龍馬傳』の「数ケ条建言ス」を「十一箇条」として弘松に語った可能性である。

ただネタ元の意識の中では、龍馬の後藤への建言は自らが知る「新政府綱領八策」に近いものだったはずである。大政奉還後のものとはいえ、これが龍馬自らの経綸策であることは間違いないのだから。当然ながら「新政府綱領八策」には大政奉還の建言が欠けている。ならば逆に大政奉還の項を補えば、龍馬が後藤に建言したものにより近付くはずである。

この推定が「新政府綱領八策」をベースに据え、そこに土佐山内家の大政奉還建白書を加味するという十一箇条の復元作業になったのではないだろうか。

なぜ九、十、十一条は不詳なのか？

「新政府綱領八策」をベースに十一箇条を再現してゆこうとすると途中で項目が足りなくなる。もともと八策しかないのだから当たり前だ。

土佐山内家の大政奉還建白書には他にも「学校の設置」や「議事官の資質・心構え」などが書いてある。逆算なのになぜこれらの項目は「建議案十一箇条」には採用されず、「九、十、十一条は不詳」とされたのだろうか。

理由は簡単だ。「新政府綱領八策」に書いてないから龍馬の構想とされなかったのだ。

弘松は龍馬を、
彼は平等論を唱へ、郡県論を主張し、将軍を廃せんとせり。彼は進歩主義者也、開進主義也、

泰西的文明を以て吾日本に採用せんとす。（中略）日本をして世界の日本たらしめんとす(159)

という人物だと評している。「建議案十一箇条」はこの龍馬の国家論の集大成として用意されたのである。

大政奉還建白書について、土佐山内家前当主の山内容堂は、

日本ノ政令ハ日本帝王ヨリ出ツヘシ。外国交際ハ万国ノ公法ニヨルヘシ。兵食ヲ足シ。学校ヲ起し。貴賎ヲ不論賢明ノ士ヲ登用スヘシ(160)

と命じている。「新政府綱領八策」に書かれていなかった「議事官の資質（人材登用）」「学校の設置」などは容堂の指示であったのだ。

横井小楠が慶応三年に福井松平家に提出した「国是十二条」が「船中八策」に影響を与えた、と記す書籍も多いが、むしろ容堂の方が「富国」「強兵」「興二学校一」「挙二賢才一退二不肖一」といった「国是十二条」の条項を忠実になぞっている。

弘松は捏造したのか？

この弘松の作業を史料の捏造のように思われた読者の方もいらっしゃるかもしれない。しかし筆者は、これは「記憶の復元」という文脈で語られるべきだと考えている。

弘松は根も葉もないことをでっち上げたのではない。伝えられず湮滅の恐れがある（と弘松が信じる）龍馬の「事業」を、あくまでも史料を参考に類推し「復元」しただけなのである。

例えば『弘松龍馬』で弘松は、龍馬が妻おりょうの身の上を紹介する慶応元年（一八六五）九月

九日の書簡（坂本乙女、おやべ宛）を引用しているが、原文のままではなく内容をダイジェストにした上で龍馬の書簡風の文体にアレンジして「引用」している。また他にも一つの文書を二つの文書に分けて引用するなどの事例も見られる。

前述したように紫瀾も自分の説に符合するように中岡の日記を改変しているし、『保古飛呂比』にも当時の様子を関係者に思い出させて、当時の日付で「書簡風」に書かせたものがある。現在の歴史学ではこのような史料操作は当然ご法度であるが、歴史学の確立以前、このような文書をアレンジする行為は「あり」だったのである。

「はじめに」でも引用した宮地正人のコメントをもう一度思い出して欲しい。「講釈師は集めた材料を実録物として貸本屋に回していました。講釈師は史料編纂と歴史物の執筆に関係していたのです(161)」。

紫瀾が「建議案十一箇条」を八箇条に改編したのも、彼にとっては、こっちの方がわかりやすいぜよ、といった親切心だったのかもしれない。

『佐佐木老侯昔日談』

佐佐木高行が『保古飛呂比』編纂とほぼ同じ時期の、明治三十六年春頃から四十二年冬頃にかけて津田茂麿に語った『勤王秘史　佐佐木老侯昔日談』という談話がある。この談話において佐佐木は大政奉還の建白を「高知の漢方医の今井順清といふ男の発案なのだ」とし、

西洋医を研究する為に長崎に出で、坂本と往来し、段々話し合って見ると、頗る名説がある。

坂本も大に感心して、その説を基礎として、かの八策を作った。すると後藤が長崎に出て坂本と懇意になり、坂本からこれを話込むと、後藤も目が醒めて来て居る頃であるから、夫は面白いといふ様な工合で、共に上京して大に奔走して居る次第[162]

と証言している。ちなみに今井順清（純正）とは海援隊士の長岡謙吉のことである。

前述のように『保古飛呂比』[163]に引用された「坂本龍馬ノ八策」には「右ハ坂本ノ持論ニテ、毎々右ノ相談アリタル事也」とのコメントが付されている。八策を後世になって初めて見たはずの佐佐木が、「長岡の説を基礎として八策を作った」と証言するほど、「長岡の説」と「坂本の持論」、そして「龍馬の八策」は違和感がなかったのだろう。

すなわち「建議案十一箇条」が再現しようとしたのは、龍馬が主唱したというよりも、当時龍馬の周辺で志向されていた海援隊プランとでもいうべきものであり、その海援隊プランを龍馬は「新政府綱領八策」としてまとめ上げたものと思われる。ゆえに龍馬は「新政府綱領八策」を容堂に提出するに際して、「衆ニ示シテ各違論ナキ否ヲ問フ」たのである。

海援隊士の坂本直が弘松のネタ元であったとすれば、仮に「新政府綱領八策」が手元になかったとしても、その内容は語れたはずである。

福澤諭吉「西洋事情」の影響

後藤象二郎は大政奉還の建白について、「福沢諭吉著西洋事情・清訳聯邦政略・英国議院論等ノ書物ヲ読ミテ粗ボ西洋ノ事情ヲ察シ」と福沢諭吉の『西洋事情』の影響を語っている。

実際元治元年（一八六四）に福沢諭吉が執筆した「写本・西洋事情」は江戸の各藩実学派によって次々書写され、慶応二年に出版された『西洋事情・初編』は「著者の手より発売したる部数も十五万部に下らず、之に加ふるに当時上方辺流行の偽版を以てすれば二十万乃至二十五万部は間違ひなかる可し(164)」という破格のベストセラーになっている。

「大勢力を得て日本全社会を風靡したる」

「是れこそ文明の計画に好材料なれと、一人これを語れば万人これに応じ、朝に野に苟も西洋の文明を談じて開国の必要を説く者は一部の西洋事情を座右に置かざるはなし(165)」

と福沢が自負するように、初編・巻一で提示された文明政治の六条件（自主任意、信教保護、技術文学、人材教育、保任安穏、貧民救済）は多くの読者の目に触れ、新政体の指針の一つとなった。

平山洋は『西洋事情』と「五箇条の御誓文」を比較し「両者を読み比べたときの類似点は一目瞭然である」「『西洋事情』は当時誰もが読んでいたという状況であったから、五箇条の誓文にその内容が反映されているのである」としている(166)。

五箇条の御誓文に影響を与えたとされる「船中八策」だが、「建議案十一箇条」が明治二十九年のものならば、逆に五箇条の御誓文の「万機公論ニ決スヘシ」の方が反映されていてもおかしくない。

そもそも龍馬ら海援隊のプランそのもの（例えば「新政府綱領八策」）が『西洋事情』に影響を受けていても何の不思議もないのだ。

ちなみに前述した岡部精一も大正二年の講演で、

此頃既に福沢諭吉氏の西洋事情が世に行はれて居りましたから、坂本などは長崎で既にこの書は見て居つたものであらうと思はれますから、其思想は此等の書から来つたものと見えます[167]

とコメントしている。

土佐昇爵論の影響

以上「船中八策」なるテキストの成立を通して、原本も写本も残っていない「建議案十一箇条」という維新の「記憶」が、『殉難録稿』「日本史籍協会叢書」という国家の修史作業の中に回収され、「船中八策」という「歴史」になってゆく過程を考察してきた。

長々と重箱の隅作業にお付き合いいただいて有難うございました。十分にこんがらがりました? すいません。

紫瀾以来、研究者を混乱させてきたのが、「船中八策」と「新政府綱領八策」という二つの八策のテキストの存在である。

建白書としての完成度は明らかに「船中八策」の方が高いが、「新政府綱領八策」には龍馬の自筆で「慶応丁卯十一月」という日付が記してある。しかも大政奉還の条文は「船中八策」にしかないのである。この矛盾を解決するために、あえて「十一月」という日付を無視して、「新政府綱領八策」が初稿で「船中八策」が改訂稿であるといった解釈がなされてきた。

しかし龍馬がまとめた建白書はそもそも「新政府綱領八策」一つしかなかったのだ。「船中八策」はいわば結果から逆算して書かれたテキストであり、完成度が高いのは当然なのである。

武市瑞山を中心とする旧土佐山内家の殉難志士の顕彰に関しては、宮中土佐派の影響が大きかったことが指摘されており、紫瀾の『維新土佐勤王史』も「宮中土佐派の政治家が国家への包摂を意図しつつ援助を行った歴史編纂物にほかならない」と評価されている(168)。

実際明治四十二、三年頃、侯爵家たる山内家を島津家・毛利家と同等の公爵家に昇爵すべしとの提案が宮内大臣・田中光顕からなされたとの証言もある(169)。山内家を昇爵するためには維新における土佐の功績が決して薩摩・長州に劣るものではないとの証明が必要であり、皇后の瑞夢で国家的ヒーローとなった龍馬の大政奉還建言もその手段の一つとして利用されたのではないかと思われる。

『維新土佐勤王史』については岩崎鏡川の以下のような証言がある。

> 瑞山会の史伝編纂の事業も、最初岡内重俊男や、土方茶坪翁等が手を着けて、列伝様のものが出来た儘で、久しく篋底に埋没して居た。伯（引用者注：田中光顕）はどうしてもこれを完成せねばならぬと主唱し、自ら大金を抛て、編修のことを挙げて坂崎紫瀾翁に嘱された。翁は瑞山会にて蒐集した史料及び、右の列伝を基礎として拮据推敲すること三年間、終に尨然千五百頁、系統あり、組織ある著述が完成せられ『土佐維《マ》新《マ》勤王史』と銘打て冨山房から出版せられた(170)。

この証言からも田中が昇爵運動に奔走していた時期に、田中の主導で頓挫していた瑞山会の伝記編纂計画が再開された事が窺える。

同様に大正四年に成立した日本史籍協会も田中の支援を受け、岩崎鏡川が幹事を務めている。

「船中八策」が「史実」になってゆく背景として、このような宮中土佐派の政治状況が充分視野に入れられるべきであろう。

龍馬が大政奉還策を後藤に建言したということまでをもフィクションだと断じるつもりはない。松平春嶽の七ヶ条提言が木戸から龍馬に伝えられるまでもなく、龍馬が当時の共通了解事項としての大政奉還策を理解し、それを後藤に建言すること自体十分可能性があるだろう。

しかし巷間言われるほど、龍馬が大政奉還策に軸足を置いていたのか、またその大政奉還が本当に内戦回避の平和革命を目的とするものであったのか、という点は改めて実証的に検証される必要があるだろう。その検証作業から龍馬が「船中八策」を建言する必然性も見えてくるはずである。

佐々木克は「船中八策」を、「論拠とするものが中岡の日記だけなので、不十分なことは確かだが、議論があったかもしれないから、まったく否定することも出来ないだろうというのが私の感想である(171)」とした上で、「ともあれ卓抜な議論であることは確かであり、総合的な国家目標として、ここまでまとめ上げたものはほかにはない(172)」と評価している。

この評価はそのまま「新政府綱領八策」に与えられるべきものであり、龍馬の国家構想は「船中八策」ではなく龍馬自筆の「新政府綱領八策」によって評価されるべきなのである。

なお本章は、あくまでも現在の時点で知り得る明治から大正にかけての坂本龍馬の伝記の一部を整理し、その相関関係をテキストの文面のみから考察したものである。当然筆者が未見の文献の存在も多数あるはずであり、また現在のような全国流通網や図書館が整備されておらず、発行部数も判然としない明治期の書籍を対象に、奥付の日付のみを参照し、前後関係、影響の有無を論じることはあくまで可能性の話にしか過ぎない。

慶応四年以前の用例が見られない「船中八策」の漢語についても、膨大な幕末期の文書の中で今後用例が見つかる可能性は当然ながら少なくない。

本章は現在考えられ得る多様な可能性の一つを記した「仮説」に過ぎないことを最後に改めて付記しておきたい。

第二章　土佐勤王党の物語――坂崎紫瀾「汗血千里の駒」

「土陽新聞記者」坂崎紫瀾

大河ドラマで一躍有名になった「土陽新聞記者」坂崎紫瀾。

第一章では「建議案十一箇条」を八策に仕立て直し、「船中」の協議を言い出した、いわば「『船中八策』の作者」として登場した。

『龍馬伝』では第一回のオープニングで岩崎家に訪れ、岩崎弥太郎に「教えて下さい、岩崎社長。坂本龍馬とは一体どんな人物やったがですか」と土下座して取材を依頼する。その後ドラマは岩崎が紫瀾に龍馬のことを語る、という設定で進行し、最後も死の床にある岩崎と紫瀾の会話で締め括られた。

そして紫瀾が弥太郎からの取材を元に書いた小説も登場しましたね。第一章でも触れました。弥太郎が「こりゃ龍馬が英雄になっちょる」と怒り、グラバーが「大変面白いです」と絶賛した「汗血千里の駒」である。

この時代の「新聞記者」という存在は、現代のそれとは異なる。

ナショナリズムを論じたベネディクト・アンダーソンの『想像の共同体』は、新しい想像の共同体―近代国民国家を成立させるために決定的な役割を果たしたのが出版資本主義の発達だとするが[1]、明治期の日本においてまずその役割を担ったのが「新聞」であった。

現代の新聞は基本的に「公平中立」「不偏不党」をモットーとしているが、紫瀾が「汗血千里の駒」を執筆した明治十年代半ばの新聞各紙は、逆に自らの政治的立場を鮮明に打ち出している。新聞界は政府系と政党系に大きく二分され、さらに後者は自由党系と立憲改進党系に分かれた。佐々木隆は日清・日露戦間期まで続くこの期間を「党派代弁紙時代」と呼んでいる[2]。

特に明治十四年の政変後、政府は輿論誘導の機能を『東京日日新聞』『郵便報知新聞』などの親政府系の新聞に求め、援助を与えた。その一方で民権派は『自由新聞』『東京横浜毎日新聞』『東洋自由新聞』などの政党系の新聞に拠って対峙する[3]。

政治小説

「政治小説」というのは、自由民権期に成立した特殊な文学ジャンルであり、紫瀾の「汗血千里の駒」はその代表作の一つとされている。

『国史大辞典』の前田愛の定義によると、政治小説は、

特定の政治的イデオロギーを鼓吹する目的でかかれる傾向小説。文学史的には明治十年代から二十年代にかけて自由民権思想を民衆に普及させるために書かれた小説群[4]

とされる。

主人公は、自らの信じる政治イデオロギー（この場合は自由民権思想）実現のために奔走し、あるいは成功し、あるいは獄に入れられる。当然読者は物語を読んでいるうちに、自然とその主人公に感情移入し、主人公の持つ政治イデオロギーを理解し、自由民権の目線で世の中の事象を捉えることとなる。社会主義・共産主義思想を中心に置いた「プロレタリア文学」の自由民権版と考えれば何となくイメージが湧くのではないだろうか。

それではなぜ、自由民権運動で「政治小説」という形態が誕生したのであろうか。

明治維新は国際社会の一員として「国民国家」の誕生を必要条件とし、その前提としての「国民」の成立を急務とした。

アンダーソンは『想像の共同体』で「国民」を、「イメージとして心に描かれた想像の政治共同体である――そしてそれは本来的に限定され、かつ主権的なものとして想像される」と定義する。

そしてこのような作者の主観を反映した「国民」という「物語」がいったん成立すると、今度は逆にその物語が新たに人々の記憶を支配するようになる。この「想像の共同体」において、「国民は、常に、水平的な深い同志愛として心に思い描かれ」、その想像力の産物たる同胞愛のために国民は「殺し合い、あるいはむしろみずからすすんで死んで」いくのである[5]。

そもそも江戸期は幕府・諸藩によって「百姓の天下物語」は禁止され、政治思想は武家階級の独占のものとされていた。雑な言い方をすれば、自由民権運動と藩閥政府との戦いは、国民を権利主体とするか権利客体の臣民として扱うかの攻防であり、それはこの白紙状態の百姓・町人にどのような「政治共同体」を想像させるかの、メディアを巡る戦いだったとも言える(6)（ちなみに周知のように、この戦いは藩閥政府側の勝利に終わる。アンダーソンは、十九世紀に確立された新しいナショナリズムの形態で、「国民の統合」という政略的な意図に基づいて国家により定められ、伝統的な王朝の原理と革新的な国民の原理を総合する特徴を持つものを、「公定ナショナリズム」と命名しているが、プロシアドイツをモデルとした日本の「藩閥政府」をその一変形例として挙げる。いわゆる「天皇制国家」である(7)）。

民衆に民権思想を伝え理解させるために、民権家は様々な方法を試みた。まず直接的な手段として政談演説会などがあったが、これはアジテーションとしての効果はあるが、ある程度の知識がないと理解できない。そこで庶民にも理解しやすい手段として民権歌謡や政治講談、そして政治小説が登場した。「物語」の力を借りたのである。

小説が社会に与える影響力について紫瀾は、

> 之（引用者注：稗史小説）を読む者の多きに至れバ、其書の社会を動かすの力も亦随ふて驚く可きものあるハ、彼の日本外史西洋事情の両書が維新前後に最も多く売れたるを以ても知らるべし。（中略）其の多く売れ多く読まる、の書ハ随ふて其社会を動かすの力を有するものとすれバ、則ち売る者と読む者の多きを目的として出版する一小冊史と雖も敢て之を侮るべきにあらず(8)

と評価し、また紫瀾と共に政治講談を行った和田稲積《いずみ》も、

> 世の所謂下等社会の労力者に至ってハ、斯る高尚なる方法によりて政事思想を養成すること六ヶ敷く是非共解り易き俗談平話を以つてせざるべからず（中略）面白可笑く巧に綴りたる極め

て通俗文の冊子を以つてする時ハ、知らず識らず読む者をして脳裡に政事思想の種を蒔くの便益あり。是れ政事小説の現時社会殊に世の所謂下等社会の為めに必要欠くべからざる所以の大略と云ふべし(9)

と論じている。

要は政治思想といった難しいことがわからない庶民には、読みやすい小説の形で知らず知らずのうちに自由民権の考え方を理解させよう、読者が増えればその分自由民権論者が増え社会を動かす力になる、という考え方である。自由民権運動は一種の権力闘争でもあるので、この数の論理は有効である。

当時紫瀾が所属していた『土陽新聞』は、自由党系の新聞である。当然紫瀾の執筆スタンスも自由党の主張を代弁するものとなる。そして民衆に民権を理解させる手段として「新聞小説」が選ばれ、その主人公として龍馬が選ばれたのである。

今でもありますよね、難しい本を漫画や小説の形にして読むというヤツ、古くは石ノ森章太郎の『マンガ日本経済入門』、最近では『もしドラ』がそうでした。筆者も「龍馬に興味があるが、『竜馬がゆく』は読み通せるか不安」という人には、漫画の『おーい！竜馬』を入門編として勧めて、龍馬ファンを増やすプロパガンダをやっています。

紫瀾はただの娯楽作品や評伝を書いたのではない。龍馬は自由党のプロパガンダに利用できる人物として紫瀾によって「発見」されたのである。

高知出身の文芸評論家・田岡嶺雲は少年時代の思い出として、「新聞に書いてある論文や記事には読めない個処が少なくない、又読めても解らぬ個処だらけであった」「坂崎氏の汗血千里の駒という坂本龍馬の伝を書いた小説が年信の挿絵と相待って予等には目新らしかった」[10]と記している。明治三年（一八七〇）生まれの嶺雲は「汗血千里の駒」連載時には十三歳である。

『土陽新聞』は、明治十五年（一八八二）の七月二十二日付紙面から紙面の漢字全てに仮名を振り、「汗血千里の駒」の連載がスタートした明治十六年一月二十四日付紙面からは挿絵を入れるという紙面刷新を行っている。[11]

この『土陽新聞』の小新聞（傍訓新聞）化は「断然《さっぱり》和漢蘭《わからん》議論をお廃止とし専ぱら下等社会を誘導せん為め」[12]であり、政治小説が狙った「知らず識らず読む者をして脳裡に政事思想の種を撒くの便益」は、この平易な絵入新聞という体裁も相俟って着実に効果を挙げたのである。

ちなみに板垣退助は明治十五年〜十六年の洋行中に『レ・ミゼラブル』の作者、ヴィクトル・ユゴーと会い「日本の現勢を察するに蓋し人民を観感興起せしむべき欧米自由主義の政論稗史の類を其国の新聞紙上に続々掲載するを急務と思ハるゝ也」[13]と言われたため、政治小説を持ち帰りその翻訳を自由党の機関紙に連載させたという。

政治小説については柳田泉の大著『政治小説研究』（初刊一九三五年。補訂版全三巻、春秋社、一九六七年）に尽きる。この著作は政治小説に関しては空前絶後のものであり、類書の存在を許さず、本書も含めて政治小説や紫瀾を語るほとんど全ての本のネタ本となっている。興味ある読者はご一読いただければ幸いである。

「汗血千里の駒」ブーム

二〇一〇年の「龍馬ブーム」を一番顕著に表した本が、「汗血千里の駒」（以下「汗血」）であろう。二〇一二年七月現在、

『新日本古典文学大系明治編十六　政治小説集二』山田俊治、林原純生・校注　岩波書店
『汗血千里の駒　坂本龍馬君之伝』林原純生・校注　岩波文庫
『真龍馬伝　現代語訳汗血千里駒』金谷俊一郎・歴訳　芸文社
『坂本龍馬伝──明治のベストセラー「汗血千里の駒」』中村茂生、磯田和秀・訳　東邦出版
『土佐史談復刻叢書十七　汗血千里駒』岡林清水解題　土佐史談会

と、何と五種類もの『汗血千里の駒』が、新刊として入手する事が出来る。

また既に絶版だが、昭和四十一年刊の筑摩書房の『明治文学全集五　明治政治小説集一』にも「汗血」が収録されており（二〇一三年限定復刊）、『ほたえなッ！』というタイトルの漫画版まで刊行されている（新人物往来社、一九九〇年）。

加えて二〇一〇年一月〜三月には、高知市立自由民権記念館で「最初の龍馬一代記『汗血千里の駒』の世界」展が開催され、『汗血千里の駒の世界　龍馬伝説の誕生』なる図録も刊行されている。

多くの龍馬本には、龍馬に関する初めての伝記であるこの「汗血」が、当時無名だった龍馬を再発見し、現代に至る龍馬像の原型を形作ったと書かれている。

龍馬のキャラクター造形に関しては確かにその通りである。

しかし第一章でも記したように、龍馬伝の有名なエピソードや「船中八策」の原型は、この「汗

血」ではなく、明治二十九年刊の弘松宣枝『阪本龍馬』で初めて登場する。
それでは「汗血」は坂本龍馬を何を行った人物として捉えているのであろうか。

二つの「汗血千里の駒」

実は「汗血」のテキストには、『土陽新聞』に連載されたテキストと、それを戯作者の雑賀柳香が補綴した単行本のテキストの二種類がある。先に紹介した現在入手可能な五種類の刊本でいえば、土佐史談会版だけが明治十八年（一八八五）に春陽堂から刊行された単行本が底本となっており、他は土陽新聞版だ。

雑賀柳香による『補綴』の功績も忘れてはならない。補綴によって物語の本筋を外れた部分は削除され、文章もかなり書き変えられている。全体に整理され、読みやすくなっていることは間違いない[14]と、単行本化に際しての雑賀柳香の作業は肯定的に評価されている。実際単行本は、新聞連載のテキストのうち、龍馬以外の土佐山内家の志士たちのエピソードを大胆にカットし、ストレートな龍馬の伝記として再構成することで、龍馬に焦点が絞られ読み易くなっている。

現代でも新聞や雑誌に発表した原稿に加筆訂正を加え、単行本化する、という作業は当たり前に行われているが、問題はその作業が作者の紫瀾以外の人間の手で行われたことである。

筆者は「汗血」という小説を、自由党の主張を坂本龍馬に仮託して読者に提示しただけの小説ではなく、自由党内部に向けての主張も盛り込んだ、いわば外と内双方に向けて発信した小説である

と解釈している

ところが単行本化に際して行われた紫瀾の関与しない補綴作業で、紫瀾が内部に向けて発信したあるテーマが見えなくなってしまったのだ。

「汗血」の単行本は、何度も出版社を変えて明治期を通じて出版されるロングセラーとなり、単行本のテキストが一般に定着していった。現在でこそ土陽新聞のテキストを底本とした本の方が多いが、土陽新聞版のテキストが一般に読めるようになったのは、昭和四十一年刊の『明治文学全集五　明治政治小説集一』以降のことなのである。

以下本章では、龍馬のみならず、今我々が知る土佐幕末史の物語が、どれほど坂崎紫瀾一個人の文業に拠っているか、そしてその紫瀾はどのような意図を込めて読者にその物語を提示したかを、紫瀾の伝記と、彼の手掛けた「土佐勤王党三部作」とも言える作品――「南の海血しほの曙」「汗血千里の駒」「南山皇旗之魁」――の双方から検証する。

実は紫瀾が最初に小説の主人公として取り上げたのは坂本龍馬ではなかった。しかし「汗血」が書かれた明治十六年の時点で、主人公は龍馬でなくてはならなかったのだ。

当時の自由党の内部状況と「汗血」を重ね合せながら、「汗血」のもう一つの裏テーマについて考察してみたい。

第一節　坂崎紫瀾

高知県立図書館には紫瀾の子孫が寄贈した「坂崎文庫」なる紫瀾のメモや稿本などが所蔵されているが、その中に紫瀾自筆の「紫瀾年譜」が存在する。(15)

以下、「紫瀾年譜」と柳田泉の『政治小説研究』、加えて同じ土佐出身で紫瀾と新聞社で同僚だったこともある野崎左文《さぶん》の「坂崎紫瀾翁の伝(16)」、高知市立自由民権記念館刊行の図録『汗血千里の駒の世界　龍馬伝説の誕生』などを参考に、紫瀾の生涯について概観してみたい。

紫瀾と龍馬の初接点?

「紫瀾年譜」に拠れば、紫瀾は嘉永六年（一八五三）十一月十八日、土佐山内家の医師・坂崎耕芸《うん》直弘の二男として、土佐山内家の江戸鍛冶橋邸に生まれている。母は島村氏きさ子。幼名は謙次、長じて斌《さかん》。まさにペリーが浦賀に来航し、幕末の動乱が始まったとされる「癸丑」の年の生まれである。筆名は鳴々道人、烏々道人、無位真人、紫瀾漁長、銕香女史、魚服子、愛侘痴子、南國野史、鏡水漁人、天空海濶楼主人など多数ある。(17)

土佐山内家の家臣団のうち、いわゆる「上士」層にあたる士格の年譜書、「御侍中先祖書系図牒」（原本（公財）土佐山内家宝物資料館所蔵）に拠れば、寛文七年（一六六七）坂崎忠右衛門直宗が江戸において七人扶持二十四石・御小姓並で仕官したのが坂崎家の始まりである。直宗は天和二年（一

写真２　前列左端が坂崎紫瀾。明治27年、日清戦争において従軍記者として朝鮮京城に赴き、成歓の戦いを視察時の写真と伝えられている。この時紫瀾41歳、それにしては随分老けた顔であるが…。（高知県立図書館蔵）

六八二）と貞享元年（一六八四）の二度、材木を幕府に献上する際の御献上御材木引渡御用に就いており、元禄四年（一六九一）には御馬廻になっている。

ところが元禄六年（一六九三）養父直宗の死後家督を相続した二代目の直重は「針業を以江戸勤」とある。この直重の代で坂崎家の家職が針医に転じたようである。

天平宝字元年（七五七）に施行された「養老律令」には、既に針師、針博士、針生の官職が設けられており（職員令第二・典薬寮条）、針師は「諸の瘡病、療さむこと」とその職掌が規定されている[18]ことから、古来より針が治療法として一定の地位を確立していたことが窺える。

『土佐医学史考』に拠れば、土佐の藩医にも鍼灸科が設けられており、巻野氏、浅野氏、飯沼氏、山田氏などと並んで坂崎氏の名も挙げられている[19]。

続く三代目の直次の二男、休雲直良が宝暦四年（一七五四）、三人扶持・新御小姓格・針医として新たに召出され、この休雲が紫瀾の坂崎家の初代となる。医術という技術をもって仕えているものの、格式は士格である。

紫瀾の父・耕芸直弘は休雲直良から数えて四代目。小原氏から養子に入り、天保十二年（一八四一）二月に跡目を相続している。「御侍中先祖書系図牒」には、四人扶持切米十五石、御小姓格で鍼灸医、本道医（内科医）兼帯とある。

どうやら医師という家業上、坂崎氏は基本的に奥向の御用を勤めていたらしい。耕芸も天保十四年（一八四三）には鏻《りん》姫、鏸《けい》（銈）姫（共に第十三代当主・豊熈《とよひろ》の娘）付きを命ぜられており、以降も「御方様御用」や「御奥向御用」などを仰せつかっている。

耕芸は紫瀾誕生の三年前の嘉永三年（一八五〇）江戸定詰、築地御屋敷詰となっているが、同年、両手が麻痺し針が打てなくなったため、針医を休業し回復するまで本道医のみとして仕えることを認められている。その後、耕芸の両手が回復したとの記述はないので、針医としては結局復帰しなかったのであろう。

ちなみにこの築地屋敷は土佐山内家の中屋敷であり、当主やその家族が滞在する上屋敷が鍛冶橋屋敷である。この間徒歩で十五分ほどではあるが、前述のように紫瀾は年譜では江戸鍛冶橋藩邸で生まれたとしている。辞令上は確認出来ないが、耕芸が奥向きの御用を勤めていることから、築地屋敷から鍛冶橋屋敷に移ったのだろうか。

実は紫瀾が生まれた嘉永六年に龍馬が剣術修行のため、江戸にやってきている。郷士という龍馬の身分から考えると、この時築地屋敷に起居した可能性が高い[20]。

もし紫瀾が築地屋敷で生まれたのならば、紫瀾の誕生を龍馬が祝ったかもしれない。その誕生を龍馬が祝福した子が長じて龍馬の物語を書く、というストーリーを二人の年譜からつい想像してみたくなる。ちなみに龍馬と紫瀾が会った事実は史料上確認できない。

土佐では、関ヶ原後土佐の国主となった、進駐軍的存在の山内家の譜代臣たる上士と、山内以前の土佐の支配者・長宗我部氏の遺臣たる下士の間に厳しい身分差別があった、というのは龍馬を語る際に必ず語られる話である。これは「汗血」の重要なモチーフでもあるが、紫瀾が医者とはいえ御小姓格の上士に生まれたという点はぜひ記憶しておいていただきたい。

父・耕芸と土佐勤王党の記憶

「紫瀾年譜」に拠れば、安政三年（一八五六）、耕芸は国許勤を命じられ、坂崎一家は一家を挙げて高知に戻り、城下の廿代町に移り住む。ちなみに高知市廿代町には二〇〇六年になって「自由民権家・坂崎紫瀾邸跡」の碑が建てられている。

その後も奥向の役職が続くが、三年後の安政六年（一八五九）九月、耕芸は山内大学（豊栄《とよよし》）附となり、次いで文久二年六月、山内民部（豊誉《とよたか》）附となる。この時期、耕芸がこのポジションにいたことが後の土佐勤王史の作者たる紫瀾を生みだす一因になったと思われる。

まず山内大学であるが、山内家の分家の一つである追手邸の当主であり、山内容堂の叔父にあたる。また山内民部は同じく分家の東邸の当主であるが、こちらは容堂の実弟である。

この二人は当時吉田東洋によって行われていた藩政改革に不満を抱き、また共に尊王攘夷運動に理解を示したことから、武市半平太が結成した土佐勤王党を支持している。後に紫瀾が執筆した『維新土佐勤王史』はその状況を、

瑞山（引用者注：武市半平太）は屢、平井善之丞と謀り、連枝山内大学、山内兵之助、山内民部、（中略）等と気脈を通じ、景翁（引用者注：十二代当主・山内豊資）を説き動かし、其の内旨を以て藩主をして元吉（引用者注：吉田東洋）を斥けしめんと試みし(21)

と記す。

文久二年四月、吉田東洋が土佐勤王党の刺客によって暗殺されるが、その際は、

「山内民部豊誉君ハ五日前ニ有志より内聴ニ成り有之と云々」

「山内大学豊栄君豊章君へも両三日前ニ耳ニ入ると豊章君御噺有之」

と二人とも事前謀議共犯者として名前を挙げられている(22)。

吉田東洋暗殺後、山内民部は精力的に事態収拾を図り、東洋派を要職から次々と罷免し、保守門閥層の政権を誕生させる。大学は文武総宰に任ぜられ、勤王党もこの政権を利用し国事周旋に乗り出すこととなる。

大学附から民部附と、耕芸はまさにこの時期政変の中心近くにいたこととなる。耕芸が民部附になったのは東洋暗殺の二カ月後、土佐勤王党が十六代当主・山内豊範を擁して上京し、国事周旋に乗り出す時期である。

また耕芸は翌文久三年の五月、徳大寺家の「御簾中様御産御用」で上京している。攘夷派の公家である徳大寺実則の妻は、当主・豊範の姉・嘉年《かね》であり、安政六年の婚儀の際は耕芸も御供をして上京している。そのような縁から耕芸が選ばれたのであろう。

このお産は恐らくその年の八月十四日に生まれた徳大寺公弘のお産のことと思われるが、この数日後には八月十八日の政変が起こり徳大寺実則は失脚する。その一切も耕芸は目撃していたのであろうか。

もちろん東洋暗殺時に紫瀾は九歳であり、また耕芸もどの程度、これらの政変の裏事情を見聞きしていたかわからないが、このような耕芸の体験が紫瀾に語られたことは想像に難くない。紫瀾にはぜひもう一冊、耕芸の回想録を書いて欲しかった。

『維新土佐勤王史』では、東洋暗殺後武市は民部に一書を認めて、藩庁改革なければ有志で愛宕山に集結し追手を討ちながら上京する、と告げる。これに対して民部は軽挙を戒める書を武市に送る一方で、大学らと密儀し藩庁改革を図る。(23) この緊迫した描写はあるいは紫瀾が耕芸から聞いたものなのかもしれない。

すなわち上士階級でありながら、紫瀾の周辺には土佐勤王党の人物たちに関する記憶が濃厚に残っていたと思われるし、耕芸が大学・民部と仕えるうちに勤王党シンパになったとしても不思議ではない。

耕芸のこれらの立場が、後に紫瀾をして土佐勤王党を中心とする土佐幕末史を執筆させる契機になったのではないかと筆者は推察している。

ちなみに明治になって河田小龍が龍馬を語った「藤陰畧話」にも「坂崎耕芸」が登場する。

（小龍が）塩製藩許ヲ得、其手段ニ懸リシ頃、長尾悦之助ナルモノ大坂ニテ坂本ニ出逢、坂本云ルニハ、小龍塩製興立ノコトハ如何ナリシヤ、若資本ニ苦シムコトモアラバ当方ニテ周旋スベケレバ、早ク上ルベシトノコトヨリ、長尾ハ急ニ帰国セリ。

長尾悦之助ハ廿代町久板屋幾馬ナルモノ、甥ニテ、新宮（引用者中：新宮馬之助）等ト与ニ寄食セシモノナルガ、京都ニテ画ヲ研究シタシトテ、坂崎耕雲《ママ》ト云医士、徳大寺奥付ノ医員トナリ上京セシ時、之ノ僕トナリ、日根対山へ小龍ノ添書ヲ以テ入門シアリ(24)

長尾は大坂で龍馬と出会い、上京したわずか数カ月後、文久三年のうちには急遽帰国したと思われる。何と言っても長尾の親戚の久板屋幾馬は坂崎家と同じ町内である。帰国した長尾が坂崎家の人々と顔を合わせる機会もあっただろう（耕芸は同年十二月に京を発って帰国する）。その時少年紫瀾の前で、龍馬の話題が出ることはなかったのだろうか。

板垣退助との出会い

紫瀾の生涯の得意は「漢詩」であり、前述した坂崎文庫の中にも夥しい数の漢詩の草稿がある。実際紫瀾は余程優秀な子供だったようで、慶応三年、十五歳で藩校・致道館に得業生として入学。翌年早くも致道館の文館助教句読席係となっている。

致道館は文久二年に吉田東洋が設置した文武館が転じたもので、修業年齢は十六歳から。(25) ということは紫瀾は最年少で生徒から助教に転じたことになる。幾ら維新のゴタゴタがあったにしてもそれなりの実力がないと務まらない地位であろう。

ちなみにこの頃の友人に宮崎夢柳や『海南義烈傳』を編纂した土居香國らがいるという。明治二年（一八六九）藩兵となって江戸に行くが、函館が平定され、戦場に出ることもないままに土佐に戻り、改めて致道館文館の一等助教に任ぜられている。結局紫瀾は直接勤王運動や戊辰戦争の戦場を経験することなく明治を迎えたのである。

さてこの章の目的は龍馬、あるいは土佐と紫瀾、であるから、ここで数年分紫瀾の経歴を端折ることをお許しいただきたい。興味のある方は、ネタ本である柳田泉の『政治小説研究』をご覧いただければ幸いである。ちなみに端折った部分の紫瀾の経歴を一言で言えば、神道家になるつもりであったらしい、ということである。

明治七年、紫瀾は日本における最初の政党とでも言うべき愛国公党に参加する。[26]

愛国公党はその綱領たる「愛国公党本誓」で、天賦人権論に基き民撰議院の設立を要求することを謳い、「民撰議院設立建白書」を左院に提出する。柳田泉は「この本誓なるものが、抑も紫瀾の草案に成ったものだという」[27]とするが、建白書は古沢迂郎（滋）が起草したものであり、柳田が何に拠ってこのような記述をしたのかは不明である。

いつどのような出会いをしたのかは不明であるが、この時点で紫瀾は板垣・後藤らと行動を共にしていたことになる。当時板垣は土佐を代表する政治家であり、郷党の先輩として紫瀾と面識があったとしても不思議ではない。以降、「板垣の右筆格乃至参謀の一人」[28]と称されるほど、紫瀾と板垣との伴走が続くことになる。現代風に言えば、紫瀾は「板垣チルドレン」であったのだ。

「紫瀾年譜」に拠れば、紫瀾は明治三十二年、板垣に従い平塚に行き、板垣伝の稿を起している（未刊）[29]。

またそれに先立って明治三十年、後藤象二郎の死去の際は、その当日から『東京新聞』紙上に「後藤伯の小傳」を全八十回に渡って連載しているが、既に明治十九年（一八八六）には後藤の依頼によって彼の伝記に着手していたとも言われ、実際坂崎文庫には「暘谷実録」なる後藤象二郎伝の稿本もある[30]。

すなわち、板垣退助、後藤象二郎が共に自分の伝記作者として紫瀾を指名するほど、紫瀾と両者との関係は密だったと言えよう。

落ち着かない紫瀾

愛国公党には参加したもののわずか数カ月で党は自然解散してしまい、板垣は高知で立志社を設立する。

「紫瀾と板垣との伴走が続くことになる」と言ったばかりなのに申し訳ない、紫瀾は板垣と行動を共にしなかった。明治八年、司法省に出仕し、翌年長野県松本裁判所の判事として赴任するが一年で辞職。明治十（一八七七）年十一月には『松本新聞』の主筆となる。板垣は政治家の道を行くが、紫瀾はジャーナリストの道を行くのである。

ただ山田貞光によれば、この「ジャーナリスト」活動は、社説・論説欄で自由民権論などを説くだけに留まらず、演説会を起こし弁士の中心的人物として活躍したり、塾を開いて後進の指導に当ったり、といった自由民権のプロパガンダ的な活動であったようだ(31)。

しかし紫瀾はまだ落ち着かない。一年も経たないうちに『松本新聞』を辞め、高知に戻り県庁学務課出仕となる。

そして明治十三年五月には、県庁を辞め百做社《ひやっこしゃ》の社長となる。

百做社は、明治十一年に結成された士族授産のための機関であり、始め紅茶製造を行ったがマッチ製造に切り替え、五万円の無利子貸付を政府から受けている。

ちなみに立志社も家録奉還金立て替えや製茶業の開始、官有山(白髪山)の払い下げなどを受けるなど(32)、士族授産は政治思想を問わない旧士族の共通問題であった。

柳田泉は、百做社社長となった紫瀾が国会請願の建白書を作り、上京して谷干城にその奉呈の方法を相談したところ、百做社を国権主義の機関たらしめようとしていた谷の激怒を買い、ほうほうの態で土佐に帰国し百做社を辞めた、というエピソードを紹介している(33)。

実際、明治十三年五月二十二日の、佐佐木高行宛谷干城書簡には、
百做社甚ダ粗暴ナル建白書ヲ作リ、既ニ之ヲ世上ニ布告候談、実ニ以テノ外ノ事ニ御坐候
と、百做社の趣意書を土佐出身の元老院議官・中村弘毅に執筆させている旨の記述がある(34)。

それもそのはずで、松岡司の「高知県帝政派の研究」に拠れば、この百做社は、西南戦争時「和して流れず中立して倚らず、皇上奉載・政府支持」を説いた中立社などの救済を目指した組織であり(35)、中央政府の佐佐木、谷らがガッチリ支援している。

平尾道雄は当時高知では自由民権の立志社とこれに対する保守主義的な静倹社《せいけんしゃ》の思想対立があり、

百做社内でもこの思想の対立から社が分裂、政論派が脱退する事になったとする。(36)ほうほうの態で帰国したか否かは別として、紫瀾はこれ以上の百做社改革の余地を見い出せず、即座に社を辞した、ということではないだろうか。

百做社に五月に入社した紫瀾が七月にはもう『高知新聞』の編集長となっている。(37)

『高知新聞』創刊

紫瀾が編集長となったのは、明治十三年七月五日に発行された、第二次の『高知新聞』である。社主・深尾重行、編集長・坂崎紫瀾、印刷長・入交百世という陣容で開始された『高知新聞』だが、当初はそれほど民権に特化していなかったようである。

自由民権運動に活躍し土陽新聞の主筆も務めた、社会教育家の安芸喜代香は『高知新聞五十年史』で当時を回想し、

高知新聞は政党政派と関係したものでなく、坂崎紫瀾が非常に新聞好きだったところから孕石元愷、渡邊永綱などの中老組と一所になって娯楽半分にあるいは営利半分に創刊したものだ。（中略）坂崎は筆を執りながら往来を見ていて、知人が通ると一人々々呼びこんで是非とも僕の新聞を購読してもらいたいと勧誘したものだ。（中略）立志社の連中が出かけていって「やあ坂崎君、こんなものが出来た。明日の紙上へ載せてくれ」と頼むと坂崎も快く引きうける。反立志社の共行社の水野寅次郎等が頼めば、「よしよし」といってその論文を載せる。ここで高知新聞の論壇は両派の喧嘩場になった次第である。一年ほどたって政党無関係というわけに

もゆかず、自由党の主義と同化してその機関紙となったものだ(38)と語っている。紫瀾の大らかな気質が窺い知れるエピソードである。

『高知新聞』が民権派の機関紙の色彩を強めるのは、翌年・明治十四年八月一日、植木枝盛が中心となって発行していた『愛国新誌』と合併し、社長・片岡健吉、主幹・植木枝盛という陣容に改組してからである（紫瀾は「雑報雑録」担当となる）。立志社の機関紙としての旗幟を鮮明にしたことで、『高知新聞』は以後政府の激しい弾圧を受けることとなる。

その『高知新聞』発行停止に備えた代替紙として明治十四年十二月十四日に創刊されたのが第二次の『土陽新聞』、同じく明治十五年五月三十日に創刊されたのが『高知自由新聞』である。以降、この三紙が紫瀾の活躍の場となる。

ちなみに明治十五年七月十四日に『高知新聞』が発行禁止処分を受けたことに対する抗議として行われたのが有名な「新聞の葬式」であり、その葬儀で祭辞を述べたのが紫瀾である。聞く者はその凄絶さに慟哭して声を失ったという(39)。

この『高知新聞』で紫瀾は初めて小説の筆を執る。それが明治十三年九月十九日から翌十四年九月二日まで、計七十二回に渡って南國野史の筆名で連載された「南の海血しほの曙」である。

講談師・馬鹿林鈍翁

一年近くに渡った「南の海血しほの曙」が中絶したのは、紫瀾が板垣退助の東北地方遊説に同行したためである（明治十四年八月二十六日高知発）。

紫瀾は高知新聞の東北派出員として同行しているが、遊説先の大阪、高崎、高田などで弁士として政談演説会に登壇しており、取材のためにというよりも板垣のお付きとして同行したという色合いが強そうである。

この東北遊説の途中、東京では自由党が結成されその初代総理に板垣が選ばれたが、板垣はあえて埼玉で足を止め、使者を出して東京の竹内綱に総理の座を辞退する意を伝えた。その使者となったのが紫瀾であり、当時の板垣と紫瀾の関係がこれによって窺える。

十一月九日、板垣は固辞していた自由党の総理をついに受任。紫瀾はそれを見届けて高知に戻るが、帰高して十二月十日に行った長岡郡中嶋村での演説が原因で十二月十五日より一年間、高知県下での政談演説を禁止された(40)。

ならば新聞に戻ればいいのに、紫瀾はそうせず奇抜な行動に出る。翌年一月に遊芸稼人の鑑札を受けて「東洋一派民権講釈　馬鹿林《ばかばやし》一座」を組織、自ら馬鹿林鈍翁《どんおう》と名乗り、民権講釈を始めるのである。演説がダメなら講談でやる――この辺、紫瀾は大変柔軟でありアイディアマンである。前述したように、民衆に民権思想を伝え理解させるために、民権家は様々な方法を試みた。紫瀾は政治小説(『南の海』)に続き、庶民にも理解しやすい手段として民権歌謡や政治講談という方法を試みたのである。

そもそも土佐の自由民権運動はその思想の宣伝として民権歌謡を用いた。明治十年頃から謡われ出した、安岡道太郎作の「世しや武士」、植木枝盛作と伝わる「民権かぞへ歌」、毎夏には鏡川の納涼場で「民権踊り」が行われていたといい、紫瀾自身も年譜の明治十六年の項に「民権詞曲十余種」と書いている。

このような唄に乗せてのプロパガンダと言えば、龍馬がいろは丸事件の際に「船を沈めたその償いは金を取らずに国を取る」という唄を作り流行させることで、交渉相手の紀州徳川家にプレッシャーを与えた、というエピソードを想起させる。

唄にのせて世間を風刺するのは「よさこい節」以来の土佐の伝統芸であり、龍馬の替え歌や民権歌謡もその伝統に則った土佐ならではの展開だろう。

ちなみに馬鹿林一座の活動期間はとても短い。たったの二日である。馬鹿林一座は明治十五年一月二十一日から三日間興行する予定だったが、二日目の鈍翁（紫瀾）が終わったところで、警官が講釈を禁止し紫瀾を拘引したのである。判決文に拠れば、講釈の枕で「天子は人民より税を絞りて独り安座す。税を取りて上座に位するは天子と私の二人なり」と言ったのが、不敬罪にあたるというものであった。

紫瀾はそもそも枕とは洒落を述べるものだと反論し（その通り！）、「絞り」とは言っておらず「互いに」という意味の「チハリ」という高知の方言の聞き間違いだとか、天子は広く各国の天子を意味するもので天皇陛下の意味ではないとか、様々に弁明したが、結局不敬罪で重禁固三カ月・罰金二十円・監視六カ月の判決を受ける。(41) 大審院に上告したものの翌年の明治十六年三月、上告は棄却され、盛大な送獄の宴の後、紫瀾は三月三十一日から六月二十九日まで入獄する事になった。

明治十五年刊の『愛國民権演説家百詠選』下巻には、「高知県土佐国土佐郡大川筋の士族にして坂崎斌なる人は遊芸稼人馬鹿林鈍翁と号して寄席を開き士民に民権愛国の論を説明せしに故あり停止せられて裁判に係ると聞く[42]」と坂崎を紹介している。

紫瀾が「汗血千里の駒」を書いたのは、ちょうどこの裁判の最中である。

この年明治十五年の四月六日、板垣は岐阜で刺客に襲われ負傷する（岐阜事件）。すると馬鹿林一座は早速「東洋《あづまなだ》自由の曙」という新狂言を書き下ろし、六月三十日から七月二十六日まで市川鶴五郎、松本錦蔵の出演で高知の堀詰座で上演する[43]。講談の次は芝居である。やるな紫瀾。「非常の喝采を博し、毎日満員続きの盛況にて」「其の後、一座は招かれて県外各地を巡業せり」というから大成功である[44]。

ちなみにこの台本は（上演台本かどうかは不明だが）、『九寸五分金華雷光《くすんごぶきんかのらいこう》　二十三年浪速真夢《にじゅうさんねんなにわのまさゆめ》　東洋自由曙《あづまなだじゆうのあけぼの》』（馬鹿林鈍翁閲、鈍子・鈍々編）として、上演後すぐの八月六日に高知出版会社から刊行されている。

筆者も読んでみたが、全三巻の予定が第一編しか残っておらず（第二、三編は刊行されたのかどうかもわからない）、しかも第一編は、板垣（劇中では稲垣）を狙う相原（こちらは実名）が、古道具屋で短刀を買い、旅館で稲垣一行の到着を待つ第二幕までなので、正直まだ面白くない[45]。「板垣死すとも…」という例の名文句はどのように演じられたのであろうか。きっとこの芝居最大の見せ場で、やんやの大喝采だったに違いない。

余談であるがこの年七月、紫瀾の留守宅に空き巣が入り、蒲団を初め百二十品半（半って？）が盗まれたという[46]。明治十五年の紫瀾はやはり厄年のようである。頑張れ紫瀾！

「汗血千里の駒」以降の紫瀾

「汗血千里の駒」については次の節で改めて論じることとして、「汗血千里の駒」以降の紫瀾について、彼の文業を中心に述べておきたい。

下獄後、紫瀾は小説を書きまくる。高知の盗賊・大坪万蔵の実録「豪賊大坪万蔵実伝」、フランス革命の指導者だったロラン夫人の伝記「実伝演義自由の花笠」などを『土陽新聞』に連載する。

また明治十七年四月三日からは『土陽新聞』に、吉村寅太郎を主役に据えた「南山《なんざん》皇旗《みはた》之《の》魁《さきがけ》」を連載するが、これも紫瀾が自由党の機関紙『自由燈《じゆうのともしび》』[47]の創刊（明治十七年五月）に記者として参加したため、十数回を書いた時点で執筆を放棄している。

紫瀾は明治十八年十二月には『自由燈』を退社[48]。以降、『浪華新聞』『今日新聞』『出羽新聞』『東西新聞』『大同新聞』『国会』再び『土陽新聞』『東京新聞』『社会新報』などを渡り歩く。ちなみに明治二十年十二月には、保安条例によって東京を退去させられたりもしている。

明治二十七年の日清戦争に際しては、七月に従軍記者として朝鮮京城に赴き、成歓の戦いを視察している。ちなみに一二七ページに掲載した紫瀾の写真は、その従軍記者団の記念として撮られた集合写真だと言われている。

明治二十九年三月に、土陽新聞社幹部・山田平左衛門が東京の細川義昌に「坂崎が東京新聞に入社して既に記事を書いているらしいが、土陽新聞には何の連絡もない。もし本当なら早く手を切らなければいけないので調べてくれ[49]」という書簡を送っている。どうやら紫瀾は記者として有能である反面、組織の論理に頓着しないトラブルメーカーの側面もあったようだ。

写真3　坂崎紫瀾の著作

紫瀾の文業

「汗血千里の駒」以降、紫瀾の刊行された著作を列記してみると、

『南山皇旗之魁　初編』（明治十七年）―吉村寅太郎を中心とする天誅組挙兵

『北越遺聞　他山之石』（明治二十三年）―幕末の越後長岡牧野家家老・河井継之助の伝記

『勝伯事蹟　開城始末』（明治二十三年）―江戸開城を中心とする勝海舟の伝記

『林有造氏舊夢談』（明治二十四年）―西南戦争時の土佐武装蜂起計画についての林有造の回想談

『陸奥宗光』（明治三十一年）―陸奥宗光の伝記

『少年読本第十九編　坂本龍馬』（明治三十三年）

『鯨海酔侯』（明治三十五年）―土佐山内

家十五代当主・山内容堂の伝記
などがある。
また新聞に連載されながら刊行されなかったもの、草稿が残っているもの、企画していたものとして以下のような史伝がある。
「板垣退助詳傳」（高知県立図書館に謄写版。明治二十年『今日新聞』連載との注記がある[50]）
「後藤伯の小傳」（明治三十年八月『東京新聞』連載）
「吉田東洋」（明治三十年十一月『東京新聞』連載）
「天海僧正 黒衣宰相」（明治二十五年十一月『自由』連載。家康のブレーン僧の伝記）
「本多正信 鬼哭編」（明治二十五年十二月『自由』連載。家康の謀将の伝記）
「板垣翁傳記」（高知県立図書館・坂崎文庫に草稿）
「暘谷実録」（坂崎文庫に草稿。後藤象二郎の伝記）
「高宋傳」（坂崎文庫に草稿。南宋の初代皇帝の伝記）
「詩僧絶海傳」（坂崎文庫に草稿。室町時代の五山の禅僧の伝記）
「岩崎弥太郎傳」（紫瀾年譜に「明治三十年草」との記事。草稿も伝わらず発表されたかも不明）
「山内外史小南翁」（高知県立図書館に草稿。発表されたかは不明。土佐勤王党の理解者であった山内家重役・小南五郎右衛門の伝記）
「野中の清水」（明治十七年『土陽新聞』紙上に、野中良継（兼山）の伝記執筆のため、その事蹟を募集する広告を掲出。実際に執筆されたかどうかは不明）

もちろん、これは筆者が確認できたものだけなので、紫瀾の著作はこれ以外にも未確認のものが多数あると思った方がいいだろう。現に「吉田東洋」などは今まで紫瀾の著作リストから漏れていたものである。『坂崎紫瀾全集』全十巻くらいは十分編集出来そうな分量だ。

このように紫瀾の著作を俯瞰すると、そのほとんどが土佐関連のもので、しかも幕末物が圧倒的に多いのが分かる。

特に幕末土佐は、龍馬・板垣・後藤・容堂・東洋・岩崎・小南・林と、幕末から明治の土佐の主だった人物を総なめにしているが、その中でも容堂、後藤、板垣、東洋と上士層の人間が特に多く描かれている。また勝・陸奥も龍馬と縁が深い人物であり、絶海や野中兼山も幕末ではないが、土佐史の重要人物である。

他にも、徳川家康のブレーンであった天海僧正や本多正信、南宋の初代皇帝となった高宋などが取り上げられているが、越後長岡牧野家の家老・河井継之助を描いた『北越遺聞 他山之石』という作品があるのも面白い。

司馬遼太郎の『峠』で有名になった河井であるが、恐らくこの『他山之石』は最も初期に書かれた河井伝だと思われる。

彼の戊辰の役不幸にも大義名分を誤りしが為めに名を埋め祀を絶つの鬼と化せば、陸奥越路の大丈夫共が跡を探りて憐れ余の人の語り草にもなさばや（「他山之石序」）

この小説が実際に書かれたのは明治十八年頃と思われるが(51)、大義名分を誤った「他山之石」の教訓を紫瀾は誰に向けていたのであろうか。

柳田泉は、紫瀾が明治十四年、板垣退助の東北地方遊説に同行した折の見聞でこの小説の着想を得たとし、この小説に政治思想が内包されず、専ら歴史小説として書かれていることから、「いわば歴史小説家紫瀾が歴史家紫瀾に転ずる過渡期の作とも見られる」[52]としている。同時期に『今日新聞』に連載されたとされる「板垣退助詳傳」も明らかに史伝として書かれており、土佐勤王党三部作とも言える三作の政治小説を執筆した後、紫瀾の興味は次第に史伝にスライドしていったのであろう。

この他にも紫瀾は「佛國革命・修羅の衢」「露国安那物語」「美人國」などの政治小説や翻訳小説を新聞連載しているが、明治二十年代前半には政治小説の筆を絶っている。明治二十二年の大日本帝国憲法の発布、翌年の第一回衆議院議員総選挙などで、政治小説はその役割を終えたと判断してのことであろう。

柳田泉は、上京以降の紫瀾は、自由党が既に板垣の手を離れて星亨の手に渡っていたことから高知時代に対して少々振るわず、星には屈せないという土佐自由党人の気骨もあって次第に自由党とも疎遠になったものとしている[53]。

また紫瀾は小説だけでなく、論説を中心に、紀行文「東北載筆録」、土佐の古記録を紹介する「温故抄録」、土佐の民俗を記す「土佐國風俗記」など、様々なジャンルの夥しい文章を新聞紙上に残している。

高知市立自由民権記念館発行の図録『三大事件建白運動百二十年記念　土佐自由民権運動群像』には、明治十三年から十八年にかけて『土陽新聞』『高知新聞』『自由燈』に執筆された紫瀾の主な著作・論説等の一覧が掲載されている。興味ある読者は参考にしていただきたい。

維新史料編纂員・坂崎紫瀾

土佐の自由民権は明治七年四月の立志社設立に始まり、同三十五年四月に立憲政友会高知支部が、片岡健吉の掌握する中央派と林有造の掌握する郡部派に分裂して終わった[54]とされるが、明治二十九年に板垣が第二次伊藤内閣の内務大臣になり、また翌年には後藤が死去したことで、紫瀾の自由民権運動は終わったようである。

柳田泉は、明治三十三年、憲政党が板垣を引退させて伊藤博文の傘下に走ったことで、板垣を捨てた人間たちに大いに憤りを感じ、政治を見限ったとしている[55]。

「紫瀾年譜」には、明治三十二年に鉄道国有運動に従事したとの記載もあったりするが、以降の紫瀾は基本的に記者と著述を主としたらしい。「紫瀾年譜」の記載も明治三十四年（一九〇一）をもって終わる。

坂崎文庫に残る「板垣退助・自由党創立史予約簿」には「著者兼予約者」として坂崎斌の名が記されている。予約簿には「来ル明治三十七年四月ヲ期シ必ス出板《ママ》スベシ」（傍丸原史料）と書かれている。相当数の予約を受け、一部は代金も受け取っているが、この本が出版されていないのは周知の通りである。ちなみに宇田友猪・和田三郎の編纂によって『自由党史』が刊行されたのは、明治四十三年のことである。

紫瀾の晩年の業績と言えば、大正元年刊行の『維新土佐勤王史』の編纂である。これは瑞山会がまとめた武市半平太以下八十人余の伝記を紫瀾が一冊に編んだものであるが、この『維新土佐勤王史』は、土佐山内家の明治維新正史が未だ公刊されない中、それに準じるものとして扱われている。土佐の明治維新史はこの書によって完成され、現在なおその枠組みの中にあるといっても過言ではない（一九八三年より『山内家史料 幕末維新』が土佐山内家宝物資料館から刊行されている）。

ちなみに紫瀾の長女蓉子は、帝国大学教授や史学会会長を務め、日本史学に史料による実証主義を導入した重野安繹の長男に嫁いでいる。紫瀾は親類となった重野と史論を闘わせていたというが、それはちょうどこの『維新土佐勤王史』の執筆の時期だったようである。明治四十一年（一九〇八）の紫瀾に「鎌倉に成斎重野先生を訪うて宿る」詩があるという。[56]

写真４　坂崎紫瀾の墓
（雑司ヶ屋霊園：１種２号３側）

次節で述べるように、実は紫瀾自身は小説を書き始めた当初から、史実に依拠した叙述を意図していた。紫瀾は重野と実証史学について語り合い、改めてそれを『維新土佐勤王史』を執筆する自らの範としたのであろうか。

明治四十一年二月十日の『東京朝日新聞』には、奥宮健之や宮地茂一郎、坂崎斌ら「政界に打ち洩らされたる老将二十余名」が発起人となり、「浪人会」なる会を組織し、「憲政を擁護し世道を維持するの目的を以て一団体を組織し、老後の思ひ出に適《あつぱ》れ悼尾の一振を試むることとなり」という記事が掲載されている。紫瀾、まだまだ政治にも色気があったらしい。それにしても「老後の思ひ出」とは馬鹿にされたものである。

紫瀾の経歴の最後を飾るのは、明治四十四年六月、設立されたばかりである維新史料編纂会事務局の常置編纂員への就任である。ジャーナリスト・小説家としてスタートし、土佐の幕末史を稗史として書き綴ってきた紫瀾が、最後には国史編纂の歴史家となるのである。

第一章でも記したように、東京大学史料編纂所蔵の「坂本龍馬海援隊始末・初稿」稿本には、謄写完了日として明治四十四年十一月四日という日時が記されており、これが紫瀾の編纂員としての初仕事とも思われる(57)。

それまで自分が書いた小説体の「汗血」や『少年読本』とは異なる、史料を引用した龍馬の年譜的な記述はいかにも「維新史料編纂会編纂委員」といった趣である。この「坂崎・海援隊始末」は瑞山会が採集した史料を存分に活用することで書かれたものであり、紫瀾は瑞山会と出会うことで史伝としての龍馬伝を完成させたのである。

ただ一方で自分の『鯨海酔侯』や『維新土佐勤王史』を平気で出典としていたりするから少し怖いのだが。

就任からわずか一年半後の大正二年二月十七日、紫瀾は没する。二月十一日の大正政変に興奮の余り卒倒し、そのまま逝ったともいう。

紫瀾の墓は東京雑司ヶ谷霊園にある。

第二節　土佐勤王党三部作を読む

第一項　「南の海血しほの曙」

「南の海血しほの曙」のテーマ

前述のように、明治十三年九月十九日から翌十四年九月二日まで『高知新聞』で計七十二回に渡って南國野史の筆名で連載された、紫瀾の処女作（と思われる）が「南の海血しほの曙」である（以下「南の海」）。

この「南の海」は、約一年間、七十二回の長きに渡って連載されたにも関わらず未完であり、現在に至るまで単行本化されたこともない。そのためこの小説を読むには『高知新聞』の当該号をマイクロフィルムで読んでいくしかなく、今までその内容が論じられたことはなかった。

明治十三年七月五日に創刊された『高知新聞』は、当初は週刊であった。ところが早くも第四号（七月二十六日付）に社告（「稟告」）を掲載し、今までの紙面は読者の要望を満たしておらず社会の耳目たり得ていなかったとして、隔日の発行を宣言し、紙面改革を告知する。いわゆる「テコ入れ」である。

新ニ各府県民権党ノ概況、及ヒ南の海血潮の曙ト題スル二欄ヲ設ケ、一ハ以テ我カ日本帝国人民ノ公議与論ヲ報道シ、一ハ以テ憂世殉難ノ前哲坂本武智《ママ》以下ノ行状ヲ伝奇体ニ登録シテ少年

子弟ノ精神ヲ奮興セント欲ス

そして早速、次の第五号（ただし一カ月以上経った、九月十七日の発行）で連載に先立つ「諸言」が掲載され、第六号から「南の海」の連載が始まるのである。

この小説でまず注目したいのが、連載に先立って掲載された「諸言」である。

この「諸言」では、土佐の下士による勤王運動を「封建制度の反動力、実に之か一原因を為したるなり」と封建制度への抵抗と位置付け、一方で「今や万民同等の真理は吾人の頭脳上に銘記するの日に当り、尚ほ一種の新門閥を組織し、人間最大の欲望を壟断せんとする者あるは何そ思はさるの甚しき」(58)と現在の藩閥政府をかつての封建制度と同じく個人の人権を阻害するものと位置付けている。

藩閥政府への抵抗である自由民権運動は、この文脈において土佐の倒幕運動の再現だと見なされ、志士たちは自由民権運動の先駆者として捉えられるのである。これは後の「汗血」にも共通するテーマ設定であり、紫瀾の史観の根底をなす考えであるが、既に明治十三年の段階で紫瀾がこの史観を確立させていたことをここで指摘しておきたい。

「稟告」では「南の海」の読者として「少年子弟」が想定されている。紫瀾は自由民権運動を土佐の倒幕運動の再現と置き換えることで、諸々の挫折や弾圧があっても最終的には自由民権運動が藩閥政府を倒し勝利することを謳いあげようとする。

紫瀾はこのテーマを次代を担う若者に「小説」という手段で伝えようとしたのであり、その意味でこの「南の海」は紛れもなく「政治小説」であった(59)。

「南の海血しほの曙」の構想

「南の海」は嘉永六年のペリー来航から始まり、文久三年五月・姉小路公知が暗殺される朔平門外の変までの幕末史を土佐勤王党の視点から描いたものである。その大まかな内容については**巻末・表1**をご覧いただきたい。

物語は土佐勤王党の一員、間崎哲馬（滄浪）の紹介から始まる。かといって間崎がこの物語の主人公というわけではなく、武市半平太（瑞山）、吉村寅太郎らが順次紹介され、第十八回で平井収二郎（隈山）が紹介されると、物語は次第に平井の行動を中心に展開されることとなる。

紫瀾がこの物語をどのような構成で考えていたか、紫瀾が「諸言」に記した目次を見てみよう。

南の海血潮の曙前編目録

第一回　賦二古体一書生嘲二権門一　発二片言一剣客服二国士一

第二回　亢龍無レ元甕二高知城一　猛虎失レ脚捕二伏見駅一

第三回　奉二勅命一三藩震二覇威一　請二手書一両士罹二奇禍一

第四回　英雄不レ忍レ去二父母国一　壮士争護二送縉紳行一

第五回　首難兵一挙試二快戦一　絶命詞千秋伝二芳名一

第六回　字々涙美人悲二永訣一　句々血孝子弁二大義一

第七回　慷慨訴レ冤自作二冤鬼一　従容待レ死遂就二死地一

正直これだけでは何のことか余りよくわからないが、例えば第二回の「亢龍無レ元甕二高知城一猛虎失レ脚捕二伏見駅一」は吉田東洋の暗殺と、寺田屋事件の際脱藩した吉村寅太郎が藩吏に引渡されたことであり、第五回「首難兵一挙試二快戦一　絶命詞千秋伝二芳名一」では、孝明天皇の石清水八幡宮への行幸と平井・間崎が罪を得ることが描かれている（実際はこの目次と異なり、第三回の次に第五回の内容が書かれている）。連載が中絶したため書かれることはなかったが、第四回の「壮士争護二送縉紳行一」は七卿落、第七回は平井・間崎と武市の切腹を意味していると思われる。

つまり「南の海血しほの曙」は特定の主人公を設定した小説ではなく、土佐勤王党のメンバーの群像劇として土佐山内家の幕末史を描こうと意図した小説であり、後に紫瀾がまとめる『維新土佐勤王史』とその構想を同じくした小説なのである。

先に紫瀾の著作には容堂、後藤、板垣、東洋、小南と上士層の史伝が多いと指摘したが、上士層が各人の個人伝として〈点〉で書かれているのに対して、下士層は群像劇として〈面〉で描かれており、紫瀾が土佐の維新を一種の階級闘争として捉えていたことが窺える。

加えてまさに「南の海」の連載が始まった明治十三年九月、浜田八束ら高知県の有志から、武市ら八十人を、土佐の国事殉難者を祀るために高知藩主が創立した大島岬神社（現・高知県護国神社）に合祀したい旨の請願書が高知県令宛に提出されている(60)。断絶された武市の家録は明治十年に既に復しているが、この武市ら土佐勤王党のメンバーを顕彰する一連の動きが、紫瀾の執筆を後押ししたかと思われる。

登場しない「土佐勤王党」

ところで今まで筆者は、武市半平太を盟主に仰ぐ土佐山内家の下士を中心とするグループを「土佐勤王党」という名称で表記してきた。高知県が二〇一一年を「土佐勤王党結成一五〇年記念」と位置付け観光振興を図ったように、「土佐勤王党」は現在このグループの名称として広く人口に膾炙している。『龍馬伝』で武市道場に「土佐勤王党」という書が掛かっていたことをご記憶の方もいるかも知れない。

ところが「南の海」で、確かに武市は「南海勤王家の首領と仰れたる」（第三回）と書かれてはいるものの、武市を盟主に仰ぐグループの結成については、第五回に「東西の郷土に遊説して、同志を募り、謀を方寸の内に廻らし、時機の来るのを待居たる」[61]と記されるだけなのである。またグループとしての動きがほとんど描かれていないことから、その名称も「勤王党」が第五回に一度登場するのみである。

「土佐勤王党」と言えば、「堂々たる神州戎狄の辱しめをうけ…」から始まる大石弥太郎起草の盟約書が有名である。連判書に記された人間だけでも百九十二名、また様々な事情から血盟に参加出来なかった同志は約三百名にも上るという[62]。しかしこの盟約書も「南の海」には登場しない。

横田達雄の『武市半平太と土佐勤王党』に拠れば、この盟約書の原本は明治期に既に所在不明になっており、武市の書簡などの基礎史料を集めた『武市瑞山関係文書一』（大正五年）への引用も複数の写本に拠るものであるという[63]。

前述のように（第三章でも詳述する）、瑞山会は会の事業として武市半平太以下の諸士伝を編纂しており、この盟約書もその伝記編纂の過程で瑞山会が収集したものであろう（実際『武市瑞山関係文書一』で、盟約書は「瑞山会文書」として紹介されている）。

ちなみに瑞山会の武市伝は、自らも血盟者である古沢滋が執筆、『瑞山武市半平太先生傳』と名付けられた稿本が佐川町立青山文庫に現存しており、もちろんこの盟約書も収録されている[64]。

土佐勤王党殉難者の顕彰と祭祀の継続を目的に瑞山会が結成されたのは明治十七年のことである。もちろん紫瀾の周辺にもこの血盟に参加した人間はいるのだが、「南の海」を書いた明治十三年の時点では、紫瀾はこの盟約書や武市の書簡など武市に関する史料はほとんど実見出来ていなかったのではないだろうか。

後に紫瀾は瑞山会の委嘱で『維新土佐勤王史』を執筆するが、この時点での紫瀾の親分は旧藩時代武市らを弾圧する側にいた後藤象二郎や板垣退助である。実際瑞山会の結成時、板垣・後藤は存命中であったにも関わらず参加していない。紫瀾が土佐勤王党の全体像を把握するには、武市らの同志であった瑞山会との出会いが必要だったのである。

既に中村武生も指摘しているように[65]、そもそも「土佐勤王党」なる名称は同時代史料には一切登場せず、当時武市のグループが何と自称し、何と呼ばれていたかは判然としない。

前述の古沢滋『瑞山武市半平太先生傳』にも「土佐勤王党」なる名称は登場しないが、その一方で盟約書に添えたコメントには「同志姓名ヲ連署シ血ヲ刺シテ印ス。俗ニ之レヲ血判ト云フ。加盟スル者ハ逐次連署シ、総テ之レヲ同盟ト称ス[66]」と記されている。自らも血盟者である古沢のコメントであり、あるいは「同盟」というのがこのグループの自称だったとも考えられる（ただし本書では便宜上、以降も武市を盟主とする下士グループを「土佐勤王党」と呼ぶ）。

紫瀾の土佐勤王党三部作においては、前述のように明治十三年の「南の海」では、ただの「勤王党」、次いで明治十六年の「汗血」では、「東西郡の郷士に遊説して頻りに同盟を募りしが、之れに応ずる者幾百人といふ数を知らず」（第十六回）と郷士グループの結成は描かれるもののその名称は特に記されず、武市は「海南有志の首領」（第四十三回）と記されている。そして、明治十七年の「南山皇旗之魁」に至って、「去る程に我が土佐勤王党の首領なる武市半平太其人は」（第四回）と初めて「土佐勤王党」という名称が登場するのである。

同時期の他文献を調査したわけではないのだが、この経過を見ると、あるいは「土佐勤王党」という名称自体、紫瀾の創作ではなかったかとも思われる。紫瀾が途中放棄した「南山皇旗之魁」を書き継いだ佐々木甲象は武市グループを「海南勤王党」と記しており、「土佐勤王党」という名称がまだ一般的でなかったことを窺わせる。

また土佐勤王党のダークヒーロー岡田以蔵もこの小説には登場しない。本間精一郎の「刺客の一人たりし岡田某《それ》を藩庁に梟首せし罰文を録す」（ルビ原文ママ）（第十七回）と、姓名すらきちんと記されないまま、その罪状書が引用されているのみである。

「南の海血しほの曙」のネタ本は？

武市関係の史料がない中、それでは紫瀾は何をネタ本にこの物語を書き進めたのだろうか。それは平井収二郎の日記『隈山春秋』と『帰南日記』である。

『隈山春秋』は、平井が土佐山内家十六代当主・豊範の上洛に供奉し上洛した、文久二年八月二十三日から同三年の三月十五日までの日記である。この時期平井は他藩応接役に任ぜられ、武市と共に京で周旋活動を行っており、『隈山春秋』にはその周旋活動の様子が記されている。
またもう一冊の『帰南日記』は、平井が罪を得て土佐に帰国させられる文久三年四月一日から十一日までの道中の様子を記し、最後に「五月廿四日禁錮以来筆墨不許入、以爪書す」と入牢以降、六月九日の切腹の直前に詠んだ辞世までが半紙で附されたものである。

第十八回で平井が登場して以来、土佐勤王党の京における物語は平井を中心に進む。例えば、第二十五回[67]に記される、平井が妙法院の境内を土佐山内家の宿舎として借り受けに行った帰り道でのエピソードである。

まずは『隈山春秋』の文久二年十月十八日の記述を見てみよう。

予至二其重臣菅谷宰相之処一、請三借而為二旅亭一、且巡二見境域一而帰、途自二大谷一経二清水一、出二于祇園一、見二美少年出井栄太郎一、携入二茶店一、呑レ酒食レ飯、卒至二于鉄石亭一、逢二大庭恭平一、飛レ杯論二当世一、快論極而去、同藩千屋小畑二生、始終在レ傍、二更至二少年之家一後帰[68]

次に「南の海」の記述を見てみると、

同十八日小畑千屋の両生を伴ひ妙法院の家老菅谷宰相の許に至り、該院の境内を借りて寓となすの約を結び、帰途を大谷より清水に取りて、名にし負ふ祇園町にさしかゝる。折しも忽ち一箇の美少年に遇ひしが、花の顔桂の眉、憐れ姫御前にもなさまほしき風情なれバ、土佐男児の癖として小畑千屋の両生とみに行も得やらぬ体を見て、隈山ハ打笑みつゝ彼の美少年の姓名を尋ねけるに、「出井民部の長男栄太郎にて候」といと物しづかに答へけるを、「さらバ御身の父ハ我が知己ぞかし。先づ此方へ来りたまへ」と傍へなる旗亭に誘ひ入れて酒肴など調へ、暫し平生の幽憂を晴して別れ、又儒者藤本鉄石の家を訪ひしに、偶ま会藩大庭恭平坐にあり。再たび杯を把て当世の事を縦論し、快を極めて去る頃ハ最早夜の二更に及びしが、興に乗して二生と共に彼の美少年の家に至りて帰へりしとぞ（句読点と会話の「」は、引用者が適宜補った）

この両者を比較すれば、事実のみを記した『隈山春秋』の記事を、紫瀾が思いっ切り脚色し物語化していることが一目瞭然だろう。

例えば『隈山春秋』では「美少年」とのみ書かれている出井栄太郎の顔貌を、美文調の文章で「花の顔桂の眉、憐れ姫御前にもなさまほしき風情」と詳細に描写したり、実際にはあったかどうかもわからない平井と栄太郎の会話を、まるでその場で聞いていたかのように再現するなど、紫瀾の執筆テクニックの一端を窺うことが出来る。

これら平井収二郎関係史料は、平井の死後・妹の加尾に伝わり、加尾の結婚相手の西山志澄の家に代々伝わっていた[69]。

西山は土佐勤王党の盟約書に連署しており、罪を得た平井を土佐に護送した人間でもある。明治後は自由民権運動に参加し、明治十一年に立志社の副社長を務め、「汗血」が連載された明治十六年には『土陽新聞』の社長となっている[70]。

つまり西山は紫瀾の同志であり、それゆえ紫瀾はこれらの平井関係史料を容易に閲覧することが出来たし、西山や加尾から平井について聞くことも出来たはずである。紫瀾が平井を「南の海」の中心に据えたのは、このように紫瀾が平井の情報や史料を存分に利用することが出来たためだと思われる。

紫瀾・史伝に目覚める

この「美少年出井栄太郎」のエピソードに象徴的なように、紫瀾の著作は、史実をベースにその行間を創作で埋める、今で言う「歴史小説」の体である。

ところが連載も一年近く経ったところで紫瀾の執筆スタンスに変化が生じる。第五十九回の冒頭に書かれた作者（野史）のコメントを見てみよう。

余の始めて本編を稿するや、専ら其体を伝奇に擬し以て看官（引用者注：「読者」の意）一時の目を悦ばしめんとせしに、着筆の際に当り其大書特書すべきの事実続々机下に輻輳し、余をして之を割棄するに忍びざらしむ。於是更に其組織を一変し、寧ろ素に過るも華に失せざるを要し、随得随録以て他日の史料たるべきを目的とす。殊に当日の文書は一々網羅し来り、余が筆の杜撰臆定ならざるを証する者なり。(71)

当初「伝奇」体で、読者受けを狙って書いていたのが、事実そのものの迫力に圧倒され、史料そのものをして史実を語らせようとするスタイルに変更した、というのだ。

実際「南の海」には吉村寅太郎の藩当局への嘆願書や長州毛利家の建白書、孝明天皇の勅書など様々な史料が引用されている。

「汗血」にも「看官幸に作者が専ら正史実録に拠るの意匠を諒したまへ」（第十一回）というコメントがあり、紫瀾は自らの著作に記された出来事が、史料や実録（ここでは事実を記したノンフィクションといった意味で使われている）に裏付けられた事実であることを主張している。

従来、創作が多いとされてきた紫瀾の著作であるが、実は紫瀾自身はその当初から史実に依拠した叙述を意図していたのである。この「史料に語らせる」というスタンスが、後の維新史家・坂崎紫瀾の誕生へとつながってゆく。

また先の引用部分に続いて紫瀾は、

其事実に錯誤脱落の件ある、則ち大方の君子為に指摘の労を惜むことなく郵筒報知せられば、余将さに本編補正の一欄を設けて、以て之を江湖に公告すべし

と記している。

間違いの指摘があれば訂正する、というスタンスは基本的に正しい。ただ問題はその指摘――特に記憶や伝聞に拠るもの――の正誤を紫瀾がどのように判断したかである。この時期、まだ当時を知る人間が多く生存していたとはいえ、それでも幕末は二十年近く前のことである。当然勘違いや思い込みで記憶が変容した可能性は少なくない。

記憶を史料とすることについて最近の歴史学は自覚的であるが、紫瀾がこの「南の海」を執筆した明治前期には、そのような視点は存在しない。

中学生だった井伏鱒二が、『伊沢蘭軒』を新聞連載中だった森鴎外を挑発しようとして、その史実の誤りを指摘する書簡を出した。ところが鴎外は、それがいたずらであることを見透かしたうえで、「流言」の好例としてその書簡を自らの文章に仕立て直し小説に引用した、という[72]。作家として、あるいは史家として、紫瀾にそこまでの眼力があっただろうか。

坂本龍馬登場！

さて、この「南の海」で坂本龍馬はどのようなキャラクターとして描かれているのであろうか？「稟告」でも「憂世殉難ノ前哲坂本武智以下ノ行状」と龍馬の名前が武市より前に記されているぐらいだから、さぞや大活躍するんでしょうね。

残念！　実は龍馬が登場するのは第四十六回の一回のみなのである。

龍馬は「勝氏に従遊する土佐の書生」の一人で「後日鴻名を天下に轟かしたる」と紹介され、その略歴が語られる。

といっても語られるのは、勝の弟子になり文久三年二月に土佐脱藩が赦免されるまでである。この回の最後に紫瀾は、

阪本龍馬其人が斡天旋地の大活劇を演じ来るの段は、暫く之を束閣し以て後編の好材料となさんとす。因て此に其端緒を叙し暗に他日の伏線たらしむ[73]

と、後編で龍馬の活躍を描く準備があるので、わざと龍馬に関しては記述を控えめにしていると記している。

先程引用した「南の海」の目次は「前編」の目次であり、紫瀾は武市らが弾圧された以降の「後編」の主人公の一人として坂本龍馬を考えていたことが窺われる。

即ち明治十六年の「汗血千里の駒」は、完結しなかった「南の海」の後編を独立した一篇としたものであり、そもそも「汗血」は坂本龍馬の物語ではなく、土佐勤王党の物語の一部として構想されたものなのである。

脇道に逸れるがもう一つ注目したいのは、龍馬の誕生日が「天保六年己未十一月十五日」と記されていることである。

実は「汗血」では龍馬の誕生日は「天保六年己未十月十五日」となっている（傍丸引用者）。

菊地明は、初期の龍馬伝を比較検討し龍馬伝説の進化を辿った『坂本龍馬進化論』で、龍馬の誕生日が現在の定説である十一月十五日となるのは大正三年の千頭清臣著『坂本龍馬』からであり、それ以前は十月十五日あるいは十一月十日とされていたと検証している。[74] しかし最初から龍馬の誕生日は十一月十五日だったのだ。

ところが面倒なのはこの十月十五日、十一月十日の両説を記しているのも紫瀾ということである（十月十五日説は「汗血」。十一月十日説は『維新土佐勤王史』）。

当初十一月十五日であった龍馬の誕生日を、紫瀾がわざわざ二度も変更する以上、そこに何らかの根拠があったと思われるが、それは不明である。

紫瀾に龍馬の誕生日を教えたネタ元の情報が異なっていたとも思われるが、正直筆者は紫瀾の誤記、あるいは誤植の可能性が一番高いのではないかと考えている。十月十五日説、十一月十日説の根拠が明らかになっていない以上、これ以上の考察は不可能であるが（ちなみに毛利家文庫の『土藩坂本龍馬傳』では、龍馬は「天保六乙未年十一月五日土佐国土佐郡高知本丁ニ生ル」となっており、明治二十九年・弘松宣枝『阪本龍馬』では「天保六年乙未十月十五日」[75]、明治三十年・土田泰『阪本龍馬』では「天保六年十月生」[76]である（傍丸共に引用者））。

前述したように「南の海」は、紫瀾が板垣退助の東北地方遊説に同行したため中断し、再開されることはなかった。

紫瀾は中断に際して「隈山滄浪の刑死、八月十七日七卿脱走の変、及び大和一挙の如き、実に該巻の眼目たるを以て、将さに野史帰蘆の日を待って緩々之を続成せんとす」（第七十二回）[77]と今後の構想を記している。

第二項　「汗血千里の駒」

「汗血千里の駒」のテーマ

「汗血千里の駒」は、連載時のタイトルを「天下無双人傑海南第一伝奇　汗血千里の駒」という。明治十六年一月二十四日から九月二十七日まで『土陽新聞』（二次）に、計六十四回に渡って鳴々道人の筆名で連載されており[78]、土佐勤王党三部作の中で唯一完結した作品である。

明治十六年五月には、早速、最初の十五回をそのまま収録した単行本が駸々堂本店から出版され、六月には二十七回までを収録したものが編纂出版人・古村善吉で出されている。

続いて明治十六年七月以降、戯作者の雑賀（彩霞園）柳香の補綴、編集を経て、摂陽堂から前篇・後編・続編の三冊の単行本として刊行され（続編のみ東洋太郎―雑賀の別名―補綴）、明治十八年に春陽堂から同じく雑賀柳香補綴で『汗血千里駒　全』として一冊の合本で刊行される。

以降も、明治二十年・大阪偉業館版、明治二十三年・桜井貢発行版、明治二十五年・大坂新聞社版、明治二十七年・岡本仙助発行版、明治四十二年・片桐開成社版（タイトルは『小説坂本龍馬』）、

写真5　いろいろな「汗血千里の駒」

大正六年と昭和四年・早稲田大学出版部版（『近世実録全書・第十八巻』——タイトルは「坂本龍馬」）と、数度に渡って出版されており、それ以外にも紫瀾も知らない海賊版が数種発行されたという。

ちなみに現在入手できる刊本では、詳細な注が附された『新日本古典文学大系明治編十六　政治小説集一』がお勧めである。本書の『汗血』の単行本の書誌も同書の「補注二」に詳しい。本書の「汗血」本文の引用もこの本を底本にし、また同書の注を参考にしていることを付け加えておく。

ちなみに「天下無双人傑海南第一伝奇　汗血千里の駒」という新聞連載時のタイトルは、単行本化された際、それぞれ微妙に変更されている。**巻末・表2**をご覧いただきたい。

正直どうでもいいような差異ではあり表を作るまでもないと言えばないのだが、現在と違い小説のタイトルすら簡単に変えてしまう当時の出版業界の活気とおおらかさを感じ取っていただければと思う。またこの表を見ているとどの版がどの版を流用したのかも何となく見えてきて、その点でも面白い。

このようにタイトルすら数種類存在する作品であり、一般には

「汗血千里駒」と表記されることが多いが、本書では新聞連載時のタイトルに準じて「汗血千里の駒」と表記している。

「汗血」の単行本には、紫瀾の漢文による「自序[79]」が附されている。まずはそれを見てみよう。

この自序は紫瀾の小説論となっている。

紫瀾はここで、過去の「馬琴京伝以下の著書」が「其の実は、支那伝奇を翻案するに過ぎず」、しかも近年の小説家に至ってはますます学識が浅く、「児女の好に投ず」るものになっており、社会が一変しても旧態依然としていると嘆く。

まず一説ぶっておいて、紫瀾は「眼高くして手低きは吾人の通弊なり」と謙遜し、今回「偶ま、先哲坂本龍馬君の遺聞を得、乃ち傍ら正史に考拠し」筆を起こしたとする（傍線部・引用者）。

「南の海」で紫瀾は、事実そのものの迫力に圧倒され史料そのものをして史実を語らせようとするスタイルに変更した、と書いていたが、この「汗血」は当初から「正史に考拠し」た叙述が意図されていたのである。

加えて「或は謂ふ有り、此の篇の作者古を借りて今を影ずるかと、則ち余豈敢てせんや。余豈敢てせんや」という言葉が文末にある。あえてこのコメントを記す点、もちろん紫瀾には「古を借りて今を影ずる」意図があったはずだ。

井口村刃傷事件

「汗血」は、井口村刃傷事件で始まる。

文久元年（一八六一）三月、高知城下の井口村において、上士の山田広衛が下士の中平忠次郎とつきあたり、酔いも手伝い中平を無礼討ちする。中平の兄、池田虎之進はその場に駆けつけ山田を斬るが、この報復は上士と下士が対立する事態を生む。対立を憂慮した池田が自害し事件は収まるが、龍馬は池田の血に刀の下げ緒を浸して形見とするのである。

当時我が土佐国士格以下の輩はよしや其智勇弁力間ま一器量ある者とても、因襲の久しき累代封建制度の為めに奴隷の如く圧しつけられ、更に其頭を出すの機会なきを恨み居しも（中略）彼につけ此によりて誘ひ起されし天賦同等の感情に胸の炎を焦がしつゝ、其門閥を憎み階級を軽んずるの勢已に成れる（第四回）

紫瀾はこの井口村刃傷事件を、天賦人権に目覚めた下士の上士（封建制度・門閥）への反抗である、と位置付けている。そしてこの文脈の中で、下士は自由民権派、上士及び幕府は藩閥政府という置き換えがなされるのである。

既に紫瀾は、「南の海」でこの刃傷事件を描いている。

一日軽格某氏なる者、曾て士格の剣客山田某を打て弟の讐《あだ》を報じ引き取りしが、山田の友人、某氏の宅を襲ふの報を聞き、龍馬は某氏と平生の交誼なきに突然石井某と同伴して馳せ至り、之を護り除《おもむろ》に臨終の事に及ばしむ

（中略）何に思ひけん、龍馬ハ己が帯刀なる白糸の下緒を脱して滴たる血に染めければ忽ち唐紅となりけるを、龍馬は打笑みつゝ手負に向ひ、是は君のかたみなりとて後をも顧みずに立去りけり（第四十六回）

「汗血」では「無二の友垣」とされている龍馬と池田の関係が「平生の交誼なき」とされている他は基本的に同じストーリー展開であるが、「汗血」ではこの下緒を血に染める行為の後に、

傍若無人の挙動にその坐にありし諸有志も顔見合せて舌を巻きしが、龍馬こそ尋常の者ならず、他日必ず大事に堪へんと窃かに評しあひたりしは、是ぞ汗血千里の駒が驥足を舒《のぶ》る開諸《いとぐち》なり

と、その行為が他の下士に評価されたことを附け加えている。

この血の行為において、龍馬は池田の上士への恨みを継承し、土佐郷士の精神的リーダーとしての位置を得るのである。仮に創作とすれば大変効果的な創作であり、物語の幕開けである。

この事件をきっかけに下士たちは倒幕運動に立ち上がる。紫瀾は身分差別をきっかけとする土佐の倒幕運動を、天賦人権を求める民権運動のそれになぞらえるのである。

それでは実際のこの事件はどのようなものであったのであろうか。

（公財）土佐山内家宝物資料館は、平成二十二年度に館所蔵の年譜書史料を用いて幕末維新期の人物の履歴を紹介する「第五土曜特別講座　幕末志士の年譜を読む」を開催したが、この第四回で井口村刃傷事件の関係者に関する史料を取り扱った。

その講座の際配布された「井口事件記述比較対照表」では、公的資料（関係者の家族が役所に提出した差出書と各人の年譜書）、私的資料（土佐山内家家士・下許武兵衛の日記や僧侶・井上静照の『真覚寺日記』）、研究、文学（『汗血千里の駒』『竜馬がゆく』『流離譚（安岡章太郎）』『龍馬（津本陽）』）のそれぞれでこの事件がどのように記述されているかを詳細に比較しているが、龍馬の関与を記すのは文学作品だけであり、公的資料、私的資料のいずれにも龍馬は登場しない。

ただ「南の海」で既に、龍馬のエピソードとしてこの事件と下緒のエピソードが紹介されており、このエピソードが「汗血」のために創作されたものではないことをうかがわせる。紫瀾の中ではこの事件は龍馬と不可分に結びついていたのである。

この事件当時、紫瀾は高知城下に住んでおり十歳の少年であった。これだけの大事件である。何らかの噂話は耳にしたであろう。あるいはその噂話に龍馬が登場したのではないだろうか。

岩崎弥太郎の従兄で後に第百十九国立銀行の頭取になるなど、明治実業界で活躍した豊川良平が、大正五年十一月十六日付の『報知新聞（夕刊）』のインタビューに答えた記事がある。[80]

「偉人龍馬逝て五十年」というその記事は、龍馬の没後五十年祭を前に、「幼児故人の許に薫育を享けた豊川良平翁」が龍馬の思い出を語ったものなのだが、そこに井口村刃傷事件が登場する。

その大胆な事も驚く許りで、私の継母の実家の池田と言ふ者が、正義の為喧嘩をして相手を切り殺し大騒ぎをしている処へ単身出掛けて行って、群る相手を追ひ払ひ立派に介錯して遣った事には衆人が其豪勇沈着さに舌を捲いた

また楠瀬保馬『近藤勇と土佐勤王党』には、中平忠次郎と同行しこれも切腹した宇賀喜久馬について、その姪の伊野部幸子に問い合わせた際の返書が掲載されている。

もう仕方が無いと一言坂本さん言はれ叔父さん（引用者注：宇賀喜久馬）に言聞かせ被成た時の坂本さん外御一同の心持今も見る様なと申しました。

（中略）叔父も立派な人で御座いました由皆から惜まれ坂本さんも惜しいことをしたと涙を流されたさうです。[81]

紫瀾より一つ年長、嘉永五年（一八五二）生まれの豊川は当時十一歳である。五十年以上前の記憶を語るのだからもちろん記憶違いもあるだろうし、伊野部にしても伯母からの伝聞を記しているだけで自らの体験ではない。また両者とも龍馬が有名になった後の談話であるので、後日記憶が修正されてしまった可能性もあり得る。

しかし池田らの切腹の現場に龍馬がいたという二つの記憶が存在するということも事実であり、龍馬がその現場にいたこともまた一概に否定されるものではないと思われる。

ただ後に紫瀾が「史書」として編纂した『維新土佐勤王史』では、この事件を、

三月三日の夜、偶ま井口村刃傷事件起り、下士池田寅之助《ママ》なる者、実弟の殺されし其の場に、当の敵なる上士の剣客山田広衛を斃し、従容として屠腹したるが、坂本等一時池田の宅に集合し、敢て上士に対抗する気勢を示したり(82)

と簡略に記す。あるいは紫瀾が知っていた事実はこの程度だったのかもしれない。

薩長盟約への道

前述のように、「汗血」には勝海舟を暗殺するつもりだった龍馬が勝の説に感じ入り弟子入りする、西郷を龍馬が一喝し薩長盟約が締結される、龍馬の大政奉還策（船中八策）などの有名エピソードが一切登場しない。理由は簡単で紫瀾はこれらのエピソードを当時は知らなかったからだ。

例えば龍馬が勝を暗殺するつもりだった、というエピソードは明治二十三年（一八九〇）に刊行された勝の『追賛一話』に初めて登場する。

余に語て曰、今宵の事、窃に期する所あり、若し公の説如何に依りては、敢て公を刺んと決したり、今や公の説を聴き、大に余の固陋を恥づ、請ふ、是よりして公の門下生と為らんと(83)

明治二十九年に刊行された弘松宣枝の『阪本龍馬』は早速このエピソードを採用しており、紫瀾自身も明治三十三年の『少年読本』以降、このエピソードを記している。

同様に薩長盟約である。龍馬が西郷を一喝しないのなら、「汗血」では薩長盟約はどのような経緯で結ばれたのだろうか。確認してみよう。

龍馬は、第一次長州征伐で幕府に恭順した長州で高杉晋作らによるクーデターが起こったことを知り、「両雄連衡の時節到来せり」と中岡らと薩摩藩邸に出入りし、小松・西郷・大久保らに薩長連衡を説く。龍馬の説に心動いた薩摩は、禁門の変で捕虜とした長州人を本国に送り返す。「是れぞ薩長両雄が恨を釈きて相連合するの第一着にして、龍馬其人の与つて力あるの偉功は之を青史の上に大書特書なすとも慙る色なかるべきなり」(第二十七回)。

実際西郷は、元治元年十一月八日、岩国吉川家に対して、禁門の変の時に捕虜にした長州毛利家の家士十名を送り返すので寛大な処置を乞う旨の書簡を送っている(84)。しかし高杉の功山寺決起は同年の十二月のことであり、高杉の挙兵を知った龍馬の説得で捕虜解放がなされたとする「汗血」は時系列がおかしい。

龍馬は薩摩の密使として長州に赴き、薩長連衡について桂小五郎(木戸孝充)の賛成を得る。次いで薩摩の黒田清隆、大山巌らの密使が山口に到着し「同心戮力致し度」と申し入れる。当初高杉が連衡に反対するが、龍馬は高杉の真意が別にあることを見抜き、高杉と直接談判し連衡の話を前に進める（第二十八回）。

ここに長州では「両雄の連衡は最早今日の急務なるを認めて是れより薩藩と共に国家に尽力すべしとの議論一決」し、返答の使者として、桂・品川弥二郎を京へ派遣することとする。追って京へ出た龍馬は幾松にかくまわれる桂と連衡の機密を密談する（第二十九回）。

そして、あれっ？　第三十回の冒頭で「両雄連衡の一大機関は業に已《すで》に龍馬が三寸不爛の舌頭もて冥々裏に斡旋し去られたる」という一言で、既に薩長盟約は成立済みのこととなっているのである。

つまり「汗血」において、薩長盟約は龍馬の構想に係るものではあるが、その実現に向けて龍馬が行った周旋は、薩摩に説いて長州の捕虜を帰国させたこと、薩摩の使者として高杉晋作を説得したことの二点なのである。

西郷が下関に来ずに木戸が激怒した話、盟約の話を切り出さない西郷を龍馬が一喝した話など、薩長盟約の有名エピソードは「汗血」には一切登場せず、薩長盟約は長州で龍馬が高杉を説得した時点で実質決定してしまっているのだ。

ちなみに薩長盟約のもう一つの有名エピソード、近藤長次郎ら社中の面々が活躍し、長州の軍艦を薩摩名義で購入する話(85)は、この後第三十三回で登場するが、既に盟約は成立したことになっているので、これも時系列が逆転している。

薩長盟約の参考書

紫瀾は第三十二回で、慶応二年二月二十二日付の龍馬宛木戸貫治（孝允）書簡を原文のまま引用する。これは有名な薩長盟約の六ヶ条を龍馬が朱で裏書きしたものを、木戸が受け取った旨の返礼の書簡であるが、紫瀾はこの書簡に対して、

本号に掲出したる桂氏の書翰は現に坂本南海男の秘蔵する所にして余亦其真蹟を一見したることあり。而して書中六条の書云々は定めて当時薩長の密約に関はる最緊要の事件なるべけれども今其情実を知るに由なきを如何にせん

というコメントを記している。

龍馬が朱で裏書きした六ヶ条は当然木戸に返送しているから、紫瀾は見ることが出来ない。紫瀾は「六条の書」という言葉に薩長盟約に関する「密約」の匂いを嗅ぎつけたのだが、その詳細を知ることが出来なかった、というのである。

「汗血」執筆の時点で、盟約の当事者たる西郷・木戸は既にこの世になく、黒田・大山・品川を始め、土佐でこの同盟の経緯を知る土方久元や田中光顕、新宮馬之助らも官途にあった。いくら坂本南海男が龍馬の甥であっても当時龍馬と行動を共にしていたわけではない。恐らく紫瀾は盟約の直接の関係者から取材することは出来なかっただろう。伝聞情報がせいぜいである。

それでは紫瀾はどこから薩長盟約に至るストーリーを仕入れたのだろうか？　岩崎弥太郎に聞いたのではありません。

当時紫瀾が参照することが出来たと思われる先行文献を見てみよう。

明治五年（一八七二）に刊行された通俗近世史『近世史略』（椒山野史）では、薩長盟約の経緯をこのように記している。

今ノ時ニ当リ、徒ラニ兵ヲ邦内ニ結ヒ区々銖両ヲ争フ策ノ得ルモノニアラス。宜シク政令ヲ一ニシ海内協和以テ皇国ヲ保護スヘシト。因テ厚ク長ノ俘虜ヲ待チ礼シテ長州ニ還ス。此ニ至リ西郷隆盛又密使ヲ長州ニ遣リ好ヲ通ス。長人等相議テ曰（中略）今存亡ノ秋ニ当リ他藩ト好ヲ通スレハ則後世之ヲ怯ト謂ハン（中略）

時ニ土州坂本龍馬等長州ニアリ。傍ラヨリ其議ヲ賛成ス。衆之ニ従ヒ両藩終ニ怨ヲ解ク(86)

明治七年の『近世事情・三篇』、明治八年の『近世紀聞・七編巻之一』もほぼ同内容である。次いで明治十一年の土居香國編著『海南義烈傳』の「坂本直柔」の記載を見てみよう。前述のように土居は紫瀾の友人である。

薩藩ノ士西郷隆盛使ヲ遣シテ和ヲ講ス。衆之ヲ拒テ容レサラント欲ス。適々直柔長ニ在リ、其利害得失ヲ弁明シ以テ大ニ不可ヲ言フ。衆乃チ心服シ隆盛ノ言ヲ容レ厚ク礼シテ使者ヲ還ス(87)

内容が『近世史略』等とあまり変わらないところを見ると、おそらくこれらを下敷きにしたのだろう。明治十三年の『海南愛國民権家列伝』にも龍馬伝があるが、「衆之ヲ拒テ」以下の部分を奇兵隊と龍馬との対話としているのが異なる程度である。

これらの諸書では、長州捕虜の返還と密使の派遣は西郷の判断で行ったことになっており、盟約は西郷の構想によるものとされている。龍馬は長州人を説得し盟約に踏み切らせる重要な役回りではあるが、極論すれば彼が盟約に関わったのは「たまたま長州にいたから」に過ぎない。

一方明治十年刊の皆川嘉一編纂『内閣顧問贈正二位　木戸公小傳』には、

土ニ坂本龍馬アリ。各藩ノ間ニ往来シテ名アリ。陰ニ薩長ノ阻隔ヲ憂ヘ薩邸ニ往キ西郷大久保諸士ニ説キ長ニ来リ。公（引用者注：木戸）ニ説ク。尋テ黒田大山諸士亦来ル。長侯遂ニ公ヲシテ密ニ京師ノ薩邸ニ抵ラシム。品川等之ニ従フ。是ニ於テ薩長ノ調和全ク成ル(88)

とある（同年刊の小川光賢編纂『贈正二位　木戸公小傳』にも同様の文章がある）。

皆川（小川）がどこからこの話を取材したのかは不明だが、こちらは龍馬が盟約を構想し西郷・大久保・木戸を説得したことになっており、薩長盟約は龍馬の手柄になっている。

どうだろうか。龍馬を主体に前半『近世史略』、後半『内閣顧問贈正二位　木戸公小傳』と二書の内容を併せて再構成すれば、「汗血」のストーリーが完成する。もちろん紫瀾がこの二書を参照したと都合良く断言するつもりはないが、「汗血」の薩中盟約のストーリーが先行する諸書に依拠して構成されていることが窺えるだろう。

ちなみに紫瀾は「南の海」の第十二回で、寺田屋事件に際しての吉村寅太郎の嘆願書を引用し、それに対して「近世史略以下の載する所、頗る此書中云々の語と異なり、蓋亦直筆を忌諱したる者にあらすや(89)」とコメントしているから、紫瀾が執筆に際して『近世史略』を参照していたことは間違いないだろう。

薩長盟約に関しては、龍馬に先立って福岡藩の早川勇や月形洗蔵ら筑前勤王党が周旋に動いたことが知られているが、明治初期に書かれたこれらの物語に彼らは一切登場しない。

「福岡の坂崎紫瀾」とでも言うべき江島茂逸が彼らの物語を記すのは明治二十年代になってから

である。[90] もし『近世史略』に筑前勤王党の活躍が描かれていたならば、龍馬は果して薩長盟約の立役者になることができただろうか。

本当に西郷を叱ったのか？

「汗血」からは逸れるが、龍馬が西郷を一喝した話がどこから出てきたのかも、確認しておこう。木戸が京に上った後の薩長盟約締結の過程は、木戸が記した手記「薩長両藩盟約に関する自叙」が一級史料である。何と言っても当事者の回想である。

この「自叙」では、木戸が京の薩摩島津家屋敷に入っても薩摩側は一向に盟約を切り出さず、しびれを切らした木戸は長州に帰ろうとする。そこに龍馬が現れ盟約が進んでいないことを知る。絶対に長州からは盟約を切り出さないという木戸を、龍馬は「又敢て責めす」。すると「薩州又俄に余の出発を留む」ことになり、「六條を以て将来を約す」ことと相成るのである。[91]

あれ？　西郷を一喝する場面は？　そう実は木戸の回想にもないのである。考えてみれば木戸が自分のいない場所での龍馬と西郷の会話を知っているはずもない。

昭和三年（一九二八）に刊行された田中光顕『維新風雲回顧録』には、龍馬が西郷に詰め寄ったという話があるが、当然田中もその場にいるはずはないので、これも田中が本当に伝聞したことなのか、それとも後世の著作で田中の記憶が修正されたのか判然としない。

実はこのエピソードの初出も、明治二十九年の弘松宣枝『阪本龍馬』なのである。

余来京してより既に七日間、昼夜丁寧の饗応あり、然れども未だ一言の連合に及ぶなし。吾より之を言はんか、是れ哀を乞ふもの也。已に此地を去らんとす。（中略）彼（引用者注：龍馬）之を聞きもあへず、憤然其無情を怒り、直ちに西郷吉之助に会ひ、色を励まし、席を正ふして大に先日の失態を詰り、且つ重ねて長と左提右携の急務なるを述ぶ。西郷其理に服し、深く其不注意を謝し、其失当を詫ぶ(92)。

木戸側に史料がないのならば、龍馬に問い詰められた西郷側の史料を見てみよう。明治二十七年に刊行された、勝田孫弥の『西郷隆盛傳』第五篇では薩長盟約の成立の部分を、

木戸等山口を出発し慶応二年一月京師に入りて隆盛に面会せり。是れ実に隆盛と木戸の初めての会合なりき。廿一日に至り愈薩長の確執を解き共に連合協力して、以て王政復古の大目的を達せんと盟定せり。時に坂本龍馬も亦長藩の三吉慎蔵を伴ひ京師に出で、合議斡旋する所ありき(93)

とだけ記す。もちろん龍馬が西郷に詰め寄るシーンはない。

そう、龍馬伝の中で最大の見せ場であるこれほどの大ネタを、弘松がどこから仕入れたのかわからないのである(94)。

芳即正は「もちろんそんなことは木戸の『自叙』には書いてない。しかし木戸の話を聞いた龍馬が、そのまま黙って引っ込んだと考える方が非常識であろう。（中略）その際、初め木戸に激しい怒りを込めて詰め寄った龍馬が、今度は西郷に激しく詰め寄ったと想像することも余り見当外れではなかろう(95)」とする。

芳は幕末薩摩研究の第一人者である。その芳がこの龍馬の一喝を、常識的に考えてそのようなこ

とがあっても不思議ではない、というレベルに置いているということは、薩摩側にもやはり史料がないのであろう。

ちなみに『弘松龍馬』の「余来京してより〜」という木戸のセリフなどはかなり具体的で、木戸の手記「薩長両藩盟約に関する自叙」の内容に近い。

ところがこの自叙、木戸の生前明治十年までに成立したのは当然だが、初めて活字化されたのは、昭和六年（一九三一）『日本史籍協会叢書・木戸孝允文書八』においてなのである[96]。それまでこの原本は木戸家に伝わっていた。

当然紫瀾は「汗血」の執筆時点で木戸の自叙の内容を知ることは出来なかったと思われるが、弘松はどこで知ったのだろうか。あるいは筆者の不勉強でこのエピソードは当時既に諸書で紹介されていたものだったのだろうか。例えば同時期の木戸の伝記『松菊餘影』（足立荒人・明治三十年）、『木戸孝允』（無何有郷主人・明治三十年）などにも、上洛した木戸が痺れを切らして帰国しようとしたということは書かれていない。

一方龍馬側の伝記では、紫瀾が早速明治三十三年の『少年読本』で「直ちに西郷の許へ至りてさん〴〵に其の無情を責めたりければ然らば今夜改て同盟の儀を此方より申込ん[97]」と、この龍馬の活躍を描く。以後龍馬が西郷を一喝したことで薩長盟約が成立したという龍馬伝説が語り継がれていくことになるのである。

ところで『少年読本』では、この龍馬が西郷を一喝するシーンは「中島信行氏の直話に係る[98]」とネタ元が明示されている。しかし龍馬と一緒に入京したのは『三吉慎蔵日記』によれば池内蔵太と新宮馬之助の二人であり、この時期中島は脱藩し長州に身を寄せている。中島が紫瀾に話したとしても又聞きの話でしかないのである。

また当時龍馬は「寺田屋一件の薩士（引用者注：龍馬）は元来他藩脱走の人、従来薩へ入込み来りしか、近頃は藩士となる」[99]と噂される立場の人間であった。そのような龍馬が、果して西郷を一喝することが出来たのか、その点でも疑問である。

おりょうは一人で逆鉾を抜く

その他龍馬のエピソードとして詳しく描かれるのが、寺田屋（物語では瀬戸屋）事件、おりょうとの薩摩行、いろは丸事件などである。これらは、いずれも龍馬が土佐の兄・権平や姉・乙女に出した書簡で報告しており、紫瀾は木戸の書簡を見たのと同様、これらの書簡の内容を坂本南海男から取材していたと思われる。

特におりょうに関してはその生い立ちも含めてかなり詳細に描かれている。[100]ちなみに「汗血」では、龍馬とおりょうの薩摩行きを「ホネー、ムーン」と呼んでいるが、これが今に至る龍馬が日本初の新婚旅行を行ったという説の嚆矢であろう。

興味深いのは龍馬とおりょうが二人で登ったはずの霧島登山が、おりょうが書生を連れて一人で登山したことになっており、天の逆鉾を引き抜いたのもおりょう一人の所業になっていることである。

しかもこのことが「後日に龍馬の耳に入りしかば、龍馬は常にかはりて最《い》と不興気に輌子（引用者注：おりょう）を呼びつけて申しけるは、神にまれ仏にまれ其土地の人の尊む所の霊地にゆきて斯る無礼の業するは、其土地の人に目のあたり恥辱を与ふるも同然、殊に女の用なきさかしらならずや」（第三十七回）と、一緒に登ったはずの龍馬がおりょうを叱る話になっているのである。

確かにおりょうとの霧島登山や寺田屋事件などを龍馬は家郷への書簡で詳しく報告している（慶応二年十二月四日・坂本権平一同宛書簡、同日・坂本乙女宛書簡）。しかし紫瀾はこれらの龍馬の書簡をそのままなぞる形で「汗血」を執筆してはいない。

寺田屋事件の描写についても龍馬の書簡と「汗血」は相違する部分が多いし、霧島登山の記述も龍馬の書簡ではなく、龍馬も書簡の中で触れている橘南谿の『西遊記』（寛政七年刊）の記述がもとになっている[101]。例えば龍馬が「四五尺斗」とする天の逆鉾のサイズは、『西遊記』同様「一丈あまり」と描写されているし、龍馬が「きり島ツヽジヲビタヾシクアル」と書いた山の情景も「草も木も影だに見へず」となっている。

ただささすがに明らかに龍馬と二人で登ったはずの霧島をおりょうが一人で登ったとするのは勘違いのし過ぎであろう。紫瀾にはおりょうを一人で霧島に登らせる理由があったのである。

おりょうのキャラクター造形

実は紫瀾は急進的な女権拡張論者なのである。『自由燈』に書いた彼の論説のタイトルを見ても、「女子に職業を与へよ」（明治十八年四月二十八日〜三十日）「自由婚姻の説」（明治十八年五月三日〜六日）「婦女にも財産を分与すべし」（明治十八年七月十六日）「妻より離婚請求の権利を与ふ可し」

（明治十八年九月五日）と、その主張の先鋭性が窺えるであろう。

紫瀾の明治二十二年の作『美人國』（『東西新聞』明治二十二年四月六日〜十九日）は、社会改良を志す女性たちが結社を結び、「乙女新聞」という新聞を発刊し、女権回復を訴えるという内容である。また社会運動家の福田英子も、明治十七・八年頃紫瀾のもとに寄寓し女権回復運動を行っている。(102)

つまり女権拡大を意図する紫瀾にとって、おりょうはその模範例ともなるべき女性であり、逆に紫瀾はおりょうのキャラクターをそのように造形したのである。

紫瀾は論説「自由婚姻の説」で、当人を差し置いて父母同士が決める日本古来の婚姻を、当人同士の承諾を得る西洋流の自由婚姻に改めるべきだと訴える。そして紫瀾は龍馬とおりょうの夫婦に西洋流の自由婚姻の姿を重ね合せるのである。

その一例が龍馬とおりょうの新婚旅行である。

第二十六回で既に二人はお登勢の仲介で結婚を約束しているのだが、寺田屋事件の夜、龍馬は行方を捜しに来たおりょうに材木の間に身を隠しつつ（ちなみにこの時点で龍馬はまだ薩摩に救出されてはいない）、御身の働きで助かったそれに報いるために、とプロポーズし「今よりは口にこそ妻よとは包みていはね　互の心には天が下晴れて妹背（引用者注：夫婦）の名乗りしたるものとこそ思ひたまへ」と言う。（第三十二回）この上なくドラマチックなプロポーズである。

そして二人はお登勢の媒酌で「改めて婚礼」し、紫瀾はその後の二人の薩摩行きを「自と彼の西洋人が新婚の時には「ホネー、ムーン」と呼びなして、花婿花嫁互ひに手に手を取りて伊太利等の山水に逍遥するに叶ひたり」（第三十六回）と、西洋の新婚旅行になぞらえる。龍馬がプロポーズしおりょうが応える、そして二人は手に手を取り合って旅行に赴く。龍馬の書簡が記す二人の薩摩行はまさに西洋流の自由婚姻を彷彿とさせるものであり、龍馬が日本初の新婚旅行を行った、という説はこのような紫瀾の解釈から生まれたものだと思われる(103)。

霧島登山についてもおりょうは迷信にとらわれない女性として造形される。

霊地に汚れた女性の身で入ることは思いもよらない、と登山を止める書生には「女を忌みきらふは高野の如き仏に縁ある所こそ去ることなれ、已に当山に降臨ましく〳〵たる二柱の中伊奘冊《いざなみ》の尊は女神にはおはさずや何の憚ることのあるべきぞ」（第三十六回）と反論し、「まこと神代より伝はりたるものならば石にも化すべきに正しく人間のつくりたるものと見しは僻目にはよもあらじ、イザ引き抜きて真偽の程を験めし見ん」（第三十七回）と言って、天の逆鉾を引き抜こうとする。

このような合理主義と積極性こそ、紫瀾が訴えた新時代の女性の姿だったのである。

第十回・十一回で龍馬は「巴御前の勇小野小町の美」を持つ千葉家の息女・光子（千葉さなのことと思われる）が、上野の山で酔漢に絡まれるのを助け、そのまま二人は上野の料理屋で結婚の約束をする。ところが、感激の余り龍馬がつい光子の手を引き寄せた途端、光子は龍馬を突き飛ばし部屋を出て行ってしまうのである。

ちなみにこの話は、光子を追う龍馬が階段を踏み外し、二人が階段から落ちると実は龍馬の夢だった、というコントのようなベタな夢オチで終わるのだが、これも紫瀾が「自由婚姻の説」で自由婚姻を認めつつ、「正当なる婚姻の式を執行するまでハ如何なる場合と雖も決して其の枕席を共にす可らざる事」を訴えていることと符合する。

光子（さな）やおりょうがこのような男勝りのキャラクターに描かれるのも、女性の独立心を訴える紫瀾の主張の反映だったと思われる。(104)

「汗血千里の駒」は龍馬の物語なのか

「汗血」で、龍馬の功績として描かれるのは主に薩長盟約と四境戦争での長州への協力であり、大政奉還については、二条城会議で慶喜に対して大政奉還に真っ先に賛成するという（もちろん架空の）エピソードが記されるだけである。

これは『元治夢物語』（馬場文英・元治元年刊）、『近世事情』『近世史略』『近世紀聞』『続皇朝戦略篇』（高見猪之助・明治九年刊）などの先行する通俗幕末史が主に長州の動静を中心に描かれていることが大きいと思われる。

「はじめに」で紹介した明治九年の志士番付「近世報国赤心士鑑」でも、上位は長州・水戸・土佐の志士たちが占める。禁門の変の長州、桜田門外の水戸、天誅の土佐、これら過激行動をとった諸家の方が一般にはわかりやすく維新の推進力と映ったのだろう。

その長州を龍馬は四境戦争で支援し、その活躍は、

若し下の関の戦に龍馬の学ぶ所を以て之を助くるのことなかりせば、高杉と雖も或は其敗せざるを保ち難かりしを知るべきなり（第四十回）

とされるのだから、龍馬の功績はとても大きい。

そして四境戦争の勝利の後、「汗血」の物語はゆるやかに龍馬から離れてゆく。

前述したように紫瀾は「南の海」の後編に、坂本龍馬の物語を構想していた。ではなぜ後編なのか。理由は簡単である。武市や平井が罪を得た後、土佐勤王党のメンバーで入れ替わる様に活躍したのが龍馬であり、坂本南海男からの史料提供もあったからである。

ただ「汗血」でも、土佐勤王党の群像劇として土佐山内家の幕末史を描こうとした構想は生きている。**巻末・表3**をご覧いただきたい。表の「龍馬」欄が空白もしくは△が龍馬が登場しない回であるが、実は二十六回もある。連載が全部で六十八回であるから、ほぼ四割の回に龍馬が登場しないのである。

もちろんこのうち第一〜三回は井口村刃傷事件を記すいわば枕の部分であり、第三十七回も前回から続く「ホネー、ムーン」のストーリーの後半にたまたま龍馬が登場しなかっただけである。しかし龍馬が登場しない回は特に後半、四境戦争後の第四十一回以降に集中する。まるで四境戦争後の龍馬には語る物語がないかの如きだ。

その代わりに増えてくるのが土佐山内家家士——武市や平井とは行動を共にしなかったため「南の海」では描かれなかった志士たちの物語である。

近藤長次郎、池内蔵太、上田宗児、長岡謙吉、関雄之助、中浜万次郎、そして中岡慎太郎。龍馬と行動を共にした海援隊のメンバーが多いのは当然だが、加えて後藤象二郎、乾（板垣）退助という土佐勤王党のメンバーではない上士（むしろ「南の海」の文久年間は土佐勤王党の弾圧者）の小伝が書かれている事を記憶しておいていただきたい。

中岡慎太郎

特に厚く取り上げられるのが、中岡慎太郎と近藤長次郎、そして長岡謙吉である。
中岡慎太郎が登場する回は全部で七回あり、そのうち第四十八回~五十回、第五十五回の四回は中岡の論策が原文そのままの形で引用される。第四十八回では慶応三年『時勢論』全文を引用し[105]、第四十九回と第五十回でもかなりの長文である慶応二年「愚論窃カニ知己ノ人ニ示ス」をほとんど全て引用している。また第五十五回では慶応二年「窃ニ示二知己一論」の中から大政奉還に関する部分を採録している。「汗血」には龍馬の大政奉還構想は一切記されていないから、当時の読者はむしろ中岡こそ大政奉還論者と受け取ったのではないだろうか。

特に中岡の攘夷論（「愚論窃カニ知己の人ニ示ス」）は「其趣旨公明正大にして殆んど今日の民権論と其揆を同ふする者あり」（第五十回）と評されており、この辺紫瀾の「古を借りて今を影ずる」意図が透けて見える。

この中岡の攘夷論は「上下一致学術を励し、兵力を養ひ、早く攘夷の大典を立て、諸港の条約を一新し、遠海の国々迄も征服し会稽ノ恥を雪がざれば、死するとも止まずと決心す矣」という文章で結ばれているが、井上清は、中岡の攘夷論は「民族独立闘争」であり、諸外国に対して闘争をやり抜く主体を作ることが中岡の王政復古論だと指摘している[106]。

最終的に中岡の論は「遠海国々迄も征服し会稽の恥を雪がざれば」と海外膨張主義につながっているが、先の引用のように紫瀾は中岡の論を「殆んど今日の民権論と其揆を同ふする者あり」と評しており、民権論がその後国権論へと転化してゆくのは、ある意味必然であったことを窺わせる。

近藤長次郎

次いで厚く取り上げられるのが、近藤長次郎である。計六回に登場する。

その役割は重く、（亀山）社中は「龍馬が京摂に在るの日は近藤昶（引用者注：近藤長次郎）を推して其巨魁とせり」（第三十三回）と、社中の副隊長格として扱われている。

ちなみに近藤は実際にはいなかった寺田屋事件にも登場し、龍馬・三吉と共に寺田屋を脱出した後、酒と卵を仕入れてくる役回りが与えられている。『龍馬伝』の福山は散々だったが、「汗血」の三人は材木に隠れて酒盛りをした後、近藤は京の薩摩藩邸へこの事件を報じに行くのである。

第十三回では、画を学ぶために江戸に遊学する某生（海援隊士・新宮馬之助のことと思われる）に近藤が与えた文章が引用されている。この文で近藤は、この時勢に画を学ぶことは国家に少しも益する所なく生涯を無用の一技に擲つことだ、と某生を非難し、文武に従事することを勧めている。

紫瀾はこの文章に「今日我が高知市街の平民諸君は我も〳〵と夜学の創立ありて咿唔《いご》の声は町々に相和するまで盛なるが、知らず長次郎其人の如き有志者幾許かある」とコメントしている。当時、高知では自由民権を学習する夜学会が県下全域で盛んであり、その数は百五十を超えたという。その隆盛は明治十五年半ばから十六年半ばとされるから、まさに「汗血」が連載された時期である。[107] 饅頭屋という町人の身分から志すという近藤の生き方が、天賦人権の民権を学ぶ読者を叱咤激励する手本とされたのである。

後に近藤の名は藩庁にまで聞こえ、「町人ながらも苗字帯刀差許し米金若干を下し賜はる」（第十四回）とされる。あるいは紫瀾は英才の誉れ高き町人として、近藤の名前を当時町の噂で聞き知っていたのかもしれない。

周知のように近藤は社中の仲間にも内密のうちに洋行を企画し、そのことが露見したため切腹したと言われる。「汗血」では近藤の洋行の罪を咎め、切腹させたのは龍馬である（第三十三回）。

そもそもの発端は、長州が薩摩名義で軍艦（ユニオン号）を購入する際に、井上馨らと近藤の間で内決していた、船には薩摩の旗章を掲げ運用は社中が行うとの約定（桜島丸条約）である。これに実際に代金を払う長州の海軍局が異を唱え、薩長間でトラブルとなる。

「汗血」でも、ユニオン号で馬関に入港した近藤らが長州の違約に怒り「軍艦を渡さずして之を我党の本陣となし直に砲門を開き馬関をば焼き打ちて高杉等の肝を冷しくれん」（第三十三回）と啖呵を切る場面が描かれる[108]。

ところが一転近藤は「脆くも長藩の誘ふ所となりて反翻《はんぷく》し其報として近藤を洋行せしむるの内情あるによりて」と、自分の洋行と引き換えに長州に通じることとなり、その汚職的行為が切腹の理由になったと説明される。実際は長州サイドに立ち、約定の修正を行ったのは龍馬である。

しかし一方で「汗血」では、この近藤の切腹のエピソードに、

又或説には博多に在りて薩長の間を和解するの事に尽力せしが、事の行違より其罪を近藤の一身に受けて之を弁ずるの道なきより寧ろ死を以て其志を明かさんとする。（中略）遂に割腹し大に薩の藩士の為に惜まれたりと。未だ孰《いず》れか是なるを知らず

と別の理由をカッコ書きで記している。「事の行違」が具体的に何を意味するかは書かれていないが、恐らくユニオン号の一件であろう。

『海南義烈傳』の「近藤昶」の項でも、近藤の切腹の理由は、薩長の間に枝梧を生じさせた罪のため、[109]と記され、また毛利家文庫の『土藩坂本龍馬伝』にも、近藤は洋行のせいではなく、ユニオン号のトラブルについて龍馬から「如斯大事ヲ委任セラルヽヲ過チ、是ヨリシテ復両国ノ和約破談ニ至ラバ、如何シテ是ヲ謝センヤ[110]」と責められ、責任をとって自害したと記されている。

近藤が内密で洋行を企てその罪で自害したとの説は、「汗血」で初めて紹介されたことになるが、紫瀾は先行文献（『海南義烈傳』）と異なる新しい説だったため、あえて『海南義烈傳』の説も併記した上、「未だ孰れか是なるを知らず」とコメントしたのであろう。

薩摩と社中の関係は「右辺浪人体之者ヲ以、航海之手先ニ召仕候[111]」という、いわば薩摩が社中の雇用主という関係であり、「すでにあなたの亀山社中に薩藩の名義をお貸ししてある。その名義をどのような目的におつかいなさろうとも、薩摩藩はたれひとり苦情はいわぬ[112]」といったものではない。

近藤は薩摩に対し、名義を貸すだけで実質は薩摩（社中）のものとして運用できる蒸気船が一隻手に入る、と報告していたはずである[113]。

とすればこのユニオン号の一件は薩長盟約の支障になる以前に、何よりも雇用主である薩摩に対して顔向け出来ぬ結果であり、腹を切るに値する失態なのである。

家近良樹は「慶応二年二月初旬の時点で長府藩の時田少輔が岩国藩の塩谷処に伝えた情報によると、薩摩側が木戸の上洛を促したのは「乙丑丸（引用者注：ユニオン号）一件」での話し合いを求めてのものであった[114]」とする。

この説によれば、木戸の慶応二年正月の上洛も、「西郷らが長州藩との同盟関係の樹立を求めて、木戸の上洛を促したわけではなかった可能性もある」[115]ことになるが、いずれにしてもユニオン号購入に際しての社中（近藤）の動きは、結果的に薩長の融和を進めるどころか逆に薩長間に新たな不和の火種を播いたことになってしまったのである。龍馬から「是ヨリシテ復両国ノ和約破談ニ至ラバ如何シテ是ヲ謝センヤ」と責められるのも当然であろう。

桐野作人や山本栄一郎によれば実際に近藤の洋行計画は存在していたようだが[116]、それが社中への抜け駆け的なものであったかはわからない[117]。ただ近藤の活躍に対する社中の嫉妬的感情があり、それがユニオン号のトラブルで爆発した、ということは想像に難くない。「大に薩の藩士の為に惜まれたり」というのだから、薩摩側が近藤の切腹を望んだわけではないだろう。

結局この事件の責任を取って一人が腹を切っているのだから、このユニオン号の一件は本来ならば社中の大失態である。ところがそれを、ユニオン号のトラブルは龍馬の仲裁で無事に収まったのに近藤が社中を裏切る洋行を企図した挙句に自滅した、というストーリーにすり替えれば、ユニオン号のトラブルと近藤の切腹は無関係ということになる。龍馬や社中には傷が付かないのである。

ちなみに紫瀾の『少年読本』では近藤切腹の記述は「汗血」のそれをなぞっているが、このユニオン号トラブル説はカットされている。以降近藤切腹の理由は同志への裏切り的な洋行企図とされてゆくのである。

明治三十年代にまとめられたと思われる瑞山会編の「近藤長次郎傳」では、近藤がユニオン号購入に際して長州と金銭の授受を行い、それを資金に洋行しようとしたが露見して切腹したと記されている。もうここまで来ると完全に業務上横領扱いである。[118]

『龍馬伝』では、ユニオン号の一件で社中内で孤立した近藤が、その孤独感もあって英国行きを企てる設定になっていたが、因果関係としてはさもありなん、ではある。

長岡謙吉

海援隊士で龍馬の書記官的な存在であった長岡謙吉にも五回筆が割かれている。

特に第六十四回では龍馬の死後、長岡が海援隊の同志を率い、高松松平家・丸亀京極家を新政府に恭順させるべく尽力し、加えて小豆島を鎮撫し島政を行ったことが語られる。

また長岡が明治三年に書いた建白書『迂言七道』（有能な人材の抜擢、官吏の士気高揚、司法の一極集中、ロシアとの親密な国交樹立などを提言）、及び人材の登用を訴える建言書を引用する。これもまさに「古を借りて今を影ずる」手法であり、長岡の建白書に藩閥政府批判を重ね合わせている。ただ「汗血」には「船中八策」は登場しないので、その起草者としての長岡は描かれていない。

なぜ紫瀾が長岡をここまで厚く取り上げたかと言えば、長岡の建白書の存在も含めて、恐らく紫瀾に長岡の事績を詳しく語った人物がいたからだろう。筆者はそれを明治十六年当時、高知県香美郡立田村に住んでいた、元海援隊士の宮地彦三郎だと推測している。

宮地は龍馬が暗殺された晩、現場の近江屋に駆け付けた一人であるが、龍馬の死後は長岡と共に、前述の高松・丸亀平定に尽力し、塩飽本島では小坂騒動と呼ばれる事件を鎮撫し、土岐真金（島村要）と共に生き神様として祀られたりしている。[119] その後官途に就くが、明治七年に高知に戻り教員となり、以降、明治三十九年まで小学校教育に従事する。「汗血」連載当時は立田小学校に奉職していた[120]。

後に宮地の息子の宮地美彦は、長岡の伝記、系図を執筆し、断絶した長岡家の再興に尽力しているが、これも父親の宮地彦三郎の影響であろう。

あるいは前述の近藤長次郎の洋行一件も宮地からの情報だったのかもしれない。

自由党人脈と龍馬

そしてこの「汗血」は、自由民権運動のみならず、「自由党」のルーツの物語にもなっている。何よりまず坂本南海男（明治十七年に直寛と改名）である[121]。

南海男は嘉永六年生まれだから、紫瀾と同じ歳である。龍馬の長姉・千鶴の次男であり、龍馬の甥、兄は海援隊士の高松太郎（坂本直）である。

明治二年、龍馬の長兄・権平の養子となり坂本家を継ぐ。明治十年六月の立志社演説会で弁士としてデビューした後は、県内各地に遊説に飛び回る。明治十四年十月の自由党結成を受けて高知でも傘下政党の結成が計画されると、南海男はその組織委員として県内を遊説し、翌年五月に結成されたのが海南自由党である。ちなみに南海男は馬場辰猪、植木枝盛と共に三大論客として全国に名を知られたという[122]。

また南海男は演説の一方『土陽雑誌』や『海南新誌』『高知新聞』等に論説も発表するが、注目すべきはその際に使用した筆名「才谷梅次郎」である。周知のように龍馬の変名が「才谷梅太郎」

であるから、南海男が龍馬の後継者を意識して行動していたことは間違いない。

南海男は龍馬の兄権平の家督を継ぎて坂本と名乗りけるが、夙に立志社員となりて四方に遊説し人民卑屈の瞑夢を喝破するに熱心なるが如き、頗る叔父龍馬其人の典型を遺伝したるものあるを徴すべく、或は之を路易《るいす》第三世奈波侖《なぽれおん》に比すと云ふ（第六十四回下・前号の続き）

というのが、「汗血」のエンディングであり、第六十四回下には演説する南海男の挿絵が掲載されている。

すなわち紫瀾は、この物語のラストで南海男に龍馬の面影を反映させながら、龍馬を自由党の精神的開祖とし、南海男が血統的にも思想的にも龍馬の後継者たることを告げている。「汗血」は自由党の物語の前日譚なのである。

また前述のように、紫瀾は第三十二回で南海男所蔵の木戸書簡を実見したと記しており（一七一ページ）、この「汗血」のネタ元の一人が南海男だったことを窺わせる。

もう一度言います。ネタ元は岩崎弥太郎ではありません。

ちなみに筆者が明治二十九年の弘松宣枝『阪本龍馬』のネタ元だと推測している、南海男の兄・坂本直（高松太郎）は、この時期東京で官途に就いており高知にいない。「汗血」と『弘松龍馬』は同じ龍馬の血縁者がネタ元だが人が違うのである。

ただ幕末に龍馬と共に活動した直とは異なり、南海男は幕末にはまだ少年で土佐にいた。紫瀾に語った龍馬についての情報も、その大部分が伝聞情報であったことは想像に難くない。

登場シーンはほとんどないが、自由党の副総理から大阪の立憲政党総理に転じた中島信行も元海援隊士であり、龍馬の活動を継ぐ者としての正当性を賦与されることとなる。

　中島が元老院議官に栄転の後酒税の案を議する事よりして冠をかけて我が自由党の一領袖たるが如きは世人の已に熟知する所なれば更に大書特書するまでもなかるべし（第六十四回下・前号の続き）

　ちなみに中島は、紫瀾が同行した明治十四年の板垣の東北地方遊説に途中から合流しており、紫瀾とはそこで相識る機会があったはずである。

　紫瀾は『少年読本』の「諸言」で「其の薩長両藩の連盟と幕府大政返上に関する秘密の如きは（中略）中島長城及び後藤伯に就て聞けるもの多き」[123]と、中島信行と後藤象二郎を『少年読本』のネタ元と記しているが、「汗血」に関してはどうだったのであろうか。

板垣退助と後藤象二郎

自由党人脈と言えば、そう！重要な人物が二人残っている。言わずと知れた、板垣退助と後藤象二郎である。

まず登場するのは後藤象二郎である。

第四十二回で初登場した後藤は「是れぞ汗血千里の駒に勝氏につぎて第二の伯楽たる龍馬の知己と知りたまへ」と、龍馬の師である勝海舟と同格の「伯楽」扱いをされ、続く第四十三回でも、

　偶ま士格以上の人傑にして衆に長たる雅量の如きに至りては、或は士格以下の人傑の及ばざる所あるは何ぞや（中略）我が後藤象次《ママ》郎氏其人の如きは即ち是れなり（中略）天空海闊の後藤

氏にあらずんば以て龍馬の知己たるに足りて、共に斡乾旋坤の大作用を試むに足らざるなるべし

とこれまた、最大級の賛辞を浴びている。

板垣（乾）退助が登場するのは第五十回。この回では前回に引き続き、中岡慎太郎の論策「愚論窃カニ知己ノ人ニ示ス」から兵制改革論・攘夷論の部分を引用し、そして「慎太郎が彼の見込書を送りたる門閥家の有力者とは是れ別人ならず、即ち乾退助氏」と、この論策が板垣に提出されたものと明かす。

この論策を引用するに当って、第四十九回で紫瀾はわざわざ、

（慎太郎がこの書を送った）知己の有力者といへるは果して其の誰なるや否は次号に於て開巻驚奇の分解を下すべければ、看官乞ふ刮目して待ちたまひねかし

と最大限にもったいぶった予告コメントを付けている。

板垣の登場はまさに待ちに待った真打ちの登場であり、「板垣チルドレン」紫瀾の面目躍如たるものがある。

土佐勤王党は自由党の母

紫瀾は板垣や後藤を褒めそやしたいがために彼らを斯くも派手に登場させたのであろうか。そうではない。「汗血」での彼らの役割は、土佐勤王党の継承、なのである

当時東西諸郡の有志は武市半平太割腹の後其首領たるべき人を失ひ、少く振はざるのありさま

に陥りしが（中略）且亦乾氏が窃かに討幕論を主張して彼の榎木党（引用者注：土佐の佐幕グループ）と氷炭相容れざるを見て（中略）今日斯く其方向を同ふせし上は乾氏の如き門閥家の有力者を首領に推し立て丶藩論を討幕に一決せしめ正々堂々義兵の旗挙に及ばんとて、自是桑原平八、島村祐四郎等は頻りに乾氏の宅に往来して其同志数百人ありけるが、士格以上の者にて之に与せしは洵に僅々の数なりき（第五十二回・傍線引用者）

乾（板垣）は武市の死後、請われて残された勤王党の首領の座に着いたことになっている。

板垣が土佐山内家の武力討幕派の中心人物として中央政局に登場するのは、中岡慎太郎に紹介される形で慶応三年五月に薩摩島津家の小松・西郷らと会談してからである。

西郷に帰国して兵をまとめると約束した板垣は、土佐に戻り小笠原唯八と兵を募るが、

中岡慎太郎から手紙を彼の武市半平太の党派の人であります島村寿太郎、安岡亮太郎、桑原助《ママ》馬、樋口眞吉と云ふやうな者に手紙を送て呉れました。それ等の人々がドッと集まつて来まして、忽ちにして目的の人数が出来ました[124]

と回想している。

ちなみに島村は武市の義弟に当る土佐勤王党員、[125]樋口は盟約書に名はないが幡多郡の勤王党のリーダーであり、安岡、桑原は樋口の剣術の弟子である。板垣が乞われて彼らのリーダー格になったかどうかは別として、これら旧土佐勤王党のメンバーを糾合する形で板垣は土佐山内家の討幕派勢力をまとめ上げる。

また板垣は戊辰戦争の際は迅衝隊を率い土佐軍の中核として各地を転戦するが、多くの旧土佐勤

いる。[126]

王党のメンバーも土佐軍の一員として戊辰戦争に従軍し、板垣が名前を上げたこの四人も参加して

下士に推されて、板垣が武市半平太の跡を襲い勤王党の残党のリーダーに立つ。

これで土佐勤王党の系譜は武市から板垣に継承されたこととなり、板垣こそが土佐の倒幕運動を継承する正嫡であることを証明立てる。

「南の海」の諸言でも語られたように、紫瀾は藩閥政府への抵抗である自由民権運動を土佐の倒幕運動の再現と見なしているが、この文脈の中で板垣は旧幕時代より一貫して自由民権の理想を追求してきた存在となり、板垣を首領に仰ぐ土佐勤王党は自由党の母体として位置付けられるのである。

後藤も同様である。

（龍馬が）曾て同志の者に語りて申しけるは、我れ天下の豪傑に接すること多しと雖も、自ら敢て其前に方言高論することを憚るの心ある者は、前に武市後には後藤両人のみと覚ゆるなり（中略）斯くまで時勢に熱心せらる丶様になりゆきたれば最早我党の重荷を卸したる時節到来なしたるぞや。今は何日敵手に斃ほさる丶も毫髪の遺憾なし（第四十六回）

「汗血」で龍馬は、後藤の「豪傑」は土佐勤王党の領袖たる武市半平太と同様のもので、後藤がいれば自分はいつ死んでも心残りはない、とまで語る。

もちろん、実際龍馬がこのようなことを言っていたかどうかは不明であるが、「後藤を以て第一の同志致し天下の苦楽を共ニ致し申候」[127]、「後藤ハ実ニ同志ニて人のたましいも志も土佐国中で外ニ

ハあるまいと存候[128]」というコメントからは、龍馬の後藤への傾倒振りが窺える。

板垣・後藤の洋行計画

ここまでの論を整理すれば、「汗血」は「南の海」からの流れを汲み、自由民権運動を「封建制度の反動力」たる土佐勤王党の活動になぞらえ、その土佐人たちの衣鉢を継いで自由民権運動に邁進しよう、自由党は彼らの精神を継いでいるのだ、とアピールする政治小説であるかのように見える。

表向きはそうである。しかし筆者は「汗血」は実は板垣・後藤二人のための小説であったと解釈している。この小説の重要な裏テーマ、それは板垣、後藤の血統的救済なのである。

明治十五年四月六日、板垣は岐阜で刺客に襲われ負傷する（岐阜事件）。岐阜事件の顚末は直ちに出版され、板垣が発した「板垣死せず自由は滅びず」（諸説あるが）という言葉と共に板垣人気は最高潮を迎える。

ところが板垣はこの党勢拡大の最大のチャンスを自ら潰してしまう。それが同年の十一月から翌明治十六年六月までの八カ月にわたる板垣・後藤のヨーロッパ外遊である。「まさに愚行としかいいようのない行動[129]」と言われても仕方がないだろう。

この洋行は伊藤博文が計画し、その意を含んだ井上馨によって実行に移されたものであるが、その目的が自由党の弱体化にあったことは明白である。

今や我党は船体纔《わずか》に成りて将に港を出でんとする者の如し。此時に当り船長なくんば何を以

て其進行を始むべき[130]

と馬場辰猪、大石正巳、末広鉄腸らが板垣の政治的裏切りの非を鳴らしたというが、確かにもっともである。立志社も反対の決議をし坂本南海男らが上京、その意を伝えた。しかし板垣は逆に馬場を自由新聞社から解任し、大石、末広らも退社することとなる。

加えてこの洋行費用の出所に疑惑が生じたことからこの問題はさらに拡大する。実際、後年の研究により、この外遊費用が政商の三井から事実上の贈賄として調達されたことが解明されている[131]。また立憲改進党系の『東京横浜毎日新聞』がこの洋行を批判し、その費用の出所に疑問を呈したことから、今度は自由党と立憲改進党との抗争にまで発展し、政府を一層利することとなる。

この抗争は立憲改進党と密接な関係にある三菱会社を、自由党が「海坊主退治」と称して攻撃する泥試合にまで発展する[132]。

『龍馬伝』には、岩崎弥太郎の元を訪れた後藤の秘書が板垣後藤の洋行費用の借用を依頼し、岩崎から「死に金は出さん」と断られるシーンがあった。覚えていますか？　あのシーンがまさにこの洋行費用捻出のシーンなんです。

当初井上は三菱から金を出させようとし、岩村通俊を岩崎のもとに送って交渉を行わせている。結局岩崎はこれを断り、陸軍省との契約延長をネタに三井が金を融通することになるのだから[133]、実はあのシーン、あながちフィクションでもなかったのである。

そして板垣は帰国前後から自由党の解党を考えるようになる。帰国後いったん翻意するものの党勢は回復することなく、自由党は結局明治十七年十月に結党三年で解党する。

紫瀾は板垣を許す

それでは紫瀾はこの板垣の洋行をどのように捉えていたのであろうか。

高知県立図書館蔵の烏々道人（紫瀾）編の稿本『板垣退助詳傳』では、馬場、大石らが洋行に異議を呈し臨時会議を開いたが、参加した地方部の委員は皆洋行に賛成し、(134) かつ板垣が大和（奈良）の商人・土倉氏に資金の借用を依頼し、党員に洋行の趣旨を説明することで「党員ヲシテ敢テ疑惑スル所ナカラシメシ」、馬場・末広らは騒動の責任をとって自由新聞社を辞めたとする。

また後藤の没後に『東京新聞』紙上に連載された「後藤伯の小傳」では、いっそう進み、

同党（引用者注：改進党）の策士は久しく自由党の隙を睥睨して何がな中傷を試みて之を毀つ所あらんとせしに、偶ま蜚語を放つ者あり、自由党総理は後藤と共に洋行すべし、其の旅費の出処は極めて秘密なりと。（中略）馬場、大石、末広の三氏は相携へて自由党を脱しつつ独立すと称せしが、其実は三菱会社の関係により夙に改進党と声息気脈を通ずるもの丶如くなりし

（明治三十年十月六日付・第五十二回）

と疑惑を三菱と改進党が仕掛けたものであり、馬場らは獅子身中の虫だと断じている。

『板垣退助詳傳』に「当時道人、君ヲ送ルノ七律アリ。今其前ノ連ヲ録シテ評語ニ代フ」として、紫瀾が板垣送別のために作った漢詩（七言律詩）の一部が採録されている。

誰《タレカ》言《イフ》出處或《シユッシヨアルヒハ》關《カンスト》レ運《ウンニ》、忍《シノビンヤ》レ使《シムルニ》二英雄《エイユウヲシテ》終《ツイニ》老《オヘ》レ郷《キョウニ》（ルビ原文ママ）

（「誰か言ふ。出処或ひは運に関すと。英雄をして終に郷に老へしむるに忍びんや」）

「英雄を空しく故郷に老いさせるのは忍びない」というフレーズが、紫瀾の板垣への敬愛ぶりを

物語っている。

紫瀾はこの板垣の洋行には賛成だったのである。

「汗血千里の駒」の裏テーマとは？

「汗血」の連載開始は明治十六年の一月、まさに板垣・後藤の洋行の真っ只中である。

紫瀾は坂本龍馬から後藤象二郎、武市半平太・中岡慎太郎から板垣退助に土佐の倒幕運動が受け継がれたという図式を「汗血」で描く。

「土佐の倒幕運動」とはすなわち天賦人権の権利獲得のための戦いであり、それは自由民権運動という形で現在もなお継続している。そしてその目的のために死んだ下士の遺志を今、板垣・後藤が一手に継承しているのである。

つまり「汗血」は、土佐の倒幕運動を天賦人権説に基づく自由主義革命の母胎として位置付けると共に、その正当な後継者に板垣退助、後藤象二郎を置くことで、二人に自由民権運動の正嫡性を賦与し、洋行批判から救済しようとしているのである。

平たく言えばこういうことである。

「我々が正しくリーダーとして仰ぐべき人物は、土佐勤王党を引き継いだ板垣と後藤しかいないのだ。もう一度二人の周りに集まろう！」

立志社の委員として上京し、板垣に外遊反対の意見を述べた坂本南海男も、この血脈の中で、改めて板垣の重要な同志として迎えられるのである。

自由民権運動の「神話」

『板垣退助公傳　南の海自由旗揚』（牧岡安次郎　明治十二年〜十三年）、『前参議板垣公武勇傳』（国方恒太郎　明治十三年）、『板垣退助君功名傳』（上田仙吉　明治十五年）、『民権泰斗　板垣君近世紀聞』（中島市平　明治十五年）、『正四位板垣公実傳　東洋自由の魁』（野田与三次郎　明治十五年）、『岐阜凶報　板垣君遭難顚末』（藤井麗輔　明治十五年）、『板垣君岐阜騒動始末』（上田仙吉　明治十五年）、『板垣君凶報　岐阜の夜嵐』（岩田寛和　明治十五年）、『自由党総理板垣君遭難詳記』（植木利三郎　明治十五年）など、同時代の板垣の伝記は多いが、その内容は戊辰戦争と岐阜事件に特化しており、特に旧幕時代の板垣には、盗賊退治や名代官といった、いかにものフィクションの物語しかなかった。

慶応三年のギリギリの段階で倒幕運動に参加した板垣に、旧幕時代の物語がないのはある意味当り前であるのだが、それでは板垣は革命の果実を食しただけの人間になってしまう。自由のために幕府を倒すという、旧幕時代の板垣神話を作る必要性があったのだ。

そこで自由希求の道の途中で斃れた龍馬・中岡・武市からその業が「禅譲」されるという、一種の国譲りの神話が書かれることによって板垣の幕末の経歴が補完される。

いわば「汗血」は、自由民権運動の「神話」的役割を果たすことになるのである。

そしてこの文脈で見る時、龍馬・中岡の暗殺は、板垣が死に損ねた岐阜事件の代替として解釈される。

新しい宗教や思想が広く人口に膾炙するには、そこに印象的な殉教者を必要とする。本来ならば、岐阜事件の板垣退助の遭難こそこの殉教者作りに最適の事件であったのだ。「板垣死せず自由は亡びず」という文句も、殉教者の最後の言葉としてはこれ以上のものはない。しかし板垣の負傷は命に関わるものではなかった。

そこで「汗血」は、龍馬・中岡を板垣の身代わりとして、天賦人権獲得の道程の途中で無念の死を遂げた殉教者に仕立てることで、自由民権伝説の中にこの二人を置いたのである。

龍馬・中岡を持ち上げれば上げるほど、それを受け継ぐ板垣・後藤のポジションも上昇してゆく。また龍馬・中岡以外にも、町人身分から身を起こす近藤長次郎や人材登用を訴える長岡謙吉たちを登場させることで、板垣・後藤の引き継ぐ、天賦人権の権利獲得を目的とした「土佐の倒幕運動」の遺産は厚みを増してゆくのである。

そう、だから武市や平井が後藤や板垣ら上士層によって切腹に追い込まれる「南の海」のストレートな続編では駄目だったのだ。明治十六年のこの時点で、物語の主人公は坂本龍馬でなければならなかったのである。

土佐勤王党の簒奪

土佐勤王党に参加した郷士たちが皆、維新後官途に就き、あるいは板垣らの自由民権運動に参加したわけではない。

維新後の藩士封禄の削減や地租改正の過程で経済的基盤を失った旧家士（上士）層と異なり、旧郷士層では在郷地主として勢力を温存する者も多かった。

明治三年三月、高知藩は旧郷士の領地について新たな処分を行った。松岡司によれば、結果この改革によって新たな富農層ないし小規模寄生地主階級となった旧郷士も多く、彼らは天皇制絶対主義に傾斜し、尊王論に基く祭政一致の国体を理想としたことから、政府の取りつつある欧化主義に反対し反政府的スタンスを取る。(135)

これら旧土佐勤王党のメンバーを含む旧郷士たちは、土佐勤王党の盟約書を起草した大石円を巨魁に「古勤王党（派）」と呼ばれる一群の勢力として、明治九年にはその数千百人を数えたという。(136)天皇制絶対主義をとる古勤王党が、西洋流民主主義を唱える板垣たち自由民権派を受け入れるはずもない。土佐勤王党の盟約者であり、板垣らと戊辰戦争を戦った池知退蔵、森新太郎らも板垣と袂を分かち、反民権の嶺南社を設立している。

当然ながら彼らは板垣たちに対して強硬な抵抗勢力となった。これは板垣や後藤、片岡といったかつての上士層が集結した士族民権に対する、郷士層の反感によるものとも考えられる。

また一方で立志社の政治的孤立を目論んだ中央政府土佐派による、古勤王党への懐柔工作（明治十年の武市以下旧藩時代に除族没禄された勤王党関係者やその遺族への族禄復旧、一時祭祀料下賜）があったことも報告されている。(137)

逆に板垣も当時の談話で、古勤王党に属する人間に「丁寧反復理ノアル所を懇諭」したが、「其時ノミハ孰レモ尤モナリト答へ、頗ル承服シタルノ色を現ハセト余カ眼前ヲ去レハ陰ニ余輩ノ所為ヲ譏リ荏苒其主義ヲ改メス」というエピソードを披露し、「実ニ嘆スヘキ事トモナリ」と、古勤王党の体質を批判している。(138)

明治十四年には高知県内の各郡にあった民権派に対抗する連合体をゆるやかに統括する本部組織として高陽会が誕生。(139)翌年高陽会を母体に「海南立憲帝政党」が設立され、(140)主権在君・国会二院・天皇の大権を唱え、民権派と対峙することとなる。(141)ちなみにその高陽会の結成には池知や森の連絡・協力があったという。(142)

自由民権運動への抵抗勢力でありながら、しかし、その顔ぶれを見れば、古勤王党のメンバーの方こそが武市らと血盟を結んだ土佐勤王党の生き残りであり、正当な後継者なのである。

ところが「汗血」で土佐勤王党の系譜を板垣に直結させることで、抵抗勢力たる古勤王党は土佐勤王党の後継者の流れから断ち切られ、自由党は古勤王党から土佐勤王党というルーツを簒奪することが出来る。すなわち、「過去は現在により解釈され、利用され、簒奪されている」のである。(143)

上士階級の出身でありながら父耕芸の役職の関係もあり、紫瀾の周辺には世直しを標榜する土佐勤王党の人物たちに関する記憶が濃厚に残っていたと思われる。一方で今紫瀾の眼前には、維新の栄誉を一身に受けつつ、自由民権運動という新たな世直しに邁進する郷党の先輩・板垣がいる。

ほんの数年維新に間に合わなかった世代である紫瀾の中で、土佐勤王党と板垣の二つの「世直し」は何の屈託もなく折り合い、土佐勤王党という過去を簒奪し、利用することが出来たのである。

雑賀さん、なんてことを！

連載は無事に終了した。坂本南海男を明治の龍馬に見立てた見事なエンディングである。ところが単行本化の際に紫瀾の意に反する問題が発生した。

もう一度、**巻末・表3**をご覧いただきたい。編集を担当した雑賀（彩霞園）柳香は、龍馬以外の板垣や中岡、長岡らのエピソードをカットし、「汗血」をストレートな坂本龍馬の伝記として大胆に再構成してしまったのだ。

まだ後藤は大政奉還絡みで登場するが、板垣は無残である。板垣の小伝と彼が手がけた土佐の兵制改革を記した第五十回・五十一回がまるまるカットされてしまったため、板垣の出番は「龍馬は未だ乾氏と相識らざるも乾氏の名は巳に薩長の間にまで隠れなかりしば、当時木戸より龍馬への書翰のはしにも、此度の芝居は荒事の所作なれば乾の役者を舞台へひき出ねば運ぶまじといひ送りし程なりき」（第五十三回）という一文が残った程度になってしまった。

また板垣にバトンを渡すはずの中岡の出番も、七回の登場回のうち五回分がまるごとカットされている（三編引用されていた中岡の論策も全部カットされている）。なおかつ第五十二回の板垣が武市の後を襲うエピソードもカットされてしまったため、武市、中岡から板垣というリレーそのものが成立しなくなってしまったのだ。

同様に長岡謙吉もほとんど全ての登場シーンがカットされ、坂本南海男の出番もなくなってしまっている。

「補綴によって物語の本筋を外れた部分は削除され、文章もかなり書き変えられている。全体に整理され、読みやすくなっていることは間違いない」(144)とこの補綴は肯定的に評価されている。

柳香の補綴は確かに物語の完成度を高めることにはなったが、その一方で「自由民権の祖・坂本龍馬」の物語だけではなく、それが板垣・後藤に引き継がれるという構図が何より重要だった紫瀾にとって、柳香の補綴は完全に物語の意味を無くしてしまうものだったのである。

ちなみに雑賀柳香は、仮名垣魯文門下の戯作者であり、かつ『いろは新聞』『開花新聞』『改進新聞』などの記者でもあった。後に川上音二郎の座付作者も務めており、代表作品に「蓆《むしろ》籏《ばた》群《ぐん》馬《まのいななき》嘶」がある。[145]

柳田泉は「戯作者の政治に対する態度」[146]の中で、「改進党の同情者」として雑賀柳香の名を挙げているが、彼が所属していた『いろは新聞』『開花新聞』は改進党系の小新聞であり、『改進新聞』はそのものズバリ改進党の機関紙である。

「汗血」の補綴を行った時期、柳香は『開花新聞』の記者だったと思われるが[147]、前述したように、この時期板垣・後藤の洋行費用に端を発して自由党と立憲改進党は対立状態にあった。そのような経緯から、改進党シンパの柳香が「汗血」から板垣と自由党につながる部分をカットしてしまったと考えるのは穿ち過ぎであろうか。

ちなみに柳香は摂陽堂版の『阡血千里駒　前編』に跋文を寄せているが、そこには「予幼年の頃京師に遊び不図此駒乃ち龍馬君に邂逅して高論を授《うけ》し事あり[148]」と記している。確かに柳香は大坂生まれだが、安政四年（一八五七）の生まれであり[149]、龍馬が亡くなった慶応三年でも十歳の子供に過ぎない。「幼年の頃」と断ってはいるがなかなか信じ難い話である。

今のように図書館に行けば新聞のバックナンバーが読める時代でもない。単行本がベストセラーとなり大いに流布すると「汗血」のテキストは単行本のそれが定着し、初出の形は忘れ去られていった。前述したように土陽新聞版が一般に読めるようになったのは、昭和四十一年のことなのである。

そして一人得をしたのが、板垣や後藤にリレーすることを前提に大いに持ち上げられた坂本龍馬であった。「汗血」が作り上げた坂本龍馬伝説は、伊藤痴遊、白柳秀湖らを経て、司馬遼太郎の『竜馬がゆく』によって完成され、国民的なヒーロー坂本龍馬を誕生させることになるのである。

第三項　「南山皇旗之魁」

「南山皇旗之魁」のテーマ

さてもう一作土佐勤王党三部作は残っているのだが、ここまで随分紙幅を費やしてきたし、肝心の「汗血」については論じ終えたので、最後の一作「南山皇旗之魁」（以下「南山」）は大きくそのアウトラインを概観し、紫瀾が土佐の倒幕運動をどのようにレイアウトしようとしていたかを確認するのみに留めたい。看官これを諒とされよ（紫瀾風）。

前述したように「南山」は、明治十七年四月三日から十一月二十二日まで計七十回に渡って『土陽新聞』に連載された、吉村寅太郎や松本奎堂ら天誅組（作中では「天忠党」）の挙兵をテーマにした小説である。

紫瀾は「南の海」の中断に際して、「隈山滄浪の刑死、八月十七日七卿脱走の変、及び大和一挙の如き、実に該巻の眼目たるを以て、将さに野史帰盧の日を待って緩々之を続成せんとす」（第七十二回）と記しているから、執筆順こそ「汗血」に譲ったものの、この「南山」の方が、「南の海」

に直接繋がる、文字通りの続編と考えてよいだろう。

これも前述したように、紫瀾は『自由燈』の創刊に参加するため、十数回を書いた時点で執筆を放棄し、文筆家の佐々木甲象（堺事件を描いた『泉州堺烈擧始末』の作者として有名）が後を継いで執筆している。

ちなみにこの「南山皇旗之魁」は、まず明治十七年五月に紫瀾執筆分の第九回分までが、『南山皇旗之魁 初編』のタイトルで出版され（中山忠光が三奸二嬪の暗殺を企てる文久二年九月頃まで）、続いて明治二十四年六月に『南海之勤王』とタイトルを変えて、佐々木執筆分も含む第二十七回分まで（平井・間崎らが罪を得、久坂玄瑞が武市に脱藩を勧める文久三年四月頃まで）が出版された。連載終了後、七年経っての単行本刊行となるが、この明治二十四年五月には武市・龍馬・中岡・吉村の四人に正四位が贈位されており、武市らに関心が集まったこのタイミングを狙って刊行したのであろう[150]。口絵には武市の獄中自画像が掲載されている。

〈南山〉とは奈良の吉野山を指す。天誅組に参加した伴林光平の記録は『南山踏雲録』であるし、通俗明治維新史『近世紀聞』もこの挙兵を「南山の義挙[151]」と記している。

「南山」の序文は、その吉野山の桜にちなみ、吉村を「若木の桜」にたとえる。

> 世の中の春にさき立て咲くことをのみいそぎしかば、冴へかへるあらしの風に名残なう散り失せつゝ、春の光にゐあはざりしハ、いとも〱可惜《あたら》しきことなりき。然《しか》はあれど此花の魁《さきが》けに驚かされて、大方の木草も目覚めつゝ、春を知る世となれるハ、散ることをいそぎしも誰かはいたづらなりといはむ[152]

天誅組の挙兵という魁《さきがけ》があったからこそ世の中も目覚め、維新を迎えたという視点、まさにタイトル通り「南山皇旗之魁」である。

連載時の明治十七年は、群馬事件以来、名古屋事件、加波山事件、秩父事件、飯田事件と民権激派による激化事件が多数発生した年である。この「南山」がやはり幕末の激化事件とでも言うべき天誅組の挙兵をテーマにしているのは、当時の空気を紫瀾が敏感に察したものであろうか。

物語は吉村寅太郎の生い立ちから始まり、彼が武市の命で脱藩し伏見義挙への参加を企てるまでを描く（第五回まで）。第六回で寺田屋事件が発生し、吉村が土佐本国に送還されると、今度は土佐出身者ではない天誅組三総裁の一人・松本奎堂の小伝に移る（第七回・八回）。ところが、土佐山内家の動向を記述する第九回以降になると、「南の海」同様、平井収二郎が再び物語の中心となってくる。ここでも出典は平井の日記『隈山春秋』と『帰南日記』であり、その記述をなぞる形で物語は進行するから、当然「南山」は「南の海」とカブる部分が多くなってゆく。例えば「南の海」の項で引用した「美少年出井栄太郎」のエピソードだが、「南山」にも同じエピソードがほとんど同じ表現で描かれている（第十一回）。

ちなみに柳田泉は「真に紫瀾の作と思われるのは第十三回の（下）までである」「仮りに続筆したとしても、二十回に及ばなかったことは（中略）間違いあるまい[153]」と考察しており、実際、平井が青蓮院宮の国事御用掛辞職の意向を翻意させる第十三回（下）は、紫瀾が高知を旅立つ前日の五月三日付紙面に掲載されている。

筆者は物語の内容や、文中に「平井今日の譴責は蓋し一朝一夕の故にあらず、噫門閥世襲の弊、実に浩嘆に堪ゆべけんや」（第十四回（上））といった「南の海」のテーマに共通するフレーズがあることから、平井と間崎が切腹する第十六回下の続き（五月十七日掲載）までは紫瀾が書き溜めておいたものが掲載され、「話柄復原是より先吉村寅太郎ハ…」と寺田屋事件以降の吉村に話が戻る第十七回（五月二十三日掲載）以降を佐々木が書き継いだものだと考えている。

いずれにしても、柳田泉が「事実紫瀾が筆にした部分は、大半『南の海血潮の曙』の書き換えといってよい(154)」と言うように、紫瀾は物語の枠組みを決め、導入部と「これまでの復習」的な部分のみ執筆したところで、執筆を放り投げてしまった。

以降も佐々木甲象の手で「南山」は継続され、吉村・武市らを中心に物語は展開するが、それはもう佐々木の作品と言うべきである。

表面的には土佐勤王党三部作ではあるが、紫瀾執筆部分の「南山」は実質的には「南の海」の再放送であり、残念ながら紫瀾はこの「南山」では、何ら新しいものを提示できなかったと言えよう。

土佐勤王党三部作の完成

ちなみに後を書き継いだ佐々木甲象は、生真面目に紫瀾の構想通り、文久二年・三年の中央政局の様子を書き続け、物語は、天誅組の挙兵、八月十八日の政変、天誅組の敗走、松本・吉村らの死、生野の変、と進む。そして最後の三回で、武市が罪を得て切腹するまでが描かれ、物語は結ばれる。

もう一度、一五一ページに戻って、紫瀾が構想した「南の海血しほの曙」の目次を見ていただけないだろうか。そう、紫瀾が構想した「南の海血しほの曙 前編」は、佐々木甲象の手で最終的には完結したのである。

既に「南の海血しほの曙　後編」は「汗血千里の駒」という小説で完結している。すなわち「南の海血しほの曙」という土佐勤王党を描く一篇の構想は、「南の海血しほの曙」「南山皇旗之魁」「汗血千里の駒」という土佐勤王党三部作（サーガ）となって書き継がれ、完結したのである。

紫瀾が大正元年に上梓した『維新土佐勤王史』の凡例には、「本書の精神は、全く土佐志士の勤王党史たるに在り。即ち土佐山内家の維新藩史に非るなり[155]」と、この書が山内家の公史ではなくその家臣たちの私史であり、むしろそれこそが土佐の維新史であることを宣言している。

これは「南の海」で、下士による勤王運動を封建制度への抵抗と位置付けた紫瀾の土佐維新史観の集大成であり、紫瀾は今度は小説ではなく史伝という形で、もう一度自らの史観に基づく「物語」を完成させたのである。

ただしあくまでもこれは紫瀾の「史観」であり、紫瀾の提示した「物語」である。

例えば外崎光広のように、武市や龍馬の思想に幕藩体制の否定は含まれておらず、「坂本ら土佐派の企図に、自由民権革命の源流を求めることの誤りは明らかである[156]」と自由民権運動と幕末土佐の勤王運動の連続性を否定する論も提示されている。

小説家・坂崎紫瀾

筆者は坂崎紫瀾の著作に司馬遼太郎のそれと同質のものを感じている。二人とも新聞記者の出身である。

司馬遼太郎の作品がいくら膨大な史料を駆使して叙述したものであっても、その作品があくまでも「史書」ではなく、「小説」であることに異論を唱える人はいないだろう。

例えば『竜馬がゆく』も当初は寝待ちの藤兵衛やお田鶴様、お冴、信夫左馬之助といった架空のキャラクターが登場し、龍馬は桂小五郎と黒船を見に行ったり、三条家への密使水原播磨介を助けて幕府同心と戦ったりと時代小説的な活躍を行う。もちろんこれらの活躍は史料上一切確認出来ない司馬の創作である。しかし巻が進むにつれ次第にそのようなフィクション性は薄れてゆき、物語は史実と史料に添って展開し、架空の登場人物は影を潜める。読者は『竜馬がゆく』を読むことで、幕末が「わかった気」になってしまうのである。

かといって物語中に全くフィクションがなくなったかと言えばそうではなく、例えば松浦玲は、『竜馬がゆく』には慶応三年前半、龍馬が下関を個人的本拠地としたことが欠落している、と指摘している(157)。

筆者は第一項で、従来紫瀾の著作には創作が多いとされてきたが、紫瀾自身はその当初から史実に依拠した叙述を意図していた、と指摘した。それでもあくまでも紫瀾の本質は「小説家」あるいは「講釈師」なのである。

紫瀾が小説を書いているうちは何の問題もない。創作力は作家の最大の武器であり、逆に限られた史料からいかに物語を紡ぎだすかが、その作家の腕の見せ所だからだ。読者はそれを娯楽として楽しめばいい。しかしそのスタンスのまま、歴史書を記述するのは許されない。

先に引用した「美少年出井栄太郎」のエピソードはさすがに『維新土佐勤王史』には採用されていない[158]。その点紫瀾も「小説」と「史伝」の切り替えは意識していたようである。しかし一方で『維新土佐勤王史』の記述に不審を感じた元公爵毛利家編纂主任の妻木忠太が、紫瀾にその出典を尋ねたところ、紫瀾は「ああ、あれは僕の即興じゃったよ」と軽く受け流したという[159]。これこそが紫瀾の「本質・小説家」の部分であり、これをやられると後世の我々は『維新土佐勤王史』を史料として使うなどということは、恐ろしくてとても出来なくなってしまう[160]。

仮に事実そのものは「正史実録に拠る」ものであったとしても、事実（あるいは紫瀾がそう信じるもの）の修飾は、紫瀾の中でどの程度許されることだったのだろうか。

第一章で記したように、紫瀾が「建議案十一箇条」を八箇条に改編したのも、彼にとっては事実をわかりやすく箇条書きに整理して修飾しただけであったろうし、龍馬と後藤の船中の協議も中岡の日記から順を追って考察した結果だったのだろう。

結果的にそれが「船中八策」というフィクションを生みだすことになったのだが、紫瀾にとって八策はあくまでも「専ら正史実録に拠る」ものだったと思われる。

ただそもそも論であるが、青山忠正は明治三十年刊の木戸孝允伝『松菊餘影』で紹介される木戸と龍馬のエピソードを論じ、「この辺りは小説調で、真偽のほどは保証できないが、明治の史伝に、その意味での厳密さを望むのは筋違いである。むしろ、こうした記述を、読者は、どう受け止めていたのか、新聞メディアあるいは人物伝に対する需要のあり方という観点から、考えねばなるまい」としている[161]。

紫瀾の著作を我々が読み解く際に、常に座右に置いておくべき言葉であろう。

第三章　瑞山会の物語――瑞山会編「坂本龍馬傳艸稿」

第一節　皇后が読んだ龍馬伝

未刊行の「坂本龍馬傳」

未刊行の「坂本龍馬傳」が二冊存在する。

一冊は高知県立図書館蔵の「坂本龍馬傳」（以下「佐佐木本」）。罫紙毛筆書きで百三十丁。浄書され字句の訂正などはほとんど見当たらない。表題部分に「伯爵佐佐木家蔵書印」という蔵書印があることから、佐佐木高行の家に伝わっていたことがわかる。作者は不明であるが、松岡司は、この「佐佐木本」を瑞山会編纂のものとし、「初稿の成立はほぼ明治三十一年」と推定している[1]。

なお、『坂本龍馬全集 増補四訂版』に「『坂本龍馬傳』抄」という史料名で、この「佐佐木本」の一部が翻刻、収録されている[2]（ちなみに『坂本龍馬全集』は、昭和五十三年（一九七八）に初版が発行されて以来「増補改訂版」「増補三訂版」「増補四訂版」と新出の史料を追加しつつ版を重ねている。この「『坂本龍馬傳』抄」が掲載されているのは「四訂版補遺」の部分であり、「増補四訂版」以外の『坂本龍馬全集』には掲載されていないので気をつけていただきたい)。

これまでにも何度か触れてきたが、瑞山会は明治十七年三月に、土佐勤王党殉難者の祭祀の継続と記念碑建立を目的に、官職にある旧土佐勤王党出身者とその支持者たちによって結成された組織である。会の事業として以後二十年以上かけて、武市以下八十余人の土佐勤王党諸士の伝記が編纂され、最終的にはそれらの諸士伝をもとに、坂崎紫瀾が通史の形で再度編纂し、大正元年『維新土佐勤王史』という形で上梓されている。

「佐佐木本」が瑞山会編纂のものとすれば、『維新土佐勤王史』のもととなったこの諸士伝の一冊ということになる。

もう一冊は東京大学名誉教授であった小西四郎旧蔵の「坂本龍馬傳艸稿」(以下「小西本」)。現在は筆者が所蔵している。

こちらも罫紙毛筆書きで百四十一丁。三冊の仮綴稿本から成る。「佐佐木本」と構成や文章はほぼ共通しているが、推敲や削除、注記、他書との校合作業などが数多くなされている、まさに「草稿」である。「佐佐木本」では整理、カットされたと思われる数多くの一次史料が引用されているのが特徴である。

「佐佐木本」と「小西本」を比較してみると、「佐佐木本」は「小西本」で引用している史料を地の文の中に収めたり、その史料自体をカットするなど「小西本」をコンパクトに整理していること

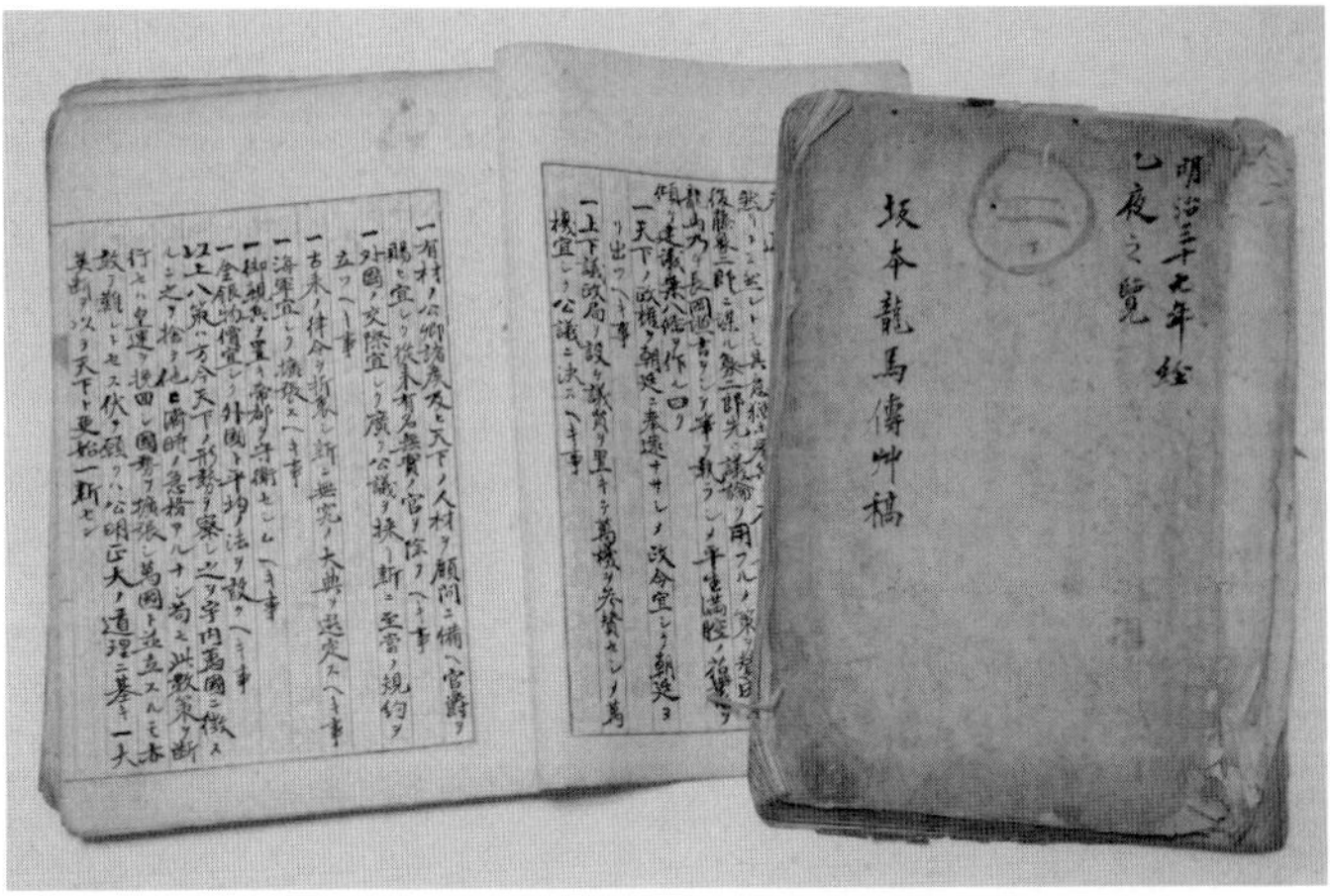
写真６　坂本龍馬傳艸稿（小西本）

がわかる。例えばいろは丸事件に関しても「小西本」が「いろは丸航海日記」や「備後鞆津応接筆記」といった一次史料をそのまま引用しているのに対して「佐佐木本」ではそれを整理・要約して簡潔に地の文としてまとめている。このような筆写形式から、筆者はこの「小西本」も瑞山会が編纂したものであり、「小西本」を整理し清書したものが「佐佐木本」だと推定している。

「小西本」の作者、成立年代は共に不明であるが、文中に「坂崎ノ著ニ曰ク」と、明治三十三年刊の坂崎紫瀾『少年読本第十九編　坂本龍馬』から何カ所も引用されたり、やはり明治三十三年に『近畿評論』誌に掲載された「坂本龍馬殺害者・今井信郎氏実歴談」が筆写されていることから、成立は明治三十三年以降と思われる。ただし『少年読本』の直接引用部分は本文から数文字分行頭を下げ、また罫線一行分に小さく二行で記すなど本文とは別箇に扱っている。

このことから「小西本」は、松岡司がほぼ明治三十一年の成立としている瑞山会編纂の「坂本龍馬傳初稿」を、『少年読本』等と照合しながら浄書した改訂作業稿ではないかと推定される。

つまり「坂本龍馬傳初稿」(未詳)→「坂本龍馬傳艸稿(小西本)」→「坂本龍馬傳(佐佐木本)」である。

外崎覚の回想

第一章でも記したように、『殉難録稿』はペリー来航から王政復古に至る時期、非命に倒れた志士の履歴を、宮内省が集録・刊行した尊攘派志士の小伝集である。『巻之五十四　坂本直柔』が刊行されたのは明治四十年八月であり、いわばこの時点で坂本龍馬の国家公認の伝記が完成した、と言えるが、ここに「小西本」が登場する。

『殉難録稿』の龍馬伝の成立に関しては、編者の外崎覚による以下のような回想がある。

照憲皇太后陛下が先年日露戦争の際に、葉山に行啓の際、彼の名高い所のお夢の一条が広まって居りますが、あの際に、皇太后陛下から、坂本龍馬という者の伝記を書いたものはないかといふ御下問がありました。此時分に龍馬に関する事は、土州では大分調が進んで居るので、当時実際の局に当った所の岩村通俊さん、土方久元さん、岡内重俊さん、さういふ様な人々が主になって調べました当時の草稿がございました。(中略)俄に奉書の表紙を附けて仮綴にして、そうして香川さん(引用者注:香川敬三、当時皇后宮大夫)の手許まで差出しました。香川さんから皇太后陛下のお手許へお上げ申したといふことになって居ります。（中略）私の方では、殉難録編纂といふ事で、稍々坂本の伝を調べて居る最中でありますす。材料を土州の方へ問合わせました所が、有ることはあるが、それはお貸し申すことは出来ぬといふことでありますから、段々探って見ました所が、其事が分って来たので、（中略）四箇月計の後に、香川さんの方から岩村さんにお下げになった其お下げになった儘のものを直に拝借して直ぐ写させた。(3)

これは明治三十七年二月、美子皇后の夢枕に龍馬が現れ、日露戦争の勝利を約したという「皇后の瑞夢」の際の出来事であるが、筆者はこの回想にある、皇后にご覧にいれた草稿――かつ『殉難録稿』の編集チームが借り受け書写した草稿――が「小西本」だと推測している。

もう一度「小西本」の表紙の写真（二一五ページ）をご覧いただきたい。「明治三十七年経乙夜之覧」という書き込みがあるのがわかるだろう。「乙夜の覧」とは「天子が書を御覧になること」（『日本国語大辞典　第二版』）であり、これは皇后の瑞夢の際に龍馬の伝記の草稿を皇后の手元に上げた、という外崎の回想と一致し、また「小西本」が仮綴であることも一致する。ちなみに、本書カバーの龍馬の写真も、この瑞夢の際皇后に献上されたものだと伝わる写真である（霊山歴史館蔵）。

また外崎の回想に登場する岩村、土方、岡内はいずれも瑞山会の会員である。

「殉難録編纂掛日記」

加えて、宮内庁書陵部所蔵の「殉難録稿編纂参考資料」という一連の史料の中に、大橋義三・外崎による「殉難録編纂掛日記」なる記録がある。

その明治三十八年（一九〇五）四月十四日には、

岡内男爵より坂本龍馬の伝借用相成候、是迄同人伝借用の件ニ付幾度となく相願候処此度漸く借用相成直ニ謄写ニ取掛候

という記述がある。

皇后にお見せした原稿が岩村に戻ってきたので、それをそのまま借りて写した、という先程の外崎の回想とは、借り受けた人物（岩村でなく岡内重俊）や時期が異なるが、ここで借り受けた「坂本龍馬の伝」と外崎の談話の「当時の草稿」が同一のものである可能性は高いだろう。

あるいは明治三十八年に岡内より貸し出されたのは「佐佐木本」だった可能性もある。今まで断っていたのをやっと貸し出した、というのは、草稿の浄書が終わったからだとも考えられる。「佐佐木本」は明治三十八年頃には成立していたと思われ、他にも『防長回天史』に引用されたりしているから、他家にも貸出していたのである。

例えば『殉難録稿』には、「小西本」に収録されている新政府綱領八策が収録されていないが、「佐佐木本」でも新政府綱領八策はカットされており、『殉難録稿』が「佐佐木本」を元にしたとするならば、『殉難録稿』に新政府綱領八策が収録されていない理由が明快に説明できる。

ただ一方で『殉難録稿』は龍馬を斬った刺客を「佐々木只三郎、今井信郎、高橋安次郎等一派の所為なりといへり」(4)とするが、「佐佐木本」には今井しか登場せず、佐々木、高橋は「小西本」に引用されている今井信郎の兵部省口書、刑部省口書にのみ登場する。判断が難しい所である。

ちなみに大橋らは、これ以前にも「旧土州藩士武市半平太以下諸士の伝、当掛編纂参考として借

用謄写致候」といった誓約書を岡内に差し出している。[5] このことから『殉難録稿』の旧土佐藩士分が瑞山会編纂の諸士伝を参考に執筆されたこと、及び瑞山会の諸士伝の管理（及び編纂？）は岡内が主に行っていたことが窺える。

瑞山会「坂本龍馬傳」の意義

明治三十一年に瑞山会のメンバーである田中光顕が宮内大臣に就任したことで、位階追贈という形での勤王志士の顕彰がより積極的に行われ、特に土佐出身者・水戸関係者に集中的に追贈がなされる。[6]

ちなみに『殉難録稿』全五十五巻のうち、一巻を一人の人物のみに使うのは、四十四巻の武市小楯（半平太）、四十五巻の平井義比（収二郎）、五十三巻の清川正明（清河八郎）、五十五巻の中岡道正（慎太郎）、そして五十四巻の龍馬の五人のみであるが、そのうち四人が土佐人であり、いずれも田中の就任後に編纂、刊行されている。

実際「殉難録編纂掛日記」には、明治三十一年以降、土佐の殉難志士に関する取材や史料借用の記事が見え始め、例えば土方直行から土佐の志士の書簡を借用するに際しては田中から指示を仰いだことが記されている。

そして、紫瀾が創造した「自由民権のルーツ坂本龍馬」という自由党の物語を「日本海軍のルーツ坂本龍馬」という明治国家の物語にランクアップさせることになったのが、明治三十七年の皇后の瑞夢である。明治三十九年の龍馬の四十回忌には、大山巌、野村靖、谷干城らが出席して大々的な四十年祭が行われているが[7]、この祭典の推進にも宮内大臣という立場を生かした田中の周旋があったことが推測される[8]。

本章では、「小西本」の内容を確認しながら、龍馬の史実がどのように発見され、その伝記が瑞山会によってどのように編纂されていったかを追跡する。

「小西本」が編纂されたと思しき明治二十年代は、明治二十九年に弘松宣枝『阪本龍馬』、明治三十三年には紫瀾の『少年読本』が執筆され、龍馬の史実――特に大政奉還への関与――が稗史の中で再発見されていった時期である。これらの成果はもちろん「小西本」にも反映している。

そして「小西本」が『殉難録稿』の稿本となったことで、瑞山会の提示した物語（例えば「建議案八條」）は国家の物語の中に回収されることとなる。

すなわち瑞山会編「坂本龍馬傳」を検討することは、『殉難録稿』という国家公認の龍馬正伝の成立過程を検証することであり、ここに瑞山会編「坂本龍馬傳」を検討する意義があると言えよう。

また瑞山会が諸士伝編纂のため採集した史料は、最終的に維新史料編纂会が刊行した「日本史籍協会叢書」の一冊、『坂本龍馬関係文書』に流れ込んでゆく。『殉難録稿』同様、ここでも瑞山会の作業から国家の歴史が誕生しているのである。

現在、日本史籍協会叢書の稿本は、高知県佐川町の青山文庫と佐川文庫に残されているが、「『坂本龍馬関係文書』は文書中へ採録された一部の「稿本」が佐川文庫に残るのみで、刊本との全編を通した対比ができない」という状況にある[9]。

「小西本」には多くの一次史料が採録されており、その中には『坂本龍馬関係文書』に採録されている史料も多い。「小西本」はまた『坂本龍馬関係文書』と瑞山会採集史料の関連を実証する史料としても読み解くことが出来るのである。

第二節　瑞山会「坂本龍馬傳」の成立

瑞山会

これまでもその名前は幾度となく登場したが、改めて「坂本龍馬傳」を編纂した瑞山会についてここで詳しく説明しておきたい。

言うまでもないが「瑞山会」の「瑞山」とは武市半平太の雅号である。

瑞山会の事績で最も著名なものは、大正元年に瑞山会編として刊行された『維新土佐勤王史』であり、これは第二章でも記したように編者である坂崎紫瀾の幕末土佐史史観の集大成である。

『維新土佐勤王史』はその凡例で「本書の精神は、全く土佐志士の勤王党史たるに在り。即ち土佐山内家の維新藩史に非るなり(10)」と、薩長土と並び称される土佐の維新における功績は、山内という家ではなくそれに容れられることのなかった土佐勤王党の活動によるものだと宣言し、自らを「私史」と定義している。

しかし山内家による「正史」が未だ公刊されない中、「私史」たる『維新土佐勤王史』は唯一の土佐山内家の明治維新通史として扱われており、現在に至るまで土佐山内家の明治維新史は依然同書の枠組みの中にある。

『龍馬伝』でありましたよね。「おのれら下士は犬猫と一緒じゃ」と言われて、上士に下駄で殴られる龍馬。この、上士が下士を差別しその差別への反発が土佐勤王党の結成へとつながるというストーリーこそが、まさにこの『維新土佐勤王史』が提示した枠組みなんです。

その『維新土佐勤王史』の記述に添って、瑞山会の来歴を見てみよう(11)。

結成は明治十七年三月である。九段坂上の偕行社に、旧土佐山内家出身者の河野敏鎌、土方久元、清岡公張、小畑美稲、田中光顕、佐佐木高行、桧垣直枝、片岡利和、岡内重俊、南部甕男、菅野覚兵衛、岩村通俊、石田英吉等が集まった。生き残った土佐勤王党のメンバーとその支持者たちである。その席上で土佐勤王党の首領・武市半平太以下、勤王党殉難者の記念碑建立と祭祀の継続を協議。翌年の会合で、建碑と伝記編纂を議決し、その活動をスタートさせている。

まず武市の伝記を、自らも盟約に連なった古沢滋が執筆し、それと並行して毎月一回、富士見軒で伝記材料に関する調査会を開く。この諸士伝編纂の作業は主に土方直行が担当し、瑞山以下八十余人の伝記が編纂されるが、どうやらこの諸士伝は編纂されたまま刊行されることもなく、岡内重俊が保管する形で放置されていたようである。しかし明治四十年前後、田中光顕が私費を投じて坂崎紫瀾に再度編纂作業を依頼する（第一章一一三ページ参照）。

紫瀾は既にまとまっていた諸士伝や瑞山会が採集した史料をもとに土佐勤王党の通史を編纂し、会員の検閲を経て『維新土佐勤王史』として大正元年に上梓する。明治十八年の伝記編纂の決定から完成まで何と二十七年を有したこととなる。

ちなみに「小西本」には「（明治）十九年十二月十一日同盟相会シ、二十年祭ヲ靖国社畔富士見軒ニ挙行シ遂ニ相謀リテ瑞山会ヲ起シ其伝記ヲ編纂ス」とある。この記述に拠れば、瑞山会結成も明治十九年のこととなってしまい、『維新土佐勤王史』の記述と矛盾するが、いずれにしても龍馬伝がかなり早い段階から企画されていたのは間違いないだろう。

『坂本龍馬関係文書第二』には「由利公正氏覚書」として、由利公正が龍馬について述べた文章が採録されているが[12]、その冒頭に「于茲旧土州藩坂本龍馬君之履歴編纂ノ挙アリ。岡内君ヲ介シテ余カ龍馬君ト交際上ノ事実ヲ詳ニセンコトヲ請ハル」と、岡内から依頼があったことを記している。これは「坂本龍馬傳」執筆のための材料集めだと思われるが、文書の日付は「明治二十二年六月」である。

瑞山会の性格

確認しておきたいのは、そもそも瑞山会は、土佐勤王党の「顕彰」のために結成された組織、ということである。実際明治十六年からの大島岬神社（高知藩主が創立した土佐の国事殉難者を祀る神社）内への「南海忠烈碑」建碑活動が、瑞山会結成の契機になったと考えられている[13]。

後藤靖は明治初期の中央政府における土佐山内家出身の要職就官者を、「土佐藩の個別領有権を拡大・強化」しようとする後藤・板垣グループと、「個別領有権の朝廷への公収によってのみ天皇制統一国家は構築されうるとする木戸・大久保を頂点とした「朝臣」群」に結びついた佐佐木高行・土方久元・斎藤利行（旧名：渡辺弥久馬）らのグループに分け、さらに「奏任官グループの場合もまた同じように、佐々木・斎藤との結びつきによって出世コースが敷かれた。倒幕派出身たる河野敏鎌や清岡公張らがそうであり、（中略）谷干城すら、彼の兵部権大丞から熊本鎮台司令長官への出世コースは、佐々木＝朝臣群に屈服することによって保証されたのである」[14]と、佐佐木グループが土佐閥として勢力を拡大していることを述べている。

この二つのグループのうち瑞山会が結成された明治十七年時点で、どちらが中央政府の官僚として生き残っていたかは言うまでもない。

高田佑介はこの佐佐木を中心とする政治勢力を「中央の土佐派」あるいは「宮中土佐派」と規定し、「宮中土佐派」を、明治十四年の政変を契機に「明治政府内にあって薩長閥と一定程度の関係性を保ちつつ宮中に勢力を得、明治期を通して政治活動を行ったグループ、すなわち佐々木高行・土方久元・田中光顕を中核とした政治勢力」と定義している。[15]

瑞山会はこの「宮中土佐派」の活動の一環であり、ある意味政治的な会である。決して旧土佐山内家の旧友会・同窓会ではない。旧藩時代中央政局に登場することのなかった佐佐木が瑞山会の中心的役割を担っているのも、瑞山会が「宮中土佐派」の組織だったからである。だから旧藩時代トップであっても「宮中土佐派」と交渉のない板垣・後藤・福岡などは参加していない。

ちなみに瑞山会が結成された明治十七年七月に佐佐木は伯爵を授爵しているが（土方久元・谷干城は子爵授爵）、板垣・後藤の授爵は佐佐木に三年遅れた明治二十年五月であり、両者のパワーバランスを如実に表している。

瑞山会の事業として建碑と併せて伝記編纂が計画されたのは「顕彰」だけが目的ではなかっただろう。「薩長土」と並び称されながら現実には薩長藩閥に従属的にならざるを得なかった「宮中土佐派」は、自らのアイデンティティを再確認し主張するために、維新史の主役の一人としての土佐の「歴史＝物語」を必要とした。瑞山会の修史事業は極めて政治的な行為だったのである。再びこのフレーズを引用しよう。「過去は現在により解釈され、利用され、簒奪されている」[16]。

第二章でも記したが、薩長盟約に関しては、龍馬に先立って福岡藩の早川勇や月形洗蔵ら筑前勤王党が周旋に動いたことが知られている。しかし維新後福岡藩は、旧藩の物語を語る坂崎紫瀾は持ちえたものの（江島茂逸）、中央政府と結び付いた顕彰活動で、旧藩の物語を明治国家の物語にランクアップさせた瑞山会（特に田中光顕）を持ちえなかったために、薩長盟約の物語を土佐に簒奪されることになったのである。

「佐佐木本」はただ佐佐木家に伝わっていただけではなく、その内容も佐佐木の実体験を強く反映している。当然その稿本である「小西本」も同様である。『全集 四訂版』の「佐佐木本」の解説を見てみよう。

慶応三年夏から秋にかけての長崎における龍馬の行動が特に精細で、海援隊と幕艦長崎丸水夫のトラブルがあった際、中島作太郎を派遣してこれを収めた際の龍馬の手腕を「三四郎（高行）親ク見聞スル所ニシテ、今マ尚ホ人ニ話シ、之レヲ称ス」等としている[17]

これを論拠に『全集 四訂版』では「佐佐木本」を「明治初期佐佐木の委嘱によって著作したもの」と推定しているが、これも瑞山会が編纂したものであるとすれば合点がゆく。

「小西本」は本当に瑞山会編纂なのか

ところでそもそも論であるが「佐佐木本」「小西本」共に「瑞山会編纂」という記載はない。それではこの二冊がなぜ瑞山会編纂とわかるのか?という疑問を当然皆さんはお持ちになるだろう。

実はこれまで出版された坂本龍馬関係書籍で、直接「瑞山会編纂・坂本龍馬傳」からの引用を行っているものがある。紫瀾が編纂し、『坂本龍馬関係文書第二』に収録された「坂本龍馬海援隊始末」である。

「坂崎・海援隊始末」の慶応三年九月十一日項「諏訪神社祭礼ニテ藩士島村雄二郎田所安吾英米人二名ト衝突シ之ヲ傷ク。龍馬ハ佐々木ニ謀リテ自首セシメタルカ為メニ釈放セラル」という綱文に続いて、「瑞山会編纂坂本龍馬傳に曰ク」と瑞山会龍馬傳からの引用がある。

そのテキストの一部を記してみよう。

龍馬三四郎ト謀テ曰ク、英国水夫被害事件今僅ニ一段落ヲ告ケ未タ全局ヲ結ハサルモ、本藩ノ嫌疑稍々解ルニ際シ若シ二人ヲ避ケシメ他日発覚セハ、或ハ前日ノ事ニ牽連シ如何ナル葛藤ヲ生スルヤ測ルヘカラス(18)

続いて「小西本」の同部分である。

龍馬三四郎ト謀テ曰ク、英国水夫被害事件今僅ニ一段落ヲ告ケ未タ全局ヲ結ハサルモ、本藩ノ嫌疑稍々解ルニ際シ若シ密ニ二人ヲ避ケシメ他日発覚セハ、或ハ前日ノ事ニ牽連シ如何ナル葛藤ヲ生スルヤ測ルヘカラス

「小西本」では、「若シ二人ヲ避ケシメ」が「若シ密ニ二人ヲ避ケシメ」となっている以外、全く

テキストが一致していることがおわかりいただけるだろう。「密二」が抜けているのは、単純に引用の際に書き漏らしたものと思われる。ちなみに「佐佐木本」は同内容ではあるが、文章が異なる。のみならず「小西本」には、この「坂崎・海援隊始末」で引用された部分にカギ括弧がつけられている。この括弧は引用に際しての目印として付けたと思われ、この点からも、「坂崎・海援隊始末」が引用した「瑞山会編纂坂本龍馬傳」はこの「小西本」のことだと推測されるのである。[19]

また「坂崎・海援隊始末」では同様に「瑞山会編纂池内蔵太傳」からの引用がなされているが、[20]これも小西四郎旧蔵の「池内蔵太傳」と同一のテキストである。[21]この「池内蔵太傳」と「小西本」は同様の書式で書かれ、表紙に通し番号も付されていることから、これらが共に瑞山会編纂の伝記であったことがわかる。

ちなみに松岡司は瑞山会編纂の坂本龍馬伝を、「『防長回天史』がときどき引用している『坂本龍馬伝』[22]」と指摘しているが、実際『修訂防長回天史』の第五編下に二カ所、「坂本龍馬傳抄出」と記した引用がある。[23]引用されたテキストは「佐佐木本」と全く同一のものであり、こちらの典拠は「小西本」ではなく「佐佐木本」だと思われる。

『修訂防長回天史』第五編の初稿である『未定稿・防長回天史第五編』は明治三十九年に印刷されており、[24]その「第五編ノ七」にも同様にこの二カ所の引用が見られることから[25]「佐佐木本」は遅くともそれまでには完成していたと思われる。

「坂本龍馬傳艸稿」の傾向と対策

「小西本」は百四十一丁という大部の伝記である。一読した印象では、明治三十三年刊の紫瀾『少年読本』の記述をベースにしているようではあるが、そこに記載してあるそれぞれの事実が何を典拠にするのか確認するのは事実上不可能である。

別に作成したのは「小西本」に引用されている一次史料の一覧表である（巻末・表4）。全部で六十八点の一次史料が引用されている。もちろんこれらの史料は「小西本」の構成要素の一部に過ぎないが、これらの史料の出典を分析することで「小西本」の性格の一端を窺おうという試みである。

これらの史料の出典を考察するため、まず「小西本」に先行する主な龍馬伝である、明治二十九年・弘松宣枝『阪本龍馬』、明治三十三年・坂崎紫瀾『少年読本第十九篇　坂本龍馬』と比較した。書名が書いてあるものが収録されている史料である。

そして大正十五年の『坂本龍馬関係文書』である。まず先に著されたと思われる紫瀾の「海援隊始末」（『第二』）に収録された史料、次に岩崎鏡川がまとめた『第二』に収録された史料――ちなみに『第一』には史料と共にその出典が記してあるので、史料が収録されているものは、その出典を転記した。

「小西本」に引用された史料はそのほとんどが『坂本龍馬関係文書』に収録され、その中には龍馬暗殺実行犯である今井信郎の兵部省口書なども含まれている。瑞山会の編纂事業が維新史編纂に与えた影響の一端を垣間見ることが出来るだろう。

ちなみに「てにをは」レベルまで見れば、同じ史料を引用していても各書籍によって、かなりテキストの異同がある。第一章で「船中八策」を「てにをは」レベルまでつついた人間としては遺憾ではあるが、これを追っていてもキリがないので細かい異同は今回措くことにする。

坂本家史料は使われたのか？

この表を一見してまずわかるのは、史料のほとんどが慶応二年以降のもの、ということである。実際「小西本」は龍馬が薩長盟約に向けて動き出す、慶応元年以降の記述が八割以上を占めており、この傾向は現在の龍馬伝にまで共通している。龍馬伝を形成する史料の多くは、既にこの「小西本」の時点で出揃っているのである。

次に史料が大きく三系統に分けられることがわかる。

①坂本家に伝わる史料（1・8・13・14・37・44など）
②長州・長府系史料（4・5・6・7・9・10・15・16など）
③土佐系史料（17・19・46・48・53など）

まず①の坂本家系統の史料であるが、この系統の史料は『少年読本』に掲載されたものをそのまま転記しているケースが多い（1・8・13・14・37・44・60・67など）。

瑞山会名簿には龍馬の後嗣・坂本直の名前もあるのだが、直は明治三十一年十一月に死去しており、坂本家はその年の五月に坂本直寛一家が、次いで翌三十二年には直の遺族（妻・留、次男・直衛）も北海道に移住し[26]、龍馬の遺品も彼らと共に北海道に渡った。瑞山会の伝記編纂作業はちょうどこの時期、主に東京と高知で行われたと推定されることからも、この「小西本」の編纂過程において、編纂者は坂本家に伝わる史料を実見することが出来ず、先行する弘松や紫瀾の著書に引用された史料をそのまま利用した可能性が高い。

次に坂本家の龍馬遺品が一般の目に触れるのは、明治三十七年に北海道樺戸郡で行われた「坂本龍馬遺品展」、次いで明治三十九年「坂本・中岡没後四十年祭」で開催された遺墨展のことになる。

長州系史料の活用

続いて薩長盟約に龍馬が取り組む慶応元年〜二年に関しては、主に②の長州・長府系史料が駆使されている。特に薩長盟約の件のみならず、木戸孝允と龍馬の往復書簡が多く使用されており(9・12・39・49・50など)、三吉慎蔵関係史料(7・15・20・21・22・25・26など)も多い[27]。「小西本」編纂にあたって、編者は毛利家の家史編纂所によって作成された史料(毛利家文庫)を利用したと思われる。

明治二十一年に宮内省から幕末の事績編纂の特命が下ったことで、翌二十二年毛利・島津・山内・水戸徳川・岩倉・三条の六家により史談会が発足する。毛利・島津・山内・水戸徳川の四家に対しては、宮内省分室の一室が「取調所」として貸与され、四家は史料の交換等を行った。この頃、毛利家文庫では「他藩人日記」「他藩人履歴」「いろは別史料(現在「維新記事雑録」と名称変更)」として分類される簿冊が作成されている[28]。

実際「毛利家文庫」にどの程度、龍馬関係の史料があるかを確認したところ、

他藩人履歴13　土藩坂本龍馬傳　附近藤昶次郎池内蔵太之事
維新記事雑録132　桜島条約書
139　薩長連合ノ発端並ニ銃鑑購入一件
249　長薩合和ニ付筑前並坂本龍馬周旋一件・薩藩商社一件
275　慶応三年土州藩いろは丸沈没一件

という五冊の簿冊が存在した。当然のように薩長盟約絡みのものが多い。またこれら以外にも例えば「木戸家蔵書牘写」に龍馬の書簡が含まれていたりする。

毛利家文庫と「小西本」

第一章でも登場した「他藩人履歴13」の『土藩坂本龍馬傳』は小野淳輔（高松太郎・坂本直）の原筆をもとに馬場文英がまとめたものであるが、明治二十四年以前にこの伝記は完成しており、当然これも参照されたことだろう。

松下祐三の「薩長商社計画と坂本龍馬――坂崎紫瀾の叙述をめぐって[29]」は、龍馬が周旋し下関に設立を目論んだとされる薩長商社計画に、実際は龍馬は関与していなかったとするものだが、松下はこの龍馬関与説の嚆矢は紫瀾の『維新土佐勤王史』であるとし、紫瀾が引用した「商社示談箇条書」（計画についての薩長会談の内容をまとめた史料）に注目する。

この「箇条書」は毛利家文庫の「長薩合和ニ付筑前並坂本龍馬周旋一件・薩藩商社一件」（維新記事雑録249）に収録されたものを引用したものであるが、本来この簿冊は「長薩合和ニ付筑前並坂本龍馬周旋一件」と「慶応元年十二月於馬関薩藩ト商社取組」という二つのテーマを一冊にまとめたもので龍馬括りの簿冊ではなかった。ところが、微妙な簿冊のタイトルに加えて「薩藩ト商社取組」に桜島丸条約などが収録されていることから、紫瀾は薩長商社にも龍馬が関与したと説いた、と松下は論じている。

実際、この「薩藩ト商社取組」には、桜島丸条約や商社示談書、浪士による蝦夷地開拓という龍馬構想を記した海舟日記などが収録されており、編纂に携わった毛利家編纂所・兼重慎一も恐らく龍馬の関与をイメージしていたと思われる(30)。

実は「小西本」にもまさにその桜島丸条約や商社示談書が引用されており(5・6・16)、松下が紫瀾が嚆矢とする龍馬関与説の誤解は、既にこの「小西本」が犯していることなのである。すなわち松下が説くように「小西本」は毛利家文庫の「長薩合和ニ付…」を参照したことでこのような誤解を犯してしまい、それをそのまま紫瀾が『維新土佐勤王史』に流用したと思われる。

このように龍馬が土佐に再接近する慶応三年以前の龍馬伝は、主に長州系の史料に拠って書かれているのである。慶応元年以前の龍馬伝の記述が薄いのも仕方がない。瑞山会のメンバーはあまり脱藩以前の龍馬と接点がなかったと思われるから、その部分は先行文献に頼るしかないし、長州系史料でも龍馬は薩長盟約の仲介者として初めて登場するのだから。

加えて土佐勤王党自体が、文久年間・長州勢力と手を組む形で中央政局で行動しており、瑞山会のメンバーも、土方久元、田中光顕、石田英吉、片岡利和ら脱藩後長州系の志士として活躍した人間が多い。長州での龍馬の活動については知るところも多かっただろうし、自ずと長州目線での史観が形成されていたことだろう。

第二章で述べたように「汗血千里の駒」では、四境戦争以後の龍馬の登場回が急に少なくなるが、「小西本」でも四境戦争から龍馬が後藤象二郎と手を結ぶまでの記述は薄い。これも長州と龍馬の直接的な縁が薄くなり、その間の史料がなくなったことによると思われる。

本来ならば、当時薩摩島津家に帰化したとも噂される龍馬の立場と行動はむしろ薩摩系の史料で追うべきであろうが、その史料と研究は少ない。例えば「島津久光に近藤長次郎が奉った上書」(『玉里島津家史料三』)を分析し、海援隊を「貿易結社と言うよりも、東アジア侵出の先兵としての政治結社の色彩が、より強いのではなかろうか[31]」とした町田明広の作業などがその数少ない成果の一つであろう。

山本栄一郎は「龍馬の実像を知るには、土佐系史料よりも長州系の古典的史料を熟読した方がいいのかもしれない[32]」と述べているが、まさにその通りである。

ちなみに面白いのは毛利家文庫の「慶応三年土州藩いろは丸沈没一件」という簿冊である。この簿冊には「いろは丸航海日記附録草稿」と「備後鞆津ニ於而才谷梅太郎紀州高柳楠之助等与応接筆記」という二種類の史料が収められているのだが、後者の「応接筆記」は『関係文書一』『関係文書二』所収いずれのものともテキストが異なっている。

この「備後鞆津応接筆記」は、(公財)土佐山内家宝物資料館が所蔵しており、「NHK大河ドラマ特別展・龍馬伝」にも出品されたから実物をご覧になった方も多いだろう。全編朱で文章の添削がなされていたのをご記憶だろうか。実は毛利家文庫の「応接筆記」はこの朱の添削を反映していないばかりか、土佐山内家宝物資料館のものよりも長い。土佐山内家宝物資料館のものは五月十三日長崎着で終わっているのだが、毛利家文庫のものはその後の長崎での交渉を記し、最後に五代才助の調停（五月二十九日）までが記してあるのである。

これは恐らく複数の関係者のそれぞれの立場から、テキストが異なる複数の「応接筆記」が作成され、「毛利家文庫」『関係文書一・二』がそれぞれ別々の「応接筆記」を引用したためだと思われる[33]。ちなみに「小西本」は毛利家文庫と同一のテキストであり、すなわち土佐山内家が当事者である史料でありながら「小西本」の「応接筆記」は毛利家文庫のものを転記した可能性が高いのである。

長府毛利家の当主・元周の姉は、いろは丸の船主である伊予大洲加藤家当主・泰秋の正室である。龍馬はいろは丸交渉を有利に進めるために、紀州徳川家の先手をとり、事件の情報と自らの主張を長府毛利家に報告し、それが長府ルートで大洲加藤家に伝わることを期待していたと思われる[34]。このような事情から、いろは丸一件が落着するまでの「備後鞆津応接筆記」が長府毛利家に伝えられ、毛利家文庫に収められることになったのではないだろうか。

一方、東京大学史料編纂所蔵で『関係文書二』に転載されたと思われる「備後鞆津ニ於テ才谷梅太郎紀州高柳楠之助等ト応接筆記」（維新史料引継本Ⅱい－30）は、土佐山内家宝物資料館のものと同じ五月十三日までの記述で朱添削も書き入れたものである。

『関係文書二』ではこの辺りの文書の出典が「海援隊記録」「海援隊記事」「海援隊文書」とあるが、これがそれぞれ何なのかはわからない。史料編纂所の維新史料引継本には「岩崎英重家文書」

とあり、何となく岩崎が適当に付けた気がするのは筆者だけであろうか。

「小西本」は、いろは丸一件に関しては別に一冊の簿冊として独立しているが、その巻末に「蜻洲居士」なる人物の史料考察コメントが記されている。この簿冊の編纂者と思われるが詳細不明である。

広田暢久の「毛利家編纂事業史其の一」には、明治二十一年、毛利家の編纂所の編輯員として長沼蜻洲なる人物が採用されたとの記述がある[35]。筆者は寡聞にしてこの長沼蜻洲なる人物のことを知らないのだが、毛利家の編纂員であった長沼が「小西本」に関わっていたとすれば、「小西本」が毛利家文庫を使用した経緯もわかりやすい。

長沼についてご存知の方はぜひご教示いただければ幸甚である。

慶応三年は土佐系史料で

龍馬が後藤象二郎と手を結んで、海援隊が土佐の外郭団体になって以降は、今度は土佐系の史料が豊富になる。

「佐佐木本」の史料解説にもあったように「慶応三年夏から秋にかけての長崎における龍馬の行動が特に精細」に描かれており、特に佐佐木高行が関与したイカルス号事件とその後の土佐商会員による外国人傷害事件では十丁もの紙幅を費やしている（ちなみに龍馬誕生から脱藩までの紙幅は六丁である）。佐佐木がこの「小西本」のネタ元の一人であったためであろう。

周知のように当時一番龍馬と関係が深かった土佐関係者は後藤象二郎であるが、大政奉還当日の龍馬と後藤の往復書簡以外、後藤や板垣関係の文書は見当たらない（これらの往復書簡も明治三十九年の『坂本中岡両士遺墨紀念帖』では岡内男爵蔵とされている）。これは後藤や板垣が瑞山会のメンバーではなかったからであろう。[36]

また佐佐木と同様に、イカルス号事件以降龍馬と行動を共にした、元・海援隊士の岡内俊太郎（重俊）目線の描写が増えてくるのも面白い。岡内宛書簡（46・47）などはわざわざ原稿の上に別紙を張り付け、そこに書簡を引用している。前述のように瑞山会編纂の諸士伝は岡内の手元で管理されており、あるいは岡内がこれらの編纂の指揮をとった可能性もある。ゆえに「小西本」でも岡内の出番が増えたのであろう。

いずれにしても慶応三年分は、瑞山会のメンバーが手持ちの史料を出し合ったり、記憶を語るなどして編纂の材料としたようである。

瑞山会採集史料

東京大学史料編纂所に「瑞山会採集史料」というタイトルの全八冊（元は十三冊あったらしい）の簿冊がある（維新史料引継本Ⅱを‐7）。その名の通り、瑞山会が採集したと思われる土佐系志士の書簡や日記の写し、伝記稿本などが雑多に収録されているが、その中に龍馬関係の史料が十数点ある。これらの史料は後に『坂本龍馬関係文書』に採録されているが、それ以前に「小西本」にも使用されたと思われる。参考までにタイトルを挙げてみよう。

水藩吉田健蔵日記抜萃土佐ニ坂本ヲ尋来事

龍馬長嶺内蔵太ニ贈ル書（引用者注：慶応元年十月三日池内蔵太宛書翰のこと）
桜島約條書竝附記（引用者注：附記は馬関商社示談箇条書）
龍馬遺事由利公正覚書
水藩士土佐ニ来リ坂本へ贈ル書取
佐々木高行手扣抄録　但丁卯六月ヨリ京都ニ始メ土佐ヲ経長崎到ル
河田小龍覚書
坂本龍馬政権奉還時分議案（引用者注：新政府綱領八策）
高知藩ヨリ内務省へ差出シタル坂本龍馬履歴書
龍馬ヨリ木戸孝允へ贈リタル状（引用者注：慶応三年九月二十日）
越前藩士下山尚坂本ニ関スル履歴書抜
坂本龍馬ヨリ後藤象二郎へ贈リタル書翰（引用者注：慶応三年十月十三日書翰二通）
後藤象二郎ヨリ坂本龍馬ニ答フル書状（引用者注：慶応三年十月十三日書翰二通）
坂本龍馬ヨリ佐々木高行ニ贈リタル書翰（引用者注：慶応三年八月二十六日）
木戸孝允ヨリ坂本龍馬ニ贈リタル書翰（引用者注：慶応三年八月二十一日）

前述のように、由利公正は瑞山会から問い合わせを受け「由利公正覚書」を書いているし、河田小龍が龍馬や近藤長次郎のことを語った「藤陰畧話」も採集されている（瑞山会史料では「河田小龍覚書」）。また龍馬が大政奉還を企図していたことを証言する下山尚の「西南紀行」も瑞山会が書抜きを作成しており、これら瑞山会が採集した諸士の回想譚は「小西本」の地の文の部分で使用されている。

また毛利家文庫を書写したと思われる史料もある。「桜島約條書竝附記」には例の馬関商社示談箇条書が採集されており、松下祐三が指摘する誤りはここに起因すると思われる(37)。

宛名を「内蔵太様」とだけ記した「龍馬長嶺内蔵太ニ贈ル書」は現在では池内蔵太に宛てた書簡と比定されている。この書簡は毛利家文庫の『年度別書翰集十七』に収録されており、特に長嶺宛のものとは比定されていないのだが、毛利家文庫の書簡のため、採集者が毛利家の人間宛と思い込んだのではなかろうか。当然「小西本」には長嶺内蔵太宛として収録されている。

ちなみに「瑞山会採集史料」というタイトルの簿冊は八冊だが、それ以外にも例えば「坂本龍馬謀殺一件」のように個別のタイトルをつけられた瑞山会採集（所蔵）史料が多数存在する。ここにタイトルを挙げたものが瑞山会採集の龍馬史料の全てではないことを、念のため付け加えておきたい(38)。

第三節　「坂本龍馬傳艸稿」を読む

「坂本龍馬、諱ハ直柔脱藩ノ後姓名ヲ変シテオ谷梅太郎或ハ高坂龍次郎ト称ス」という文章から「小西本」はスタートする。「天保六年乙未十一月十五日生ル」であるから現在の定説通りである。最終節となるこの節は、具体的に「小西本」の内容を検討してみよう。本来なら全文翻刻してここに掲載するのが一番良いのだが、何分紙幅に限りがあることから、龍馬脱藩、新官制擬定書、龍馬暗殺の三つのトピックを抜き出して紹介するに留めることでお許しいただきたい。

なお、以下引用の原文に句読点はないが、読み易さを考え筆者が補った。

第一項　龍馬脱藩

是ヨリ先キ澤村惣之丞、吉村寅太郎、宮地宜蔵等脱藩ス。既ニシテ浪士本間精一郎ナル者寅太郎ノ紹介書ヲ携ヘ国境梼原ニ来リ。那須信吾ニ会シ平野次郎等義挙ノ迫ルヲ告ケ其同盟者ノ脱藩ヲ促ス。信吾之ヲ武市半平太ニ謀ル。半平太其説ヲ容レス。龍馬之ヲ聞キ雄志勃勃禁スル能ハサルモ、姑ク其持重説ニ従フ。

二十二日惣之丞帰来。半平太ノ家ニ潜伏ス。二十三日龍馬之ヲ訪ヒ薩長ノ近況ヲ聞クニ及テ雄志亦制スヘカラス、遂ニ共ニ脱藩スルヲ謀ル。而シテ旅資ヲ得ルノ途ナシ。蓋其兄権平人ト為リ龍馬ト異ナリ常ニ其軽挙ヲ戒ム。故ニ心事ヲ吐露スル能ハス。広光某ニ謀リ僅カニ十余金ヲ得タリ。乃チ兄ニ語ルニ近村ニ行クヲ以テス。其姉平生耳ヲ時勢談ニ傾ケ能ク龍馬ノ心事ヲ察ス。発スル臨ミ窃カニ兄ノ秘蔵スル所ノ肥前忠広ノ刀ヲ出シ之ヲ授ク。是レ龍馬、平生之ヲ得ント欲シテ未タ口ニ出ス能ハサル所ナリ。之ヲ受ケ大ニ喜フ。後事ヲ託シテ家ヲ出ツ。

二十九日惣之丞ト共ニ高知ヲ発ス。河野万寿弥之ヲ送リ朝倉村ニ至ル。岡崎山三郎ノ家ニ宿ス。翌日那須信吾ヲ梼原村ニ訪ヒ一宿ス。四月朔日宮野ゝ関門ヲ脱シ、下関白石正一郎ノ家ニ抵ル。

吉村寅太郎等既ニ発シテ在ラス。是ニ於テ龍馬惣之丞ト別レ、転シテ豊肥ヲ経歴シ、薩摩ニ至ル。其境ニ及ヒ入ルヲ得ス。更ニ上国ニ向フ。六月十一日大坂ニ達ス。義挙ノ事敗レ、寅太郎等土佐ニ押送セラルヽヲ聞ク。乃チ書ヲ住吉陣営ニ送リ、望月清平ニ報ス。

龍馬脱藩はいつ？

確認しておきたいのは龍馬脱藩（亡命）の日である。現在では文久二年の三月二十四日が龍馬脱藩の日とされているが、「小西本」では三月二十九日に高知を発し、朝倉村を通り、（朝倉村の？）岡崎山三郎宅に宿泊。三十日に梼原の那須信吾を訪れ一泊。四月一日に宮野々の関所を抜けた、となっている（文久二年三月は大の月なので三十日まで）。

ちなみに岡崎山三郎宅に宿泊したというのは他の龍馬伝には出てこない。岡崎山三郎茂樹の名は土佐勤王党の血盟者百九十二人の中に見えるが、これは河田小龍が「藤陰畧話」で述べた門下生の岡崎参三郎（後・波多彦太郎）のことだと思われる。

中老・乾左近の家来で小龍は、「才気、近藤（引用者注：近藤長次郎）新宮（引用者注：新宮馬之助）ノ上ニ出」と評している。[39] 平尾道雄は「脱藩して海援隊に参加した」[40] とするが、その論拠は不明である。「勤王者調」にも「乾左近家来」「夙に勤王の志ニ厚く武市半平太等の盟約ニ加り屡々京摂の間ニ往来」程度の記述しかない。

実は龍馬脱藩の日は、『弘松龍馬』では「独り故郷を後にして国を出でしは文久二壬戌の年四月五日なりき」[41]となっており、紫瀾の『少年読本』でも四月五日、[42]「小西本」を下敷きにしたはずの『殉難録稿』でも「高知を出立せしは文久元年《ママ》の四月五日なり」[43]となっている。龍馬の脱藩が三月二十四日になったのは『維新土佐勤王史』からなのである。[44]

なぜ紫瀾が脱藩の日を自著でも記した四月五日から三月二十四日に変更したのかは不明であるが、大正三年の千頭清臣『坂本龍馬』からは、その典拠となる史料が登場する。「坂本龍馬昨廿四日の夜亡命」から始まる、平井収二郎が妹加尾に宛てた文久二年三月二十五日付の書簡である。この書簡は「元より龍馬は人物なれとも書物を読ぬゆへ時としては間違ひし事も御座候」というフレーズが有名なので、皆さんもご存知だろう。『関係文書 一』にも収められているが、所蔵先は明記されておらず、現在も所在不明である。[45]

ちなみに現在定説となっている龍馬脱藩のルートは、昭和六十年代になって発見された「覚・関雄之助口供之事」なる史料に基いているが、この文書によれば三月二十六日に龍馬らは土佐と伊予の境の韮ヶ峠にいたとされるので、その点二十四日に高知を出たとして矛盾はない。ただこの文書は関雄之助（澤村惣之丞）の口述記録で、龍馬の義兄・高松順蔵が明治六年に写しを作ったものとされるが、[46]高松の孫に当る弘松が、脱藩の日を「四月五日」と断定しているのは不思議な気がする。弘松はこの文書の存在を知らなかったのだろうか。

もちろん、三月二十九日、四月五日のいずれも史料的根拠がなく、平井の書簡が根拠となる三月二十四日説に異は唱えられないのだが、龍馬の近親者や関係者にも取材したと思われる初期の龍馬伝が、脱藩の日としてそれぞれ別々の日を提示しているのは興味深い。あるいはこの関係者たちにとって龍馬の出奔が発覚した日、ということなのだろうか。

なのに龍馬は薩摩へ行くの？

加えて龍馬脱藩後の足取りとして、薩摩へ行ったが入国が許されなかったとするのも、この「小西本」が初出である。「薩長の近況」――島津久光の率兵上京とそれに呼応した平野次郎（國臣）らの京都義挙への長州の参加――を聞いたことに刺激された龍馬が、なぜ京都でなく、薩摩に行ったのだろうか。その理由は、龍馬が安政元年（一八五四）に河田小龍に会ったことにある。

小龍鹿児島ヨリ帰ル。龍馬ノ帰省スルヤ小龍ヲ訪ヒ薩藩ノ形勢ヲ問ヒ其武備ノ盛ナルヲ聞キ心大ニ之ヲ慕ヒ遂ニ鎖国ノ談ニ及フ。

小龍云海ニ煮山ニ鋳テ国ヲ富マシ多ク銃砲戦艦ヲ具ルニ非サレハ空論且施ス所ナカラントスト。龍馬亦之ヲ然リトシ倶ニ時勢ニ乗シ一事業ヲ起サンコトヲ約ス（「小西本」）

京都義挙に参加するはずの龍馬が薩摩に行ったことの説明にはなっていないが、龍馬が薩摩に行きたかった理由はわかる。『維新土佐勤王史』はこれを典拠に龍馬の薩摩行きを記し、以降の龍馬伝ではこれが龍馬脱藩後の足取りの一つとされている。

ところで「藤陰畧話」を読まれた方は思い出していただきたい。龍馬と小龍が「薩藩ノ形勢」を語り合う場面はあっただろうか？　そう、実は「藤陰畧話」には薩摩の話は一切出て来ないのである。突然小龍を訪れた龍馬が「時態ノ事ニテ君ノ意見必ズアルベシ。聞タシ」(47)と言ったのが二人の出会いである。

龍馬と小龍が薩摩について話し合いそれが龍馬の薩摩行きの理由となったという説は、どこから登場したのだろうか。あるいは別途小龍への取材が行われたのであろうか。

ちなみに「藤陰畧話」の巻末には「此書芸州広島より差越」[48]と記されているが、小龍は明治二十三年から二十五年までと二十六年から二十八年まで広島に居住しており[49]、「藤陰畧話」はこの間に書かれたものだと推測される[50]。

第二項　新官制擬定書

三種類の新官制擬定書

続いて龍馬の新政府メンバー構想として有名な「新官制擬定書」を取り上げたい。龍馬の名がないのを西郷に聞かれて、「世界の海援隊でもやらんかな」と答える痛快無比な場面である。一気に大政奉還後までとんでしまって恐縮です。途中、龍馬は普通に勝海舟に入門したり、相変わらず薩長盟約で西郷を叱らなかったり[51]、と色々ありますが、ごめんなさい、割愛します。

この「新官制擬定書」は、幕末三条実美に仕え、維新後は主に法制畑の官僚として活躍した尾崎三良《さぶろう》の回想譚の中にだけ登場する、尾崎と龍馬が構想したとされる大政奉還後の新政府の官制案とその想定メンバー案である。

「新官制擬定書」というのは尾崎が付けた名称ではない。紫瀾が『関係文書二』の「坂崎・海援隊始末」で「慶応三年丁卯十月十六日龍馬ハ戸田雅楽（後ニ尾崎三良）ト謀リ新官制ヲ擬定ス[52]」としたことから、後年付けられた名称だと思われるが、いつ頃から使われ始めたのかは判然としない。

ところが面倒なことに、尾崎は三度この官制案を語っているのだが、新政府のメンバーに擬せられた人名が三種類の回想譚全てで異なっているのである。

結果これまでの龍馬に関する諸書では、同じ「新官制擬定書」という名称でこれら三種類の回想譚が一括りにされ、それぞれの著者の判断によって、三種類のいずれかのテキストが「新官制擬定書」として引用されている。

「小西本」の本文を紹介する前に、まずは現在知られているこれら三種類の「新官制擬定書」それぞれに記されたメンバーを整理してみよう。

①「史談会」での談話「王政復古の端緒[53]」

関白　一人　（三条）

内大臣　一人　（徳川慶喜）

議奏　若干人　有栖川宮、仁和寺宮（小松宮）、島津、毛利、越前春嶽、山内容堂、鍋島閑叟、正親町三条（嵯峨）、中山、中御門等

参議　若干人　岩倉、東久世、大原、長岡良之助、西郷、小松、大久保、木戸、広沢、横井、三岡、後藤、福岡、坂本等

②『尾崎三良自叙略伝[54]』

関白　一人　三条

内大臣　一人　　徳川慶喜
議奏　若干人　有栖川宮、仁和寺宮、山階宮、島津、毛利、越前春嶽、山内容堂、鍋島閑叟、
　　　　　　　徳川慶勝、伊達宗城、正親町三条、中山、中御門等
参議　若干人　岩倉、東久世、大原、長岡良之助、西郷、小松、大久保、木戸、広沢、横井、
　　　　　　　三岡、後藤、福岡、坂本等

③「尾崎三良手扣[55]」
関白　一人　　三条
議奏　若干人　島津、毛利、山内容堂、伊達宗城、鍋島、春嶽、岩倉、東久世、嵯峨、中山
参議　若干人　小松、西郷、大久保、木戸、後藤、坂本、三岡八郎、横井、長岡良之助等

話題となるのは、ここに龍馬の名前があるかどうかである。一見してわかる通り、①～③全てに「坂本」がある。

このうち『関係文書一』、及び『関係文書二』の「坂崎・海援隊始末」で引用されているのは③の「尾崎三良手扣」である。ところが全く同文であるはずのこの二つの引用のうち「坂崎・海援隊始末」には坂本の名だけがない。結局これは紫瀾が、龍馬に「世界の海援隊」と言わせたいためにわざと龍馬の名を外した、ということになっている。

改めて①～③の成立年を整理してみよう。

①は明治三十二年三月十一日の史談会での談話。

②は明治三十八年に口授筆記され、大正五年に数十部が印刷され親類縁者に配られたもの(56)。

③は冒頭に「三條実美公実歴絵巻物草按ヲ為ス一部ノ記事」とあり、これが明治四十年刊行の『三條実美公履歴』の草稿の一部であることがわかる。

尾崎本人は、宮内大臣の土方久元から、三条の死後スタートした絵巻の編纂が八年経っても全く完成しないとの相談を受け、尾崎が草稿を書き指揮をとる形で二年かけて完成させたと語っている(57)。しかし『尾崎三良日記』を見ると、明治二十六年三月より三条邸での書類取り調べや絵巻打ち合せの記事が頻出するようになり、明治二十八年十一月二十五日の項に「土方宮内大臣（中略）へ書面遣シ、条公絵巻物皆成ヲ報ズ(58)」とあることから、その草稿である「尾崎三良手扣」が書かれたのも明治二十六年〜二十八年のことと思われる。

つまり三つの新官制擬定書の成立順は、③→①→②ということになる。

またこの三種類の擬定書のうち、①と②は、官職に内大臣があること、議奏・参議の他に六官を設けていること、参議のメンバー、など共通点が多く、恐らく②は①を参照して口授したと思われる。

さあ、それでは以上を頭に置いてから「小西本」本文を読んでいただこう。

「小西本」新官制意見書

龍馬心ヲ新官制ノ事ニ用ヰ中岡慎太郎・戸田雅楽等ト相議ス。雅楽其議ニ依リ新官制意見書ヲ草ス。

其案ニ曰ク太政官関白一人、親王公卿諸侯ノ名望アル者ヲ以テ之ニ充テ至尊ヲ補翼シ万機ヲ関白ス。曰ク内大臣一人、親王諸王公卿諸侯ノ名望アル者ヲ以テ之ニ充テ関白ノ副弐トナシ万機ヲ賛助ス。曰ク議奏無定員、親王諸王公卿諸侯ノ才徳知識アル者ヲ以テ之ニ充テ諸政ヲ議定シ兼テ海陸軍会計外国事務等ノ諸職長官ヲ分担ス。曰ク参議無定員、公卿諸侯大夫士庶人ノ才能アル者ヲ以テ之ニ充テ諸政ニ参与シ兼テ海陸軍会計外国事務等ノ諸職次官ヲ分担ス。而シテ親王諸王公卿諸侯大夫ニ非サレハ議奏以上諸官ノ長ニ任セサルハ、親ヲ親ミ大臣ヲ敬スルノ意ナリ。其士庶人ト雖トモ参議諸官ノ次官タルヲ得ルハ広ク天下ノ賢才ヲ登庸スルノ意ナリ。今試ニ其任ニ適スル者ヲ記セン。

曰ク関白職ハ三条実美ナル歟。其レ実美ハ父ノ遺志ヲ継キ夙ニ王室ノ式微ヲ慨嘆シ、特ニ先帝ノ叡慮ヲ奉シ百折撓マス天下人望ノ属スル所、今マ此人ヲ捨テ他ニ索ム可キ者ナシ。

曰ク徳川慶喜ハ内大臣ノ任ナル歟。其レ慶喜一旦方向ヲ誤ルト雖トモ、改メテ即今悔悟ノ実効ヲ顕ハシ数百年式微ノ王権ヲ復スル功鮮少ナラス。且ツ公卿諸侯中今マ此人ヲ捨テ他ニ索ムヘキ者ナシ。是レ方今天下更始彼我ノ別ナク公明正大ノ意ヲ天下ニ表示スルニアリ。

曰ク毛利敬親、島津久光、山内容堂、松平春嶽、鍋島閑叟、蜂須賀茂韶、伊達宗城、岩倉具視、嵯峨実愛、東久世通禧、皆ナ議奏ノ選ナリ。

曰ク西郷吉之助、小松帯刀、木戸準一郎、大久保市蔵《ママ》、後藤象二郎、横井平四郎、三岡八郎、広沢兵助、長岡良之助、山内兵之助、皆ナ参議ノ選ナリ。

通計二十二人、以テ更始ノ諸政ヲ理スルニ足ラン。其他各自知ル所ヲ挙ケシメ抜擢登庸スヘシト。

以上である。「小西本」の「新官制意見書」は①〜③のどのパターンとも異なる④とでも言うべき存在であることがご理解いただけただろう。ちなみにこの文章自体は「佐佐木本」の当該部分（ほぼ同文）が『全集 四訂版』に掲載されている。新出じゃない部分でごめんなさい。

一読するとわかるように「小西本」の新官制意見書は大変丁寧にまとまっている。三条を関白、慶喜を内大臣にする理由が明快に記されており、徳川慶喜の「反正」（反省）をきちんと評価し、彼を新政府の「公明正大」のシンボルにしようとする意図が明らかである。

またこの新官制意見書が中岡慎太郎も交えて議論したものである、というのも面白い。

そして最大の興味は、そのメンバーである。①〜③と違って龍馬の名はなく、山内兵之助が参議に入っているのである。

山内兵之助

山内兵之助って誰？ そう「山内」というぐらいだから、土佐の人です。山内容堂の実弟で分家の南邸の当主、山内豊慶《とよよし》（豊積《とよつむ》）がこの兵之助の事である。

天保五年（一八三四）生まれだから龍馬より一歳の年長。「勤王者調」によると、吉田東洋の暗殺の際は、武市半平太の逮捕を止めさせ、勤王党政権を樹立する工作を行ったというから勤王党シンパであったのだろう。文久三年三月、当主・豊範の名代として上京。清和院御門の警衛を務め、孝明帝にも拝謁しており、その後も容堂や豊範の名代として数度上坂、上洛している。

「温厚正直にして寡言」というから人柄は申し分なかったのであろうが、正直幕末のオールスター級が並んだこの新官制擬定書では地味な印象は否めない。龍馬、中岡もおそらく全くと言っていいほど接触がなかったと思われる。

また同様に徳島藩の世子であった蜂須賀茂韶を議奏として挙げているのも、この「小西本」だけである。

実はこの「意見書」は「小西本」が初出ではない。筆者の管見の範囲では、明治三十一年刊の秋月（岩崎）鏡川『後藤象次郎』、次いで明治三十三年・紫瀾の『少年読本』にもこの「小西本」のメンバーがそっくりそのまま記述されているのである。二冊ともメンバーだけが記され、それ以外の部分はほとんどが省略されているが、『後藤象次郎』には「其慶喜を以て内大臣と為さむとするは、彼我の区別なく、公明正大の心を天下に示すの意にして」[59]と「小西本」と同様の表現が見られる。

明治十二年「大政返上後官制改革事情一斑」

国立国会図書館の憲政資料室に「尾崎三良関係文書」という史料群がある。これは尾崎の子孫が寄託（のち寄贈）したものであるが、その中に「大政返上後官制改革事情一斑」なる文書がある。「明治十二年一月」の日付が入ったこの文書は、尾崎が龍馬と「大政返上後朝庭《ママ》ノ措画如何ヲ議」した際、尾崎の官制プランに賛同した龍馬が「子ノ言誠ニ是ナリ。予之ヲ後藤ニ謀ラントス。子試ニ之ヲ草セヨ」と言ったことから、尾崎が草稿をまとめたというものであり、太政官の罫紙に書かれている。新官制擬定書同様、新政府の官制とメンバー案が記されており、「右ノ草稿阪本龍馬之ヲ懐ニシ、後藤ニ議ス」と龍馬はこれを後藤に説き、後藤は岩倉に説いたとする。

現在知られている三種類の「新官制擬定書」が明治二十年代後半～三十年代に回顧されたものであるから、それらよりも十年以上前の回想譚ということになる。

以下長くなるが、これまでに紹介されたことがないと思われる史料なので、史料紹介を兼ねて龍馬に関する部分を全文引用しておきたい。

同（引用者注：慶応三年）九月土佐ノ浪士坂本龍馬（此時才谷梅太郎ト変名ス）、陸奥陽之助、中島作太郎等ト共ニ汽船ニ塔シ高智《ママ》ニ至ル。（陸奥ハ馬関ヨリ上陸ス）高智ニ泊スルコト殆ト二旬。再ヒ汽船ニ駕シ京師ニ至ル。時正ニ十月上旬ナリ。此時偶ニ後藤象二郎藩命ヲ以テ徳川将軍ニ建白スル所アリ。徳川家終ニ大政返上ノ挙アリ。西郷小松後藤等ヲ二條城ニ招キ、此事ヲ議ス。

三良（京師滞在中ハ土佐藩小澤庄次ト偽称ス）阪本ト共ニ河原町三條下ル一商戸醤油屋ニ旅寓ス。因テ大政返上後朝庭《ママ》ノ措画如何ヲ議ス。三良曰ク、徳川家既ニ悔悟ノ実ヲ表シ大政返上ノ挙ニ及フ。実ニ千古未曽有ノ時機ナリ。此時ニ当テ王政一新上下更始、彼我ノ別ナク公明正大ノ措置ナクハアルヘカラス。其端緒ハ先ツ官制ヲ改メ従来門閥襲職ノ弊習ヲ一洗シ士庶人トイヘトモ朝政ニ参与セシメスンハアルヘカラス。然レトモ今日ノ官名ヲ俄カニ廃スル能ハスンハ姑ク其侭ニ存シ一ノ爵号ノ如ク見做シ、別ニ職名ヲ置キ、公卿諸侯大夫士庶人ノ寸能アル者ヲ登庸スヘシト。阪本曰ク子ノ言誠ニ是ナリ。予之ヲ後藤ニ謀ラントス。子試ニ之ヲ草セヨ三良是ニ於テ左ノ文ヲ草ス。

太政官

関白　一人。親王公卿諸侯ノ名望アルモノヲ以テ之ニ充ツ。至尊ヲ輔翼シ万機ヲ関白ス。
内大臣　一人。親王公卿諸侯ノ名望アルモノヲ以テ之ニ充ツ。関白ノ副弐トシ万機ヲ賛助ス。
議奏　員数ナシ。親王公卿諸侯ノ才徳アルモノヲ以テ之ニ充ツ。諸政ヲ議定シ兼テ海陸軍会計外国等ノ諸職長官ヲ分任スヘシ。
参議　員数ナシ。諸王公卿諸侯大夫士庶人ノ才能アルモノヲ以テ之ニ充ツ。万機ニ参与シ兼テ海陸軍会計外国等ノ諸職次官ヲ分任スヘシ。
○其親王諸王公卿諸侯ニアラサレハ議奏以上諸官ノ長ニ任セサルハ親ヲ親ミ大臣ヲ敬スルノ意ナリ。其士庶人トイヘトモ参議諸官ノ次長タルヲ得ル。広ク天下ノ賢才ヲ登庸スルノ意ナリ。
今試ニ其任ニ当ルモノヽ姓名ヲ記セン。
関白　三條実美。三條氏ハ夙ニ王威ノ振ハサル慨憤シ、殊ニ先帝ノ叡慮ヲ奉シ百難ヲ冒シ云々。大ニ天下ノ望ヲ掲ケリ。此人ヲ除キ他ニ需ムヘカラス。
内大臣　徳川慶喜。徳川氏一旦方向ヲ誤ルトイヘトモ即今悔悟ノ実効顕レ数百年式微ノ王権ヲ復シタルノ功アリ。且諸侯中ノ人物此人ヲ棄テヽ他ニ需ルナシ。今日更始彼我ノ別ナク公明正大ナルヲ天下ニ表示スルニ足ラン。
議奏　毛利、島津、容堂、蜂須賀、春嶽、閑叟、宇和島（引用者注：伊達宗城）、岩倉、烏丸、東久世、嵯峨
参議　西郷、小松、後藤、木戸、大久保、阪本、横井平四郎、三岡、広沢、長岡良之助、山内兵之助　以上

右ノ草稿阪本龍馬之ヲ懐ニシ後藤ニ議ス。後藤之ヲ以テ岩公ニ説クト云。三良十月下旬ヲ以テ西郷ノ便船ヨリ再ヒ九州ニ下リ京師ノ形況ヲ條公ニ報ス。其後阪本ハ土佐藩参政ノ命ヲ受ク。益々三良等ノ説ノ行ハレンコトヲ期ス。然ルニ十一月下旬ニ至リ、阪本河原町ノ旅寓ニ害ニ遇フコトヲ聞ク。即チ共ニ大政ヲ議セシ旅寓醤油屋ナリ。

三良時ニ病臥ニアリ。甚タ痛悼且随テ向キニ草スル所ノ官制改革ノ論モ水泡ニ属スルカト夢寝歎慨措カス。然ルニ十二月下旬、大山巌、西郷従道等汽船ニ塔シ京師ヨリ福岡ニ至ル。京師大政返上後ノ景勢ヲ云フ。則太政官ニ於テ総裁、議定、参与ノ三職ヲ置キ、向キニ歴数スル所ノ人物大概子其職ニ在リト。是ニ於テ三良等ノ草起スル所ノ論、幾分カ其効アルコトヲ知ル。

右ハ匆ゝノ際筆記ナシ惟ニ記憶ニ依テ之ヲ叙ス。其文字人名等ニ至テハ小異ナキ能ハストイヘトモ、其大抵ノ事実ニ於テハ肝胆ニ銘シテ忘レサル所ナレハ、粗齬ナキコトヲ信スルナリ

明治十二年一月　尾崎三良誌

以上である。これが「小西本」の「新官制意見書」の元ネタであることはほぼ間違いないだろう。「小西本」とメンバーはほぼ一致しており、違うのは議奏の「烏丸」（烏丸光徳）と参議の「阪本」だけである。

ちなみに「小西本」を含む尾崎プランのメンバーを一覧表にしてみた（巻末・表5）。これを見ると、「史談会談話」と「自叙略伝」、「尾崎手扣」と「大政返上後官制改革事情一斑」がそれぞれ同系列のものであることが窺えるだろう。

龍馬の名は書かれていたのか？

この「大政返上後官制改革事情一斑」（以下「明治十二年草稿」）の最後で尾崎は、記憶に拠って書いたので多少違う所があるかもしれない、と記しているが、メンバーのブレ方から見るとおそらく他の三種類の新官制擬定書も記憶に拠って書かれたと思われる。であれば、慶応三年のことを明治十二年に思い出すのと明治二十年代後半～三十年代に思い出すのとでは、どちらが正確かは言うまでもない（この「明治十二年草稿」があるなら、その後の談話もこれを元に行えばよかったのに、とは思いますが）。

すなわち新官制擬定書のメンバーは、この「明治十二年草稿」のものが龍馬と尾崎が意図したメンバーに一番近いと思われる。また尾崎が語った四種類の新政府メンバー案のいずれにも龍馬の名が入っており、この点もブレがない。龍馬はやはり参議候補であったのだ。

加えてこの草稿が書かれた明治十二年には「汗血千里の駒」もまだ書かれておらず、龍馬伝説も存在しない。わざわざ龍馬の名を付け加えたり逆に外したり、といった作意を行う理由もなかったはずである。

今まで知られていた三種類の尾崎の回想のうち、「尾崎三良手扣」には慶喜の名前がないことから、慶喜の内大臣登用が構想されていたかどうかの議論も行われてきた(60)。しかしこの「明治十二年草稿」には慶喜の名と彼を登用する理由が明確に書かれており、龍馬らが慶喜の内大臣登用を意図していたことは間違いないと思われる。

ただそもそもこの新官制擬定書は尾崎の「私案」であり、それを龍馬が追認したものに過ぎない。

決して唯一無二の新政府プランでもないし、藩レベルで建白した公文書でもないのである。

龍馬を中心に見ると、どうしても龍馬が新政府の制度設計をした重要な文書のように思えてしまうが、別に岩倉や西郷の要請を受けて書いた文書でもない。彼らから見ればあくまでも龍馬らが勝手に書いたものなのである。薩土盟約の破棄の一因は、土佐の大政奉還建白書に慶喜の将軍職辞職条項がなかったことだ。そこまで将軍職廃止にこだわっていた薩摩が慶喜の内大臣就任を簡単に了承するとも思えない。

当然このようなプランは個人レベルでは幾つもあっただろうし、今で言えば各マスコミが組閣の度に大臣予想を発表しているのと同レベルの話である。そりゃ、見せられた方も「結構ですな」ぐらいは言うだろう。

しかも後世の我々は、その名簿部分にばかり注目するが、尾崎にとって大事なのは、誰が新政府のメンバー候補であったかではなく、王政復古の大号令の後に採用された「三職制」の制度設計を自らが行ったという「名誉」なのである。

実際尾崎自身は「三良等ノ草起スル所ノ論、幾分カ其効アルコトヲ知ル」（明治十二年草稿）「朝廷ニ於テハ此説ヲ採用セリと見ヘタリ」（尾崎三良手扣）、「遂に廟議に採納する所となれり」（自叙略伝）と、自分が考えた「関白」「議奏」「参議」という職制案が、「総裁」「議定」「参与」として採用されたと一貫して述べている。

この三職制に関しては、隠岐出身の儒者で後に明治天皇の侍講となった中沼了三が考案したとも言われるが、尾崎は史談会での談話で、「『明治史要』には中沼了三の草案だと記されているが、自

分は新官制擬定書を後藤が岩倉に見せ、岩倉が手を入れ採用したと聞いている」と反論している。(61)

尾崎はこの「名誉」のために何度も新官制擬定書のアピールを続けたのであり(62)、逆に名簿部分は「其文字人名等ニ至テハ小異ナキ能ハス」程度なのである。実際尾崎は「明治十二年草稿」以外の三つの談話でも、全て人名の後に「〜等」と入れ予め名簿に含みを持たせている。

周知のように王政復古によって創設された三職制の一番肝の部分は将軍職だけではなく、摂関制の廃止でもある。慶応四年一月十七日に三職が三職七科の官制に改革された際、「総裁」の権限は「万機ヲ総裁シ一切ノ事務ヲ決ス」(63)と定められているが、同職たる尾崎案の「関白」には「至尊ヲ輔翼シ万機ヲ関白ス」（明治十二年草稿）「上一人ヲ輔弼シ万機ヲ関白シ、大政ヲ総裁ス」（自叙略伝、尾崎三良手扣、史談会談話）と「天皇の補佐」という役割が入っている。

尾崎案での「関白」の候補者は清華家の三条実美であり、家格という点からはこれまでの摂関制から一歩踏み込んでいるが、尾崎案の「関白」が摂関制を排除した三職制の「総裁」とイコールなものであるか、それとも従前の関白と同じ性格のものかについては改めて検討が必要であろう。ただ複数ある尾崎の回想の全てが明治後に記されたものであり、結果に合わせて記憶が修正されている可能性もあるが。

ちなみに『尾崎三良日記』は、ちょうどこの「明治十二年草稿」が書かれた明治十二年一月を含む、明治九年九月〜明治十二年三月の間が欠けており、この文書が具体的に何のために書かれたのかは不明である。

「新政府綱領八策」との関係性

龍馬自筆の「新政府綱領八策」には、関白・議奏・参議などの具体的な官制は記されておらず、官制に関する項目としては、第五義「上下議政所」で二院制がうたわれているのみである。その具体的な構成員については、第一義「天下有名ノ人材ヲ招致シ、顧問ニ供フ」、第二義「有材ノ諸侯ヲ撰用シ、朝廷ノ官爵ヲ賜ヒ、現今有名無実ノ官ヲ除ク」と二項に分けて説明している(64)。

実は筆者が少し違和感を覚えるのは八策の並び順である。制度よりも構成員が先に提示されている。通常このような建白文（企画書）は提案者が一番提案したい事案から並ぶはずであり、そう考えると龍馬にとって「新政府綱領八策」の肝は制度設計ではなく「人材登用」だった、ということになる。

そしてこの「人材登用」も二つの条文に分かれている。なぜ二条に分かれているのか。同じ人材登用であってもこの二つは性格が違うのだ。一つは撰用された「諸侯」であり「朝廷ノ官爵ヲ賜」う。一方で「天下有名ノ人材」は官爵なしの「顧問」扱いである。

諸侯にだけなぜ朝廷の官爵が与えられるのか。それは彼らに朝議に参加する資格を与えるためである。つまり「新政府綱領八策」の第二義は、幕府が廃止され政令二途が解消された今、朝議を公家の独占から開放しその参加資格を諸侯に拡大する、という意味なのである。

一方で「天下有名ノ人材」は朝議への参加資格のない「顧問」止まりであり、いわゆるシンクタンクである。実際の討議はこの顧問間で行われるであろう。そして龍馬は「今日天下の大勢を制するものは、朝廷の有司にあらずして二三雄藩の士人なり(65)」という現実を勘案して彼らが新政府に参加できるよう、「天下有名ノ人材ヲ招致シ、顧問ニ供フ」を第一義として真っ先に記したのである。その中にはもちろん龍馬自身も含まれている。

こう考えると龍馬の構想する「上下議政所」は、諸家から選出された顧問が下院で討議を重ね、それを斟酌して朝議＋諸侯会議たる上院が議決するというものであり、議決権はあくまでも上院にのみ与えられる。つまり龍馬は朝議に諸侯が参加することで、朝廷での政策決定に武家（諸家）の意向が反映されるシステムを構築しようとしたのではないだろうか。

「新官制擬定書」と重ね合わせれば、関白・内大臣・議奏が上院、参議が下院ということになるだろう。「明治十二年草稿」では議奏の職分として「諸政ヲ議定シ」（『尾崎三良自叙略伝』では「可否を献替し、大政を議定敷奏し」）とあるのに対して、参議のそれは「万機ニ参与シ」のみである。

「新政府綱領八策」には「公議」という言葉は登場しないがこれは実質公議政体論であり、また「内大臣」が関白の次席、議奏の上位にあり、その地位に「諸侯中ノ人物此人ヲ棄テヽ他ニ需ルナシ」（明治十二年草稿）と諸侯の代表者たる徳川慶喜を置くことを提言しているという意味では、ある意味公武合体論的でもある。

幕府が廃止されたとしても武家がなくなるわけではない。龍馬が政令一途体制における公武の当座の折り合いの形として、「公」側の代表者たる関白の「副弐」に、「武」側の代表者として慶喜の入閣を構想するのは自然であろう。

ただしこれはあくまでも当初の暫定的な形であり、「関白」が公家、「内大臣」が武家、という形が続くとは限らない。「明治十二年草稿」では、関白内大臣共に「親王公卿諸侯ノ名望アルモノヲ以テ之ニ充ツ」と記しているのである。あるいはこの二職はいずれ統合されるイメージだったのかもしれない（ただし他の尾崎の回想では「史談会談話」と「自叙略伝」が関白は「公卿中」、内大臣は「公卿諸侯中」とし、「手扣」には内大臣の役職そのものがない）。

『竜馬がゆく』で描かれた、入れ札で選ばれた大統領が下女の給金を心配する国家を作ろうとする龍馬の姿が印象的だっただけに、我々はつい龍馬が四民平等の普通選挙を構想していた、とまでイメージしてしまうが、この時点での龍馬の構想は武家―藩の存在を否定していない。あくまでも現行システムの漸進的な改革案である。

むしろ土佐山内家の大政奉還建白書の方が「議政所上下ヲ分チ、議事官ハ上公卿ヨリ下陪臣庶民ニ至ル迄、正明純良ノ士ヲ撰挙スヘシ」と、上院下院の構成員に身分区別を定めず、またその選出方法として「選挙」を提案している点、ドラスティックな改革案であり「民主的」である。

参議・坂本龍馬の可能性

「明治十二年草稿」が正確なものであるとしたら、それは大きな意味を持つ。参議に擬せられているのは、薩摩は西郷、小松、大久保の三人。長州は木戸、広沢の二人。これに対して土佐は山内兵之助、後藤、龍馬の三人。つまりこのメンバー構成では、薩摩と土佐が最大派閥であり、長州はその後塵を拝する形になっているのである。同様に史談会での談話や自叙略伝でも、土佐からは後藤・坂本・福岡の三人が挙げられており、とても『竜馬がゆく』で描かれる「きょうから土州は第二線にしりぞく。あとは薩州が主軸になられよ[66]」という状況ではない。

ではなぜ土佐の三人目が山内兵之助なのだろうか。中岡慎太郎は正親町三条実愛に対して「同人（引用者注：兵之助）役に不ㇾ立」（『嵯峨実愛手記』慶応三年八月五日条[67]）と、はっきり言い放っているほどである。実力本位で言えば、別バージョンに名前のある福岡、土佐武力派のリーダー板垣、大政奉還の建白書に名を連ねた寺村・神山、龍馬がいいなら中岡でも良かったはずである。

要は派閥の問題であろう。土佐代表に選ばれた後藤、龍馬は後藤ライン――いわば後藤派、後藤グループである。ところが後藤グループには、後藤・龍馬に次ぐ三人目がいないのである。

兵之助は容堂の弟であり、文久〜慶応期の中央政局で山内家の名代を担った実績もある。土佐枠の参議として兵之助が選ばれれば容堂も含めて山内家中のどの勢力も納得せざるを得ず、後藤・龍馬に次ぐ土佐第三枠を埋める人材としてはうってつけなのである。もちろん実際の土佐の代表は後藤であり、龍馬である。出京官として大政奉還実現に尽力し、中岡とも近い福岡孝悌など本来ならば適任かと思われるし、実際別バージョンでは名前が挙がっているのだが、逆に実力者過ぎて後藤の邪魔だったのだろうか？

「小西本」には「乾退助ハ権力アリト雖モ容堂公ノ信用少ナク、後藤象二郎ハ其信用ヲ受クト雖モ権力乏シ、二者各其党ヲ成ス」という記述があるが、権力に乏しかった後藤グループが自ら建言した大政奉還策の実現で一気に巻き返しを図った形である。第一章で「新政府綱領八策」は、後藤が容堂に提言すべき事項を教えるためのカンニングペーパーだったとしたが、この「新政府綱領八策」建白も後藤グループとしての巻き返し策の一つであろう。

ただそもそも龍馬は果して土佐を代表する人間として参議に推薦されるような存在だったのだろうか。

この時期（慶応三年十月十八日）龍馬が望月清平宛の書簡に「小弟さへ屋鋪ニハ入ルあたハず(68)」と書いているのは有名な話であるし、龍馬が殺された時に、土佐山内家の寺村左膳は日記に「（龍馬・中岡は）元、御国脱走者之事故、未御国之命令を以両人とも復藉の事ニも相成ず、其儘ニ致し有し故、表向不関係之事(69)」と記している。

このような土佐山内家との関係で龍馬が参議に就任することが現実的に可能だったのだろうか。龍馬は自分と薩長との関係から就任は可能だと考えていたのかもしれないが、筆者にはこの新官制擬定書はやはり龍馬周辺の願望の産物に過ぎなかった、としか思えない。

面白いのは「明治十二年草稿」にある「其後阪本ハ土佐藩参政ノ命ヲ受ク」という部分である。もちろん、龍馬の参政就任は他に一切の記録もなく実現もしていないので、尾崎のガセネタなのだが、これも家中権力の拡大を図る後藤グループの巻き返し策と考えられる話である。加えてもし龍馬が土佐の参政に就任したのなら、土佐を代表して参議に推薦される資格は十分ということになる。というよりも龍馬の参政就任は、むしろ新政府へ出仕するための積極的な足場作りであろう。だからこそ尾崎も「益々三良等ノ説ノ行ハレンコトヲ期ス」と期待しているのである。

十月下旬には尾崎は龍馬と別れ太宰府へ行ってしまう。尾崎は一体どこからこの情報を得たのであろうか。あるいは龍馬自身が参政に就任する予定だ、と尾崎に語っていたのであろうか。

紫瀾の一人相撲

「坂崎・海援隊始末」に龍馬の名が書かれていないのは、紫瀾が龍馬に「世界の海援隊」と言わせたいためにわざと龍馬の名を外した、ということになっている。実際「坂崎・海援隊始末」に先立つ大正元年刊の『維新土佐勤王史』にも、既に龍馬の名を省いた「尾崎三良手扣」が引用されている[70]。

しかしそもそも「明治十二年草稿」にあった龍馬と烏丸光徳の名前が、それを引用したと思われる『後藤象次郎』、『少年読本』、「小西本」のいずれにも欠け落ちているのである。『後藤象次郎』、『少年読本』、「小西本」のメンバー案は、その顔ぶれはもちろん並び順まで一致している。つまり「明治十二年草稿」から龍馬らの名前が抜け落ちた別の史料Xが存在し、「小西本」他はそれを引用したということになる。「小西本」の編者は「明治十二年草稿」を見ていないから、龍馬と烏丸が抜けていることに気付かず、「通計二十二人」とまとめたのだろう。

管見の範囲では、この龍馬の新政府メンバー案（新官制擬定書）は『後藤象次郎』が初出である。つまり紹介された当初から、新官制擬定書には龍馬の名前がなかったということになる。『関係文書二』に「瑞山会文書」として収録されたのは「尾崎三良手扣」（龍馬あり）である。既に『維新土佐勤王史』の段階で新官制擬定書のテキストは「小西本」のそれから「尾崎三良手扣」（龍馬なし）に入れ替わってしまっている。ちなみに東京大学史料編纂所に残されている維新史料引継本には「明治十二年草稿」（もしくは「史料X」）も「尾崎三良手扣」も存在しない[71]。

結局「小西本」他に、龍馬の名がない理由が何なのかは不明である。知りたいのはそこなんですよね。ごめんなさい。史料Xが「明治十二年草稿」を転記する際書き漏らした、と断じてしまうのは簡単だが、余りにも雑であろう。

紫瀾は自著の『少年読本』や「小西本」を踏襲して、あえて『維新土佐勤王史』や「坂崎・海援隊始末」に引用した「尾崎三郎手扣」からも龍馬の名を外した、と考えるしかない。

ところが、である。明治四十四年十一月に謄写された「坂本龍馬海援隊始末 初稿」（東京大学史料編纂所蔵）に引用されている「尾崎三良手扣」には「阪本」の名前があるのである。

ということはこの稿が大正十五年刊行の『関係文書二』に収録されるまでの間に「阪本」の名が省かれたということである。当然考えられるのは作者の紫瀾自らが、大正二年二月に亡くなるまでに龍馬の名を省いた改定稿を作成したということである。

この「坂崎・海援隊始末 初稿」と実際に『関係文書二』に収録された「坂崎・海援隊始末」にほとんど異同はない。だからこそ、この「阪本」抜きには紫瀾の明確な意思があると考えられる（ただし史料編纂所には「初稿」以外の稿本は残っていない）。

理由として考えられるのはやはり「世界の海援隊」である。このエピソードは、大正三年刊の千頭清臣著『坂本龍馬』の「逸話一束」で始めて紹介されたと言われるが、管見の範囲ではこのエピソードの初出は、大正元年九月に冨山房から発行された雑誌『学生・郷土偉人号』である。これを読んだ紫瀾が「阪本」を外した、という仮定が時系列的には辛うじて成立する。

紫瀾は『維新土佐勤王史』では『少年読本』や「小西本」に倣ってあえて龍馬の名を外したが、維新史料編纂所の「坂崎・海援隊始末」では（正史編纂という目的から？）史料を正しく引用していた。ところが「世界の海援隊」のエピソードを知るに至って龍馬に新政府に入る意思がなかったと考え、また龍馬の名を外した。つまりは紫瀾の一人相撲である。余りにも筆者に都合よすぎる解釈であるが、こうでも考えない限り、この「阪本」外しは解釈出来そうにない。

「世界の海援隊」

最後に前述した「世界の海援隊」の初出と思われる文章を紹介したい。雑誌『学生・郷土偉人号』に掲載されている「海南の奇傑坂本龍馬」なる一文である。筆者は二年後に『坂本龍馬』を刊行する千頭清臣である。

嘗て陸奥伯上野精養軒に於いて中島信行氏等に語って曰く。

「（中略）（西郷が）「時に坂本君、君の名は役割中に無いやうぢやが、一体何をやるつもりか」と尋ねると、坂本の曰く「私は役人は厭だ。朝何時に出て、晩何時に帰るなどといふ事は到底出来ぬ。土佐いかに小国なりと雖も、役人に成る者は僕以外に沢山ある」と。そこで、西郷重ねて「では、貴下は役人以外に何をやるのか」と尋ねると「左様、世界の海援隊でもやるつもりだ」と答へた。流石の西郷もこれには黙って了ったので、この時は坂本の方が西郷よりも一層の大人物のやうに思はれた」(72)

上野の精養軒という具体的な談話場所を伴った陸奥の証言がある以上、「世界の海援隊」発言も実際にあった話かもしれない。しかしこれも別にオフィシャルな場での発言ではない。龍馬と西郷ら薩摩島津家の人間たちとの、いわば仲間内での会話であり、龍馬が正式な参議就任要請を蹴った話でも何でもないのである。

何度も書くが紫瀾の『少年読本』は中島信行がネタ元のはずである。逆になぜ紫瀾はこの話を書かなかったのだろうか。紫瀾が明治三十一年に書いた『陸奥宗光』にもこの話は登場しない。

ちなみに西郷は二条城会議の四日後の十月十七日には小松・大久保と京を発ち薩摩に帰国している。京に戻ったのは龍馬の死後の十一月二十三日のことである。

二条城会議から西郷が京を発つまでの四日間のうち、尾崎の複数の談話を見るとどうも新官制擬定書は十月十四日に書かれたようである(73)。また十六日の龍馬は「神山左多衛日記」に拠れば、午前中後藤・神山らと話し、午後からは神山らと料亭で飲んでいる。日暮れには小松帯刀や芸州の辻将曹らがやってきて、後藤らと会談。龍馬はいったん中座しているので、西郷と会うとしたらこのタイミングしかない。残るは十五日と西郷の出発当日の十七日だけになる。

筆者は先程「実際にあった話かもしれない」と書いたが、新官制擬定書を西郷が見て、龍馬が「世界の海援隊」と言うようなスケジュールが本当に二人にあったのだろうか。

あるいは『土藩坂本龍馬傳』に、大政奉還後「一般ノ政務其他ノ細事ニ至ル迄、小松、西郷、後藤ノ諸氏等ト謀議シ(74)」と記されているのが、このことなのだろうか。

「千里駒後日譚」には「一戦争済めば山中に這入つて安楽に暮らす積り、役人になるのはおれは否ぢや(75)」と龍馬がおりょうに語っていたことが記されている。実際新政府が誕生したらのんびり晴耕雨読の生活を送りたい、と思う瞬間もあっただろうし、おりょうへのリップサービスもあっただろう。

ただこの談話と龍馬が新政府での活躍を志向していたこととは別の次元で考えるべき話である。

第三項　龍馬暗殺

松代藩某ト称シ来テ龍馬ニ面センコトヲ請ヒ名刺ヲ出ス者アリ。龍馬ノ僕山田藤吉名刺ヲ受ケ楼ニ上ル。賊三人之ニ尾シテ登ル。時ニ龍馬楼上後室ニ在リ。慎太郎ト膝ヲ交ヘ談話方ニ熟シ賊ノ来ルヲ知ラス。藤吉進テ前室ニ入ル。三賊已ニ其後ニ在リ。刀ヲ抜キ先ツ藤吉ヲ斬リ、直チニ後室ニ入リ龍馬慎太郎ヲ薄撃ス。龍馬刀ヲ執ル事急ニシテ鞘ヲ脱スルニ遑アラス。且ツ相支フ頭上已ニ三重創ヲ被リ気絶ヘテ僵《たお》ル。慎太郎短刀ヲ以テ支フ。亦十余創ヲ被リ僵ル。一場ノ争門僅カニ石火電光中ニ在リ。龍馬気復スレハ、賊已ニ隻影ナク慎太郎室外ニ臥スルノミ。龍馬刀ヲ杖ツキ起テ燈前ニ進ミ刀ヲ抜キ火先ニ照シテ曰ク「奴輩ヲ斬ルヲ得ス。遺憾ゝゝ」ト。又慎太郎ヲ喚テ曰ク「清君ノ創如何。手ハ用ヲ為サヽルカ。僕ノ創ハ深ク脳ニ入ル。竟ニ堪ヘス」ト。ト騞《かく》然トシテ斃ル。

（中略）藤吉十六日ニ死シ、慎太郎十七日ニ至テ遂ニ絶ス。十八日同盟相会シ龍馬慎太郎ヲ洛東霊山ニ葬リ碑ヲ建テ之ヲ誌ルス。

（中略）明治元年、奥羽征伐ノ薩兵一兵士ヲ流山ニ生獲ス。形状近藤勇ナルヲ察シ之ヲ糺問シ本藩ノ陣営ニ致ス。乃チ唱ヘテ之ヲ斬ル。兵部省モ亦嫌疑者数人ヲ捕ヘ之ヲ糺弾ス。見廻組今井信郎実ヲ吐ク。其新撰組ノ所為ニ非サルヲ知ル。因テ悉ク加害者ヲ処分ス。（近時今井信郎自カラ手ヲ下シタルコトヲ白ス。即チ下ニ記スル）

カ如シ。故ニ当時ハ既ニ死シタル者ヲ巨魁トシ、之ヲ列挙シタル歟

以上が「小西本」の龍馬暗殺の部分である。この文章もほぼ同文の「佐佐木本」が『全集 四訂版』に掲載されているので、この前後や略した部分もぜひ読んでいただきたい。

一見した印象は現在の定説とほぼ変わらないのではないだろうか。『少年読本』などは「龍馬は斬られながら傍なる刀をおっとりて、二の太刀を鞘の儘受け留めたれど[76]」と暗殺シーンを細かく描写するが、「小西本」には流石にその辺の小説的描写は見当たらない。

ちなみに先行する『弘松龍馬』『少年読本』は二人の葬儀の日を史実通り、十七日と記しているのに、なぜか「小西本」は十八日と記している（「小西本」を下敷きにした『殉難録稿』ではまた十七日に戻る）。

そしてこの「小西本」の最大の特徴は何といっても、この引用部分に続いて、龍馬暗殺の実行犯である今井信郎らの兵部省、刑部省口書等が引用されていることである。

今井信郎口書の「発見」

東京大学史料編纂所に「坂本龍馬謀殺一件書抜」なる史料がある[77]。

文部省維新史料編纂事務局の旧蔵史料を引き継いだもので、これにも「瑞山会採集史料」と但し書きがつけられている。函館戦争後、降伏した幕府側の人間を取り調べた兵部省、刑部省口書（調書）及び刑の申渡書からの抜書で、元見廻組・今井信郎や元新選組・大石鍬次郎らの口書が採録さ

れている。[78]

これらの口書は、大正十五年に刊行された『坂本龍馬関係文書第一』に収録されたことで一般にその存在が知られることとなったが、「坂本龍馬謀殺一件書抜」の巻末には、この史料が維新史料編纂会の手によって大正四年一月に書写され、同年六月に岩崎鏡川によって校定が完了した旨の記載がある。

双方の史料は内容的にも一致し、瑞山会が採集したこの「坂本龍馬謀殺一件書抜」が、『関係文書一』に収録された史料の出典かと思われる。[79]

ところが明治三十年代に成立したと思われる「小西本」に既にその口書が収録されているのである。これは「小西本」が瑞山会編纂のものだとすればある意味当然のことであるが、今井信郎の口書は『関係文書一』が刊行される三十年近くも前から、その存在が明らかになっていたのである。[80]「坂本龍馬謀殺一件書抜」（瑞山会採集史料）と「小西本」の口供書は、「小西本」の方に元新選組の横倉甚五郎の兵部省口書が抜け落ちている以外は、省略の箇所など全てが一致しており、おそらく瑞山会採集史料を「小西本」が筆写したものと思われる。

ちなみに「佐佐木本」には「今井信郎竟ニ実ヲ吐ク。因テ悉ク加害者ヲ処分ス」とあるだけでこれらの口供書は収録されていない。

松代藩

ここで注目したいのは「松代藩某ト称シ来テ龍馬ニ面センコトヲ請ヒ」という部分である。周知のように龍馬暗殺犯は、事件直後より「十津川」を名乗ったとされ（「十津川ノ士ト答ヘツイデ名札ヲ出シ才谷先生ニ逢ンコトヲ乞フ」―慶応四年一月二十三日・高松太郎書簡、坂本権平・乙女・春猪宛[81]）、先行する諸書にも「十津川」と記されている。

この「松代藩」というのは、明治三十三年『近畿評論』という雑誌に今井実行犯を暴露する「坂本龍馬殺害者・今井信郎氏実歴談」が掲載され、一般にはそこで初めて語られた事実である。それまで見廻組犯行説自体、西村兼文の『文明史畧』（明治九年）や『新撰組始末記』（明治二十七年）でも触れられてはいるが、一般には新選組の仕業と思われていた。しかもその『文明史畧』にも「今井等此夜十津川郷士ノ偽名ヲ仮リ以テ斃セリ」と、今井は「十津川」と名乗ったと記してある[82]。

ところが明治三十一年の秋月（岩崎）鏡川『後藤象次郎』には、「客曰く生等は、松代藩某々等なり、才谷先生に謁を望む[83]」（傍線部・引用者）、と記されているのである[84]。

つまり岩崎が『後藤象次郎』を執筆した段階で、岩崎は龍馬の刺客が松代藩を詐称していたことを知っていた――具体的には「松代藩ト歟認有之偽名之手札差出」と自供した今井の刑部省口書の内容を知っていたと思われるのである。

どうして岩崎は刑部省口書の内容を知ることが出来たのであろうか。

岩崎鏡川と佐佐木高行

ここで岩崎のプロフィールを確認してみたい。

岩崎は、明治二十七年土佐より上京し、翌年から明治三十一年までの四年間、佐佐木高行の秘書をしている。[85] 岩崎自身の回顧に拠れば「新聞や雑誌の切抜、書面の立案や代筆、(中略) 洋燈の掃除、其他種々雑多の用事に使はれました」[86] というから、秘書というよりは書生である。岩崎はこの佐佐木家時代に、佐佐木らが欧化主義に対抗して設立、「敬神・尊王・愛国」を唱える明治会の機関誌『明治会叢誌』の編纂主任を務めている。[87]

すなわち明治三十一年刊の『後藤象次郎』は、この岩崎が佐佐木家に寄食していた時期に書かれたものなのである。なぜ岩崎が同じ土佐とはいえ佐佐木とは余り縁のない後藤の伝記を書こうとしたのかはよくわからない。この本の版元の興雲閣は佐佐木が設立した活版所であり、前年に亡くなった後藤の追悼本で儲けようとしたのであろうか。

岩崎はこの『後藤象次郎』執筆に際して「後藤伯未亡人、佐佐木伯、勝伯、岡内重俊氏に誨を受くるもの鮮からず」[88] としているが、前述のように佐佐木、岡内は瑞山会のメンバーであり、岡内は瑞山会編纂の諸士伝の管理者でもある。当然瑞山会採集史料の使用も許されたことだろう。すなわち今井の兵部省口書他はもともと佐佐木家にあったものか、瑞山会が明治三十一年以前に採集したものの、いずれかと思われる。

前項の「新官制擬定書」を思い出していただきたい。山内兵之助の名が入った新官制意見書を始めて掲載したのも岩崎の『後藤象次郎』だった。であるならば、これも佐佐木家にあった史料、もしくは瑞山会が採集した史料を岩崎が閲覧することで得た情報だったのではないだろうか。

ちなみに明治三十六年頃から佐佐木が津田茂麿に語った『佐佐木老侯昔日談』[89] にも、『後藤象次郎』と同じ二十二名の新政府メンバー案が登場する。佐佐木が『後藤象次郎』を参照しつつ語ったとも考えられるが、筆者はやはり瑞山会採集史料が佐佐木の手元にあったのだと考えたい。あるいは瑞山会採集史料そのものが龍馬の名が欠けた「史料X」だったのであろうか。

岩崎は『坂本龍馬関係文書』を執筆するずっと以前から、瑞山会文書に触れていたのであり、筆者は岩崎が「小西本」の編纂に何らかの形で携わった可能性もあると考えている。

一方で岩崎は『後藤象次郎』で、刺客を「近藤勇、土方才《ママ》三及び、近藤門下の徒、沖田宗二《ママ》郎なりしといふ[90]」としている。刑部省口書を知っていたのならなぜ今井の名を記さなかったのだろうか。

龍馬暗殺事件は落着していた

今井は兵部省で明治三年二月に口書を供述した後刑部省に身柄を移され、再び口書を取られて九月二十日に判決を受けている。佐佐木が刑部大輔だったのは明治三年の二月五日までなのでちょうど行き違いであるが[91]、佐佐木の日記『保古飛呂比』の明治三年九月二十日項には、参考として、

一　同（引用者注：明治三年九月）廿日、坂本暗殺事件、左ノ通リ落着
一　先達テ相尋候其藩坂本龍馬暗殺吟味一件、別紙之通リ藩（落）着申渡候間、此段相達候事
　　九月廿日　　　　　　　　刑部省
　高知藩
（以下、刑部省申渡書[92]）

と記してある。「参考」というのは『保古飛呂比』編纂作業で挿入した史料で、佐佐木の原日記にはないということではあるが、土佐出身の前任者としてこの刑部省からの報告を佐佐木も受けてい

た可能性は高く（佐佐木の後任も同じく土佐の斎藤利行）、佐佐木邸に取調書類一件があったとしても不思議ではない。

重要なのはこの書類の宛名が「高知藩」ということ。これは刑部省が高知藩政府に出した公文書なのである。

この「高知藩」宛の文書が、実際には藩内部でどの程度まで共有されたのか――高知の藩庁まできちんと達したのか、東京の藩役所レベルで留まったのか、極端に言えば佐佐木・斎藤のもとで止まったのかは不明であるが、『山内家史料』の明治三年九月二十日条にも「公用局記録」として同文の記述が見られることから、ある程度のレベルまでは達していたと思われる[93]。

明治三年九月二十日で龍馬暗殺事件は正式に「落着」しており、公文書として藩政府に正式に通達されている。であるならば、佐佐木が前刑部大輔という立場を利用して、今井らの口書だけを隠匿しても何の意味もない。龍馬暗殺犯は秘密でも何でもなかったのである。

後に土佐出身の谷干城が今井の『近畿評論』談話に反論を行うが、明治三年、谷は高知藩少参事の地位にあり、ちょうどこの時期片岡健吉と共に在東京の藩重役・板垣、後藤らと藩政改革を巡って激しく対立している。刑部省の判決が出た九月には高知にいた（十一月に失脚）[94]。この谷の反論は片岡健吉の教唆に拠るが、この二人は当時龍馬暗殺どころではない状況であり、この落着を知らなかったのではないだろうか。

この前後、例えば明治三年の七月六日には谷と片岡が土佐に帰国するにあたって佐佐木を訪ねている。佐佐木の日記には「笑ツテ別ル」とあるから、別に険悪な雰囲気でもなさそうである[95]。その後も佐佐木と谷は自由民権運動に対して「反民権」で共闘するなど、政治的行動を共にする機会が多かった(96)。龍馬謀殺説をとる人は、これだけ会っているのに谷になぜ今井の情報を伝えないのだ、隠匿している、となるかもしれないが、別に谷は龍馬暗殺犯に疑問を持ち、その究明をライフワークとしていたわけではない。

慶応四年新選組局長・近藤勇が処刑されているが、寛典派の薩摩側に対して、龍馬・中岡暗殺を行ったのは新選組であるとして近藤の処刑を強く主張したのは谷を始めとする土佐側である。むしろ谷にとって近藤が処刑された時点で龍馬暗殺は既に落着しているのである(97)。

前年の明治二年七月十一日には、

昨年来天下多事未タ一定ノ御法律相立サル処ヨリ自然不束ノ所業致シ候者往々有之今日ニ至リ其法ヲ正サレ候得ハ罪責不可免素ヨリ法ハ枉ヘカラス候エ共其所業一巳ノ私利私欲ニ渉ラスシテ騒擾中無拠情実差迫リシヨリ法ヲ犯スニ立至リ候類ハ御寛典ニ被処候間能々事実取糺シ処分可致事(98)

という内容の太政官布告が出されている。今井への刑部省申渡書に「寛典ヲ以禁錮申付ル」とあるのは、この方針を受けてのものである。

もし谷がこの判決を知った場合、今度は今井の死刑を主張し、結審した裁判の判決の変更を求める可能性もあるし、判決が変わらなければ今井への報復も考えられる。現に今井は判決後「小生帰藩の途中などは、充分の警衛者を選抜し、復讐に備へたる程なれば」と、報復を想定していたことを語っている(99)。

また谷が判決に異を唱えた場合、問題は今井一人に留まらない。今だ獄にある榎本武揚を含め、函館降伏人たちの裁判の結果が再び問われる面倒な事態が出来することになるのである。もし佐佐木が意図的に谷に今井の件を伝えなかったとしても、それは判決及び布告の遵守と刑部省の組織防衛のためであり、あるいは暗殺者が別にいることを知った谷が、近藤の処刑に対して自責の念を抱くのを避けるための配慮とも考えられる。決して今井個人を庇う意図からではないのである。

佐佐木の秘書を四年も務めた岩崎が、龍馬の刺客を新選組だと信じていたとは思えない。今井らの口書の存在を知りつつ、それでも岩崎が刺客を新選組としたのは、明治三十年代になっても今だこの配慮が続いていたと考えるしかない。あえて刺客を訂正することよりも、今さら波風を立てないことが優先されていたということだ。「公表を禁じられているが実は……」という家伝の存在（旧華族家に多い）が時折龍馬謀殺説を騒がせるが、案外この配慮が変形して伝わったのかもしれない。ところが『近畿評論』で、今井自ら自分が刺客であることを告白してしまった。であればもう配慮は不要である。口書も「小西本」に採用されることとなる。

筆者はいわゆる龍馬謀殺説には与しないので、この口書一件をその意味で佐佐木が秘匿していたとは思わない。

龍馬暗殺事件は明治三年九月二十日で正式に「落着」したのである。佐佐木がこの口書や裁判の件を本気で秘匿したいのなら史料自体破棄してしまえばよかったのだ。それを瑞山会編纂の伝記や「保古飛呂比」に引用するということは、この口書が表に出てもいいということであり、佐佐木が史実を正しく後世に遺そうと考えていたことを表している。仮に谷が『近畿評論』の時点まで、この口書の存在を知らなかったとすれば、それは一つには瑞山会のメンバーでなかったからであろう。

そして「小西本」を典拠として、『殉難録稿』でも、龍馬らを襲った刺客が「或は幕府の残党、佐々木只三郎、今井信郎、高橋安次郎等、一派の所為なりといへり[100]」と見廻組と名指しされ、それまでの新選組・近藤勇説から変更されることとなるのである（ちなみに『近畿評論』で今井信郎は、刺客は今井、渡辺吉太郎、桂迅之助、他一名としており[101]、高橋の名前は登場しない。刺客を高橋とするには、兵部省、刑部省口書を見るしかないのである。同様に『殉難録稿　巻之五十五　中岡道正』で、刺客は「或は市中見廻組の、今井信郎、高橋安次郎、桂隼之助等の所為なりしとかいへり[102]」と記されているが、『近畿評論』で桂は迅之助と記されており、これも口書にしかない情報である）。

「小西本」と「佐佐木本」の建議案八條

以上、「小西本」の内容をきっかけに、かなりマニアックに龍馬伝の三つのエピソードを検証してみた。

結局、ある所までいったら史料的にそれ以上の遡及は出来ず、後は推測にならざるを得ない。隔靴掻痒の感は否めない。申し訳ありません。

最後に第一章との関係で「小西本」の建議案八條に触れておきたい。

第一章で『殉難録稿』において「船中八策」のテキストがほぼ現在の形で完成した、と述べた。それでは、そのネタ本である「小西本」で八策はどのような形で紹介されているのだろうか。

「小西本」でも八策は「建議案八條」という名称で紹介され、テキストは『少年読本』と同一の一つ書きのテキストである。前述のように『殉難録稿』も『少年読本』と同一のテキストであることから『少年読本』→「小西本」→『殉難録稿』の順でテキストが転記されていったと推定される（もう一度、八十四ページのフローチャートをご覧いただきたい）。

また『少年読本』では略されていた、八箇条の後の「以上八策ハ」という建白文が「小西本」から復活している。ただし弘松の「建議案十一箇条」のテキストではなく、現行の「船中八策」と同一のテキストであり、これは「小西本」の編者の手になるものと思われる。

一方「小西本」を浄書したものと思われる「佐佐木本」の八策は独特である（名称は「建議案八條」）。

> 其略ニ曰ク、天下ノ政権ヲ朝廷ニ奉還シ、政令宜シク朝廷ヨリ出スヘシ
> 曰ク、上下議政局ヲ設ケ、議員ヲ置テ万機ヲ参賛シ、万機宜シク公論ニ決スヘシ
> 曰ク、有材ノ公卿諸侯及ヒ天下有名ノ人才ヲ顧問ニ備ヘ官爵ヲ賜ヒ、宜シク従来有名無実ノ官ヲ廃スヘシ
> 曰ク、外国ノ交際宜シク広ク公議ヲ採リ、新ニ至当ノ規約ヲ結フヘシ
> 曰ク、古来ノ律令ヲ折中シ、宜シク新ニ無究ノ大典ヲ撰定スヘシ
> 曰ク、海軍宜シク拡張スヘシ
> 曰ク、新兵《ママ》ヲ置キ、宜シク帝都ヲ守衛スヘシ
> 曰ク、金銀物価外国ト平均ノ法ヲ設ケ、宜シク富国ノ基ヲナスヘシ
> 以上八策ハ、方今天下ノ形勢ヲ察シ、之レヲ宇内万国ニ徴スルニ、之レヲ捨テ他ニ済時ノ急務

アルナシ。苟クモ此数策ヲ断行セハ、皇運ヲ挽回シ、国勢ヲ拡張シ、万国ト並立スルモ、亦敢テ難シトセス。伏テ願クハ公明正大ノ道理ニ基キ、一大英断ヲ以テ天下ト更始一新セント。

正直、この八策に関してだけは、佐佐木本→小西本と考えた方がすんなりといく。「其略ニ曰ク」から始まり、「曰ク〜ヘシ」という形式からも、弘松の「建議案十一箇条」から〈不詳〉とされる三箇条を除き整理し、それに伴い名称も「建議案八條」と変更したものであると考えた方がわかり易いのである。

ただ「佐佐木本」の八策が「建議案十一箇条」と同一のテキストかというと必ずしもそうではない。第六条の「海陸軍」は「海軍」となっており、また第八条にも「宜シク富国ノ基トナスヘシ」というフレーズが新たに付け加えられている。ちなみにこの「富国」というフレーズはこの「佐佐木本」だけに見られるものである。

前述のように「佐佐木本」は史料を開き、地の文の中に収めているのが一つの特徴である。そのスタイルに倣って、そもそも「曰く」形式を一つ書き形式に改めたものである「小西本」の「建議案八條」を、再度「曰く」形式に変換し直したと考えるしかないだろう。その傍証として、建白文のテキストが「小西本」と「佐佐木本」では同一であることを指摘しておきたい。

また「小西本」には「新政府綱領八策」が収録されているが、「佐佐木本」ではカットされている。これは「新政府綱領八策」が「建議案八条」と重複する内容の文書だと思われたからだろう。

「小西本」では「新政府綱領八策」は「朝廷徴ス所ノ諸侯来会スルノ日其議案ト為スヘキ者ヲ予草スル」文書として、日付通りに十一月の文書として収録されている。文書そのままの素直な比定である。

（追記）

本節第一項の「龍馬脱藩」で、「龍馬と小龍が薩摩について話し合いそれが龍馬の薩摩行きの理由となったという説は、どこから登場したのだろうか」（二四三ページ）と記したが、本稿脱稿後、桐野作人氏より、豊後岡中川家の小河一敏の記録『王政復古義挙録』に、「土州ハ去冬大石団蔵帰国ノ後西国ノ形勢詳カナラサレハ坂本龍馬沢田尉右衛門ノ両人逸脱シテ薩ノ界迄行ケルトソ」（『王政復古義挙録』巻之一、丸善、一八八六年、十七丁）という記述がある旨、ご教示いただいた。

明治十九年刊のこの書籍が「小西本」での龍馬の薩摩行きの典拠となった可能性は十分考えられるし、あるいは他家の小河が聞いているくらいだから、土佐山内家では龍馬の薩摩行きはそれなりに知れ渡っていたのだろう。小河の記録を待つまでもなく、瑞山会のメンバーからこのことが語られたかもしれない。

この小河の記録では、龍馬の薩摩行きは「西国情勢探索の為」であり、しかも「沢田尉右衛門（沢村惣之丞？）」が同行したとされているが、「小西本」では、薩摩行きの理由は記されず、龍馬と沢村は下関で別れたことになっている。筆者はこの時期、龍馬は土佐勤王党と西国諸藩の連携を意図していたと考えているので、「西国探索」という理由は、我が意を得たり、なのであるが、どうも小河の記録がストレートに「小西本」に反映されたわけではなさそうである。

それでも紫瀾はどうして小龍と龍馬の薩摩行きを結び付けたのかは不明であるが。

おわりに——「可能性」のヒーロー・坂本龍馬

坂本龍馬は「希望」である。
龍馬伝説の本質を的確に指摘した井上勲の言葉を引用しよう。
歴史の変動の総体には、その結果を越える内容がある。変動をうながした理想や願望にせよ、変動の過程に生じた理想や願望にせよ、そのすべてが実現されることはない。ここに、変動が孕んでいた可能性と現実の結果との間に落差が生じることになる。可能性のままにおかれた理想や願望は、変動の結果に対する異議申立ての母体となる。可能性のままに実現されることのなかった理想や願望は、変動の過程に挫折した個人に仮託されることがある。その行動の軌跡が卓絶していて、そして挫折が突然であれば、それほどに、仮託される人格として彫琢されるのである。このようにして、その個人にまつわる伝説のさまざまが生まれる。[1]
まさに龍馬伝説はこの「可能性のままに実現されることのなかった理想や願望」を仮託する形で誕生したのである。そういえば大河ドラマ『龍馬伝』の最終章のタイトルも「RYOMA THE HOPE」だった。

当初龍馬を利用した「変動の結果に対する異議申立て」は自由民権運動のシンボルという形で明治国家に対して行われた。ところがその後土佐閥の官僚たち（瑞山会のメンバー）が薩長閥への異議申し立てのシンボルとして龍馬を利用し、薩長盟約や大政奉還を成し遂げた明治国家の作者という物語を強調したことから、龍馬は次第に明治国家の物語の中に包摂されてゆく。皇后の夢に現れた龍馬が日露戦争の勝利を約束したというエピソードはその象徴であろう。龍馬が明治国家―大日本帝国から解放されるには、司馬遼太郎の『竜馬がゆく』を待たねばならなかったのである。

司馬は戦後日本がアメリカ軍に占領された時期「この国は結局、アメリカに占領される以前に、日本の軍部に支配、占領されていたのだろう（中略）より柔らかい占領者が来て大きな文明を持ってきた。何か世の中が開けたような、太陽が出てきたような、暖かくなったような感じを持った」[2]と述べている。

敢えて穿った読み方をすれば、司馬は龍馬を「大きな文明を持ってきた」太陽のような暖かい男として描くことで明治国家への異議申し立てをしているのである。龍馬と彼の思想を失ってしまった結果があの明治国家であり、アジア・太平洋戦争であったという後悔である。

鹿野政直も指摘しているように、戦前の国民的英雄、西郷隆盛がアジア的・日本的人格の理想像として描かれていたのに対して、龍馬は日本人を超越したワールドワイドな人格として描かれている[3]。もっとストレートに言えばアメリカ的である。

その延長線で我々がイメージするのは、「船中八策」は明治国家の設計図ではなく戦後日本の設計図であり、「アメリカという姉ちゃんはだな」とアメリカの人民平等思想を説く龍馬の思想（構想）が明治維新後も生きていれば、戊辰戦争や西南戦争はおろか、日清日露、果てはアジア・太平洋戦争まで起こらず、明治維新がそのまま戦後の民主主義国家に直結した可能性を持つ、という大きな物語である。日本は坂本龍馬という人物を持っていたことで、既に幕末の時点で自力で民主主義国家へ辿りつく可能性を持ち得ていた、という物語は、敗戦で失った日本人の自国への誇りの回復に効く物語であった。ゆえに龍馬は憲法九条の精神を体現するかのような「平和主義者」であり、武力に依らず大政奉還という「無血革命」を成し遂げなければならないのである。

　そして今や「可能性のヒーロー」たる龍馬には明治国家だけではなく現代の既成概念や組織への異議申し立てまでが仮託されている。龍馬の見据えているものは倒幕後の日本だけではなくいつの時代も更なる未来であり、それ故に龍馬は日本人の「希望」の象徴なのである。そしてそのイメージを余すことなく現出したのが目を細めて遠く太平洋を眺める桂浜の銅像であろう。

　しかし龍馬が生きていてもおそらく明治の歴史は大きくは変わらなかっただろう。龍馬はあくまでも近世人であり、当然十九世紀の時代的制約―限界の中で生きている。その龍馬の価値観を現代のそれになぞらえて語ること自体、そもそも無理な話なのである。

　例えば町田明広は、龍馬の攘夷論は東アジア的華夷思想に支配され、後期水戸学の影響を受けたごくごく標準的なもので「日本を世界の中心に据え、まずは東アジア周辺諸国を中心に教化を施し、日本を宗主国とする冊封体制に置くことを志向していた」とする[4]。維新後あるいは龍馬は西郷と共に征韓論を唱えたかもしれない。

　また町田は文久三年時点での勝海舟の対外政策を「東アジア的華夷思想による侵略主義であり、

朝鮮のみならず、清までも朝貢国としたうえで、勃興させた海軍力を一つにまとめ上げて、西欧諸国と対峙することを想定していた[5]」とした上で、龍馬のそれも勝と同様のものであったと推定する。あくまでも龍馬はそのような時代認識の中で生き、その枠組みの中で日本という国家にとっての最良の選択を考えていたのである。「新政府綱領八策」には「海陸軍局」という一条があることからも、龍馬は軍隊の存在を否定していないことがわかる。それは西欧列強からの狭義の「自衛」のためだけではなかったはずである。実際に龍馬は、幕府によって日本人渡航が禁止され朝鮮領と判断されていた、竹島(現在の鬱陵島)の開拓を企図している[6]。

本書は龍馬に対する「希望」や龍馬を利用した「異議申し立て」といった後世の夾雑物を取り除き、龍馬を正しく歴史学の中で評価するための基礎作業として、史実としての龍馬の思想、行動を再現することを意図したものであり、その前段階として通説への疑問や論点を提示した。「建議案十一箇条」の成立や「新官制擬定書」など、正直苦しい解釈があることも自覚しているが、それが新たな議論が起きる呼び水になれば、と開き直ることにした。そういう意味では本書は龍馬の「基礎史料」として無批判に扱われている『坂本龍馬関係文書』に対するささやかな史料批判でもある。今まで龍馬研究の絶対的な前提条件であったこの「基礎史料」は、今改めて精査されるべき時期ではないだろうか。

平たく言えば、実際に龍馬がやったこと、考えたことだけで龍馬を評価しようということである。龍馬も自分がやってもいないことで褒めそやされることには当惑するだろう。例えば第一章でも記したように、龍馬の国家構想は後世の編纂物である「船中八策」ではなく龍馬自筆文書が残る「新政府綱領八策」によって評価されるべきなのである。

加えて筆者は最後まで龍馬は「土佐山内家家来・坂本龍馬」であったと考えている。龍馬は土佐を捨てた、あるいは土佐に捉われない自由人であった、というイメージをお持ちの方が圧倒的に多いと思うが、筆者はそれを採らない。

龍馬は終生土佐を愛し、土佐の人間として土佐の利益のために行動する事を望んでいた。それは第一章で記した、薩長芸三藩出兵協定を知った龍馬の行動――土佐が薩長の後塵を拝するのを恐れて出兵に向け尽力したこと――にも窺える。

龍馬は土佐勤王党のウィングを広げるために脱藩し、勤王党の活動の一翼を担う形で航海術を修行していたが、勤王党が弾圧されたことで土佐に帰れなくなり、薩摩・長州に帰化する形で活動する。後藤象二郎と手を結び土佐に帰る道が開けたことを龍馬は喜んだはずだ。慶応二年十一月に、土佐山内家の溝渕廣之丞に宛てた書簡の草稿が残されている。(7) これは龍馬が長岡謙吉に代筆させたものとも言われているが、筆者はそこに書かれている「数年間東西に奔走し屢々故人に遇て路人の如くす。人誰か父母の国を思ハざらんや」というのが、龍馬の偽らざる本心だと考えている。

いろは丸事件は山内家という看板を背負っているだけに龍馬にとっては絶対負けられない戦いだった。「土佐の士お鞆の港にすておきて長崎へ出候ことハ中〳〵すみ不申、このことハ紀州より主人土佐守へ御あいさつかわされたし」「ひとゆくさ致候ても、後藤庄次郎とともにやり、つまりハ土佐の軍艦もつてやり付候」（慶応三年五月二十八日付お龍宛(8)）、「土佐人だけハ、皆兄弟の如く必死ニて候間、誠におもしろき事たとふるにものなし」（慶応三年五月二十七日付伊藤助太夫宛[9]）。これらの書簡には「土佐山内家家来・坂本龍馬」のプライドと共に、「山内家家来」という肩書を公称することが出来ることに対しての龍馬の高揚感が表れているように思える。

それだけに大政奉還後ですら「小弟さへ屋鋪ニハ入ルあたハず」（慶応三年十月十八日・望月清平宛書翰[10]）という状況だったことはさぞ無念だっただろうし、「萬一の時も存之候時ハ、主従共ニ此所ニ一戦の上屋鋪ニ引取申べしと決心仕居申候」という覚悟は悲壮である。

龍馬が次の自分の居場所を新政府に求めようとしたのも無理はない。

本書は龍馬ファンからすると看過出来ない論旨が並んだはずだ。「船中八策」はなかった、龍馬は西郷を一喝しなかった、龍馬は新政府に入る積りだった、等々。龍馬ファンの一番琴線に触れるエピソードばかりだ。折角最後まで読んでいただいたのに申し訳ない。人にこんな話をすると必ず言われるのが「本当にお前は龍馬が好きなのか」という一言だ。もちろん大好きに決まってます。好きだからこそ龍馬の本当の姿が知りたいし、アカデミズムの中にも龍馬を置きたいのだ。最後に少しだけ筆者の個人史にお付き合いいただきたい。

坂本龍馬と出会ったのは九歳の時。なので龍馬ファン歴は三十六年になる。決定的だったのはご多分に漏れず小学五年生の時に読んだ『竜馬がゆく』だ。毎晩龍馬の写真に向かって「あなたのように生きたい」と語りかけた。

そして自分の人生の曲がり角には必ず龍馬がいた。

高校三年生の時、担任に東京の大学の受験を勧められた。進路指導はただ一言、「龍馬は十九の年に江戸に剣術修行に出ただろう。お前、来年幾つになる」。もちろん答えは「先生、東京に行きます」だ。そして入試当日その大学の試験問題に「坂本龍馬」の文字があった。

大学四年の時、龍馬の足跡がある町で就職したかった筆者は、龍馬が勝海舟を斬りに行った「赤坂」という町にある放送局を受験した。加えてその局は坂本龍馬を尊敬する「坂本」という名前の教師のドラマを作っていた。受験番号は「一一一五」番だった。

本書の執筆にはおよそ三年半の年月がかかった。少年たちが人気漫画家を目指して奮闘するマンガ『バクマン。』を読んで「体力・精神力・根性、そして努力」を胸に刻みつつ、壁に当たると何度も『竜馬がゆく』を読み返し、龍馬に対する「思い」を充電した。

仕事やプライベートで悩みがあっても、この原稿を書きながら龍馬と対話することで癒されパワーをもらった。龍馬の一・五倍近くも生きながら今だに龍馬に励まされ続けている。筆者の人生にはまだまだ坂本龍馬が必要なようである。

筆者は何よりも龍馬は人間的魅力に長けていたと思っている。西郷、木戸、勝、春嶽、大久保一翁、後藤……名だたる人物たちとの人脈を龍馬が持ち得たのは、単に龍馬が「使えるヤツ」だったから、というだけではないだろう。薩長盟約で西郷を一喝したり、「船中八策」を書いてみたり、「世界の海援隊」と言ってみたり。いずれもまだ龍馬を知る人間が存命中に成立した伝説である。その人間たちにとっても「龍馬ならこんなことをやっても（言っても）不思議ではない」と思わせるものが龍馬にあったからこそ、これらの伝説は成立したのであろう。龍馬はそれだけの大役をもらっても十分演じ切る力量があった役者だったのである。

これまで描かれた龍馬の物語の中で、筆者が一番好きなシーンは『おーい！竜馬』で描かれた薩長盟約締結前夜のシーンである。伏見寺田屋に入った龍馬は、武市・以蔵・吉村・那須・北添・望月・清岡・池田ら志半ばで亡くなった土佐の友人たちと薩長盟約締結の祝宴を開くため、おりょうにありったけの盃を持ってこさせる。龍馬はそのたくさんの盃に酒を注ぎ、今は亡き友の幻影と語り合い笑い合うのである。筆者にとって坂本龍馬とはこのような男であり、男が惚れる人間的魅力こそが龍馬の本質だと思っている。

それだけに後世の夾雑物を取り除いて現れた史実だけが「本当の坂本龍馬」だと単純に言い切れない気持ちが残っているのも事実である。龍馬の魅力を語るのはやはり「文学」の仕事なのだろうか。これだけの紙幅をいただいて長々と語ってきたが、依然として筆者にとって龍馬は「遥かなる人」なのである。

さあ、そろそろ本書を終える事にしたい。本当に長々とお付き合いいただいて有難うございました。筆者にとってこれが最初で最後の著書になる可能性も少なくないので、この場を借りて筆者を支えてくれた多くの方々に御礼を申し述べたい。

まずは歴史研究家の畏友、中村武生さんである。実は本書は当初中村さんに依頼されたものだったのだが、それをもっと適任者がいる、と筆者を推薦してくれたのだ。本書を読んで下さった皆さんにはもうすっかりバレてしまったが、幕末政治史も自由民権も坂崎紫瀾も筆者は全然勉強が足りていない。本来なら「もっと勉強してから」なのであるが、そんな殊勝なことを言っていたら一生本は書けないので、思い切って飛んでみることにした。

中村さんが講師を務めるカルチャースクールを受講することで得た知識や視点（例えば龍馬の土佐山内家に対する思い）はそのまま本書にも繋がっているし、何よりも筆者が仕事をしながら再度大学に入学し日本史研究を志したのも、中村さんの「新選組研究の回顧と展望」(11)なる稿を読み刺激を受けたからである。全てはここから始まった。その点でも中村さんは「恩人」である。改めて心から御礼を申し上げたい。

その中村さんの推薦を受け止めて、何の実績もない筆者に一冊の本の書き下ろしを依頼して下さったのが人文書院編集部の松岡隆浩さんである。今まであとがきでの編集者への謝辞は半分以上儀礼的なものだと思っていたが、すいません本当にお世話になりました。何の実績もない素人が一年近く締め切りを延ばすというあり得ない事態にも悠然と原稿を待ち続け、最初の読者として「面白いですよ」というコメントを発し続けてくれた事が本書を書き続ける何よりの自信になった。編集者としての氏の鋭敏なアンテナに引っかけてもらえたことを誇りに思う。

佛教大学の指導教官である青山忠正先生は修論も書き上げないまま本書に取りかかった不肖の生徒に、それもまた勉強だと寄り道をお許し下さったばかりか様々なヒントを与えて下さった。アカデミズムの中で例外的に龍馬について発言されている青山先生の謦咳に接することで本書の構想は次第にまとまっていった。先生、来年こそ修論書きますから。

桐野作人さん、町田明広さん、皆川真理子さんという龍馬研究や薩摩研究の最先端を走られている先輩諸氏には的確なアドバイスやご意見、色々な史料のご教示をいただいた。このプロフェッショナル達が、著作楽しみにしています、と言って下さったことが、どれだけ励みになり、良い意味でどれだけプレッシャーになったことだろうか。桐野さんが開講されているカルチャースクールでの維新史の講座は筆者の骨格となっているし、町田さんには社会人研究者の大先輩として学問だけに留まらないご指導を仰いでいる。

大正大学の福井淳先生には早稲田大学第二文学部に社会人学生として在籍している時にお世話になった。第二章の「汗血千里の駒」論はその時の授業での発表が元になっている。

高知県立坂本龍馬記念館、（公財）山内神社宝物資料館、高知県立図書館、高知市民図書館、高知県立文学館、佐川町立青山文庫、山口県文書館の皆さんには史料調査でお世話になった。面倒な資料請求にも丁寧に対応していただき、限られた時間の中で効率的な調査をさせていただくことが出来た。高知市内の古書店、井上書店、吉永平凡堂、タンポポ書店にはいつも郷土史の良書をお分けいただいている。

本書を書く力を与えてくれた友人たちにも感謝である。足達さん、赤石さん、福田さん、特に一番執筆に苦しんだ時期にそれを乗り越えるパワーをくれた梅原さん、本当にありがとう。

最後はもちろん両親である。父から小学五年生の時に買ってもらった『竜馬がゆく』が本当に筆者の人生を決めた。龍馬に人生を預けたような息子を咎めることなく真っ直ぐに伸ばしてくれてありがとうございました。

この本を、昭和五十三年十二月の朝『竜馬がゆく 回天篇』を読み終え、本を抱きしめて泣いている小学生の自分の隣にそっと置いて、「君はこれから一生龍馬と歩いてゆくんだよ」と声をかけてあげたい気分です。

二〇一二壬「辰」年八月二十八日
龍馬が登った高千穂峰への登頂（ただし濃霧と強風のため、龍馬も「すこしなきそう」になった口地点附近[12]で断念）の夜、「きりしまの温泉」にて

知野　文哉

注

はじめに

(1) 早稲田大学蔵。早稲田大学図書館HPにて画像公開。http://www.wul.waseda.ac.jp/kosho/imaspdf/pdf2/nishigakiwo6_3145_13.pdf
(2) 土居香國編纂『海南義烈傳　初篇』花明柳暗舎蔵、一八八二年新刻、四〜六丁。
(3) 沢木耕太郎「事実という仮説」、『路上の視野』所収、文藝春秋、一九八二年、八五〜八六ページ。
(4) 鹿島徹「物語り論的歴史哲学の可能性」、『創文』二〇〇三年六月号所収、創文社、九ページ。
(5) 司馬遼太郎・井上ひさし対談「「昭和」は何を誤ったか」、『国家・宗教・日本人』所収、講談社文庫、新装版二〇〇八年、七〇ページ。
(6) 『竜馬がゆく』で意図された司馬遼太郎の歴史像については、成田龍一『司馬遼太郎の幕末明治『竜馬がゆく』と『坂の上の雲』を読む』（朝日選書、二〇〇三年）に詳細である。
(7) 山岡荘八『坂本龍馬二』山岡荘八歴史文庫、講談社、一九八六年、三三二ページ。
(8) 宮地正人・中村政則対談「歴史的事実とは何か　文字資料と非文字資料のあいだ」、『非文字資料研究』第五号所収、神奈川大学21世紀COEプログラム「人類文化研究のための非文字資料の体系化」研究推進会議発行、二〇〇四年、八〜九ページ。
(9) 鹿野政直『「鳥島」は入っているか　歴史意識の現在と歴史学』岩波書店、一九八八年、四七〜四八ページ。
(10) 前掲、宮地・中村対談「歴史的事実とは何か」、八〜九ページ。
(11) 青山忠正「薩長盟約の成立とその背景」（『歴史学研究』五五七号、一九八六年）、佐々木克『幕末政治と薩摩藩』、高橋秀直『幕末維新の政治と天皇』、三宅紹宣「薩長盟約の歴史的意義」、同「薩長盟約の成立と展開」、家近良樹『西郷隆盛と幕末維新の政局　体調不良問題から見た薩長同盟・征韓論政変』など（書誌データは「主要参考文献一覧」に記載）。
(12) 青山忠正「文体と言語　坂本龍馬書簡を素材に」、『明治維新の言語と史料』所収、清文堂出版、二〇〇六年、一六二ページ。
(13) 佐藤宏之「時代考証という歴史叙述　大河ドラマ『龍馬伝』の実践から」、大石学・時代考証学会編『大河ドラマと地域文化　「篤姫」と「龍馬伝」と鹿児島』所収、高城書房、二〇一二年、三〇ページ。
(14) 同右、三九ページ。
(15) 成田龍一「歴史学という言説」、『歴史学のスタイル』所収、校倉書房、二〇〇一年、六一〜六二ページ。

第一章

(1) 平尾道雄『坂本龍馬　海援隊始末』萬里閣書房、一九二九年、二三三ページ。
(2) 国史大辞典編集委員会『国史大辞典』第八巻　吉川弘文

館、一九八七年、四六〇ページ。
（3）松浦玲『坂本龍馬』岩波新書、二〇〇八年、一八九ページ。
（4）平尾道雄監修・宮地佐一郎解説『坂本龍馬全集』光風社出版、一九七八年。
（5）『全集 四訂版』、三九四ページ。
（6）大久保利謙・小西四郎「『維新史』と維新史料編纂会」吉川弘文館、一九八三年、二七〜三五ページ。
（7）高田佑介「「日本史籍協会叢書」稿本の伝存と構成」、明治維新史学会編『明治維新と史料学』所収、吉川弘文館、二〇一〇年、一四〇ページ。
（8）例えば『坂本龍馬関係文書第二』に収録されている「金子才吉事績」には著者名等一切記されていないが、これは編者の岩崎が執筆したものではなく、福岡の郷土史研究団体の機関誌『筑紫史談』第三〇集（大正一二年一二月）に掲載された、大熊浅次郎の「幕末福岡藩の偉材金子才吉事績」を採録したものである。
（9）「日本史籍協会叢書」に、原史料を改竄、省略した箇所が散見されることは既に周知の事実であり、またこの叢書自体が、「薩長中心に編まれる明治維新正史の枠組みへ、叙述の中核から遺漏してゆく人物や事象を厚い史料面で補完し位置付けようとする」「土佐派の歴史意識に支えられた史料編纂活動」の成果という側面を持つことが指摘されている（前掲、高田「「日本史籍協会叢書」稿本の伝存と構成」、一六六ページ）。『坂本龍馬関係文書』の編纂者、岩崎鏡川もまた土佐出身である。
（10）前掲、松浦『坂本龍馬』、参考文献八ページ。
（11）岩崎英重編『坂本龍馬関係文書第一』日本史籍協会、一九二六年、二九七ページ。
（12）維新史料編纂会『維新史』第四巻 一九四一年、七一六ページ。
（13）『全集 四訂版』、一〇九七ページ。
（14）松平春嶽「逸事史補」松平春嶽全集編纂刊行委員会『松平春嶽全集一』所収、原書房、一九七三年、三〇四ページ。
（15）青山忠正「文体と言語　坂本龍馬書簡を素材に」『明治維新の言語と史料』所収、清文堂出版、二〇〇六年、一六二ページ。
（16）宮地佐一郎編『中岡慎太郎全集』勁草書房、一九九一年、二〇三ページ。
（17）慶応三年五月「西郷吉之助ヨリ久光公ヘノ建言書」『鹿児島県史料 玉里島津家史料五』所収、鹿児島県歴史資料センター黎明館編、一九九六年、一九九ページ。この建言書については、桐野作人氏にご教示をいただいた。
（18）文久三年四月六日・大久保忠寛書簡、横井小楠宛、『全集 四訂版』、五六九〜五七〇ページ。これは龍馬が大政奉還を志向していたことを証言する、数少ない同時代史料である。
（19）『全集 四訂版』、五六八ページ。
（20）前掲、松浦『坂本龍馬』、三四ページ。
（21）下山尚述記「西南紀行」『全集 四訂版』所収、六六五〜六六六ページ。

ただし越前松平家の記録『続再夢紀事』にはこの謁見の記事は見当たらない。

この「西南紀行」は『関係文書二』に引用された抜粋が諸書で引用されているだけで、原史料の所在や内容、成立年代は判然としない。東京大学史料編纂所蔵の「瑞山会採集史料」（維新史料引継本Ⅱを－7）には「越前藩士下山尚坂本ニ関スル履歴書抜」というタイトルで、『関係文書一』と全く同じ部分が採録されており、おそらくこの瑞山会採集史料が『関係文書一』の原本になったと思われる。ちなみに下山は明治二十四年に行われた武市瑞山・龍馬らの贈位記念祭に出席しており（「武市瑞山先生外諸士贈位祭記録」）、瑞山会とも接点があったようだ。

(22)『続再夢紀事五』日本史籍協会、一九二二年、三三五ページ。

(23) 前掲、松浦『坂本龍馬』、一一九〜一二一ページ。

(24) 青山忠正「慶応三年一二月九日の政変」、明治維新史学会編『講座明治維新2　幕末政治と社会変動』所収、有志舎、二〇一一年、二二八〜二四八ページ。

(25) 慶応三年正月一五日・木戸準一郎書簡、坂本龍馬宛『木戸孝允文書二』所収、日本史籍協会、一九三〇年、二七〇ページ。

(26) 前掲、青山「慶応三年一二月九日の政変」、二三二ページ。なお同様の見解を松浦玲も示している（前掲、松浦『坂本龍馬』、一二五〜一二七ページ）。

(27) 松浦玲『検証　龍馬伝説』論創社、二〇〇一年、二二一〜二二九ページ。

(28)『全集　四訂版』、一五八〜一六一ページ。なおこの書簡は、『全集』や『龍馬の手紙』、『図録　龍馬の翔けた時代』『図録　龍馬伝』などでは、慶応三年一月一四日付のものと比定されているが、『完本　坂本龍馬日記』（二八四ページ）や宮川禎一は、その内容から慶応三年二月一四日付のものと比定し直している（『坂本龍馬からの手紙』教育評論社、二〇一二年、一九〇〜一九一ページ）。

(29) 前掲、松浦『検証　龍馬伝説』、一〇六〜一〇七ページ。

(30) 慶応三年正月一五日・木戸準一郎書簡、坂本龍馬宛、前掲『木戸孝允文書二』所収、二七〇ページ。

(31) 大政奉還に至る政治過程については、青山忠正「慶応三年一二月九日の政変」、佐々木克『幕末政治と薩摩藩』「大政奉還と討幕密勅」、井上勲『王政復古』「大政奉還運動の展開過程」「大政奉還運動の形成過程（一）（二）」、家近良樹『幕末政治と倒幕運動』、高橋秀直『幕末維新の政治と天皇』、桐野作人ブログ「膏肓記」などを参照した（書誌データは「主要参考文献一覧」に記載）。

(32) 横田達雄編『寺村左膳道成日記三』県立青山文庫後援会、一九八〇年、二〇ページ。

(33)『保古飛呂比　佐佐木高行日記二』東京大学出版会、一九七二年、四〇三ページ。

(34)『全集　四訂版』、二六九ページ。

(35) 前掲、青山「慶応三年一二月九日の政変」、二三八ページ。なお青山はその論拠として、慶応三年八月六日付・伊藤俊輔書簡（品川弥二郎宛）にある「これは勝敗一決のうえならでは、口舌上に行なわれ候儀、毛頭これあるまじくと愚考つかまつり候」を挙げている。
(36) 前掲『保古飛呂比　佐佐木高行日記二』、四五二ページ。
(37) 慶応三年八月二一日・木戸準一郎書簡、坂本龍馬宛、前掲『木戸孝允文書二』所収、三〇八ページ。
(38) 末松謙澄『修訂防長回天史　第五篇下』末松春彦発行、一九二一年、三一九ページ。
(39) 高橋秀直は幕府側の対抗策を『嵯峨実愛手記』の記述から、非常時の天皇の彦根への動座、外国を利用しての牽制、としている（高橋秀直『幕末維新の政治と天皇』吉川弘文館、二〇〇七年、三五三ページ）。
(40) 前掲、末松『修訂防長回天史　第五篇下』、三四七ページ。
(41) 前掲、末松『修訂防長回天史　第五篇下』、三五五〜三五六ページ。
(42) 慶応三年九月四日・木戸準一郎書簡、坂本龍馬宛、前掲『木戸孝允文書二』所収、三一四〜三一六ページ。
(43) 『全集　四訂版』、三〇四ページ。
(44) 『全集　四訂版』、三〇五ページ。
(45) 松岡司『定本　坂本龍馬伝　青い航跡』新人物往来社、二〇〇三年、七五四ページ。
(46) 『全集　四訂版』、三一〇ページ。
(47) 佐々木克『幕末政治と薩摩藩』吉川弘文館、二〇〇四年、三九〇〜三九三ページ。
(48) 慶応三年一〇月一四日・岡内俊太郎書簡、佐佐木高行宛、前掲『保古飛呂比　佐佐木高行日記二』、五四三〜五四六ページ。
(49) 「福岡孝悌子爵応答・温知会速記録」山口県文書館蔵毛利家文庫、速記録五六―四。ちなみに高知県立図書館に「温和会速記録・大政奉還の事情」と題した書写原稿がある。これは『高知県史』編纂のため集められた史料であり、談話内容は毛利家文庫のものとほぼ一致しているが、こちらは談話日が明治四三年一一月一四日とされ、また談話の途中で切れている。
(50) 大久保利通日記・慶応三年一〇月九日、一〇日条『大久保利通日記　上巻』、日本史籍協会、一九二六年、三九八〜三九九ページ。青山忠正『明治維新と国家形成』吉川弘文館、二〇〇〇年、二七〇〜二七七ページ。
(51) 慶応三年一〇月一〇日頃・坂本龍馬書簡、後藤象二郎宛『全集　四訂版』、三一七〜三一九ページ。
(52) 前掲、松浦『坂本龍馬』、一六四〜一六七ページ。
(53) 高知県佐川町立青山文庫蔵『神山左多衛日記』慶応三年一〇月一〇日条。
(54) 慶応三年一〇月一四日・岡内俊太郎書簡抄、佐佐木高行宛、前掲『修訂防長回天史　第五篇下』、四二三ページ。この書簡は『保古飛呂比　佐佐木高行日記二』にも収録されているが（注48参照）、かなり文章が異なっている。
(55) 東京大学史料編纂所HP維新史料綱領データベース、慶応三年一〇月一一日、一二日条。
(56) 高知県佐川町立青山文庫蔵『神山左多衛日記』慶応三年一〇月九日、一二日条。
(57) 『全集　四訂版』、三二〇〜三二三ページ。
(58) 『全集　四訂版』、六二八ページ。

(59) 前掲、「福岡孝悌子爵応答・温知会速記録」山口県文書館蔵毛利家文庫。
(60) 岡部精一「五箇條御誓文の発表に就きて」、『史学雑誌』第二四編第六号所収、一九一三年六月発行、七〇八ページ。
(61) 東京大学史料編纂所HP所蔵史料目録データベース、「子爵福岡孝弟談話」（維新史料引継本Ⅱは4－7）。
(62) 勝田政治「佐佐木高行『保古飛呂比』」、『日本近代思想体系別巻』所収、岩波書店、一九九二年、一二九～一三二ページ。
(63) 前掲『保古飛呂比　佐佐木高行日記二』、五一七ページ。
(64) 国立国会図書館・憲政資料室所蔵『石室秘稿』所収。なお同文が『史談会速記録』第一七〇輯（一九〇七年）附録「島津家事蹟訪問録」にも掲載されている（八ページ）。
(65) 龍馬についてはただ一箇所「船ヲ購ヒテ坂本龍馬岩崎弥太郎等ノ面々ヲ乗セ先ツ竹島ニ至ラシメ」と竹島（現在の鬱陵島）開拓を企図した件のみが記されている。
(66) 「土州藩士福岡孝弟手記」東京大学史料編纂所HP所蔵史料目録データベース（原名「仮参政京行」）（維新史料引継本Ⅱほ－13）。
　なお、平尾道雄が『坂本龍馬海援隊始末記』（白竜社、一九六八年）などの著書の中で「海陸ヲ合セ号シテ翔天隊と云ン」と記載されている「海援隊約規」を紹介し、その出典を「福岡孝弟手録」としているが、おそらくこの「土州藩士福岡孝弟手記」と同内容と思われる。
(67) 陸奥宗光口述筆記「後藤伯」、『世界之日本』第一八号所収、開拓社、一八九七年八月、一〇ページ。
(68) 『陸奥宗光伯　小伝・年譜・付録文集』陸奥宗光伯七十周年記念会、非売品、一九六六年、六三ページ。
(69) 『全集　四訂版』、四七〇ページ。
(70) 青山忠正「土佐山内家重臣・寺村左膳」、『明治維新の言語と史料』所収、清文堂出版、二〇〇六年、一〇三ページ。
(71) 慶応三年一〇月・長岡謙吉書簡、小島亀次郎・足立行蔵宛。山田一郎『海援隊遺文　坂本龍馬と長岡謙吉』新潮社、一九九一年、五七ページ。
(72) 毛利家文庫・他藩人履歴13。本文には「土州藩士坂本龍馬直柔本傳」というタイトルが付けられている。
(73) 『全集　四訂版』、八八三ページ。
(74) 木村幸比古はこの『土藩坂本龍馬傳』を、「岩倉侯旧蹟保存会・対岳文庫」蔵の龍馬の小伝を「島津家が写本し、さらに毛利家が孫引きした」ものとする（木村幸比古「新発見の一級資料・坂本龍馬の事歴」、『龍馬暗殺の真犯人は誰か』所収、新人物往来社、一九九五年、一一二ページ）。
　しかし木村によればこの事歴は明治三九年に刊行された『岩倉公実記』の資料として、岩倉没後の明治一六年頃から数年の間に、龍馬の近親者からの調査に基いてまとめられたものであり、『土藩坂本龍馬傳』の本文にある「小野淳輔ガ維新ノ際官ニ上スル所ノ直柔ガ履歴書」とは執筆時期が異なる。確かに二書は基本的に同一の構造であり類似する表現も多いが、龍馬と行動を共にしたわけでもない馬場文英が、対岳文庫にない部分を全て補訂したにしては内容が詳細過ぎる。おそらく対岳文庫蔵の龍馬伝は、逆にこの『土藩坂本龍馬傳』の原筆である高松が書いた龍馬の履歴を参考に、それを抜粋・整理する形で作成されたものと思われる。

筆者は「英按ズルニ」から始まる補訂者のコメントや『海南義烈傳』の引用など（本文より一字下げて表記したり、割注で表現している）が馬場文英が補訂した部分で、それ以外の本文は基本的に全て高松太郎の原筆だと考える。

(75) 山本栄一郎『真説・薩長同盟　坂本龍馬の真実』文芸社、二〇〇一年、七七ページ。

(76) 東京大学史料編纂所蔵の島津家本『坂本龍馬傳』（島津家本いⅡ７－２）が、毛利家文庫が筆写した市来の注記のある稿本（あるいはその筆写本）だと思われが、この稿本には馬場が補訂した部分もすべて含まれている。ちなみに『坂本龍馬全集』収録のテキストでは市来の注記はカットされている。

(77) 『土藩坂本龍馬傳』の本文では、龍馬の同志の名を記した後、割注で維新後の消息を記しているが、明治五年に亡くなった長岡謙吉を「今尚存ス」としている。一方高松太郎には「坂本直柔ノ跡ヲ継グ」と明治四年の出来事を記しており、高松の原筆は狭く考えれば、明治四年～五年の間に書かれたと考えることも出来る。ただもちろん高松が長岡謙吉の死を知らなかった可能性も高い。

(78) 『全集　四訂版』、八九一ページ。

(79) 荘司晋太郎編『海南愛國民権家列伝』文英閣、一八八〇年、五ページ。

(80) 坂崎紫瀾著・林原純生校注「汗血千里の駒」『新日本古典文学大系明治編一六　政治小説集二』所収、岩波書店、二〇〇三年、二五八ページ。以下、本書での「汗血千里の駒」の引用は同書に拠る。

(81) 作者名は記されておらず不明である。候補の一人は紫瀾だが、紫瀾年譜に拠れば、明治二〇年四月、紫瀾は後藤と甲州谷村に遊びその後帰京しているので、どうも違うようである。

(82) 大久保利謙「明治時代における伝記の発達」、『大久保利謙著作集７　日本近代史学の発達』所収、吉川弘文館、一九八八年、四二七ページ。

(83) 弘松宣枝『阪本龍馬』民友社、一八九六年、九七ページ。

(84) 同右、九五～九六ページ。

(85) 菊地明『坂本龍馬進化論』新人物往来社、二〇〇二年。桐野作人「徹底検証　龍馬の三大争点」、『坂本龍馬伝　幕末を駆け抜けた英傑の生涯』所収、新人物往来社、二〇〇九年。山本栄一郎『実伝　坂本龍馬』本の泉社、二〇一〇年。

(86) 金尾金弥『伝記児童文学のあゆみ』ミネルヴァ書房、一九九九年、五四ページ。

(87) 坂崎紫瀾『少年読本第十九編　坂本龍馬』博文館、一九〇〇年、諸言。

(88)同右。
(89)前掲、弘松『阪本龍馬』、九五ページ。
(90)前掲、坂崎『少年読本第十九編　坂本龍馬』、一四五ページ。
(91)他にも紫瀾が『弘松龍馬』を参考に自著を記した、という証拠がある。紫瀾は『東京新聞』の別冊附録として、明治三一年六月三日(一三一〇号)から同年一〇月二日(一四一三号)まで、『汗血千里駒著者編述　坂本龍馬實傳』なる小冊子を計一三冊刊行しているが、その『坂本龍馬實傳』で坂崎は、おりょうを紹介する姉・乙女宛の龍馬書簡や、龍馬宛の寺田屋お登勢書簡などを「弘松宣枝氏の『坂本龍馬』より転載」と注記して引用しているのである。
ちなみにこの『坂本龍馬實傳』は中絶されたものと思われ、「船中八策」に関する記述はないが、文章のほとんどは『少年読本』と同一であり、『少年読本』が『坂本龍馬實傳』を一冊にまとめ、中絶以降を書き加えた形で刊行されたことが窺える。なお、『少年読本』では同様の引用を行いながら、「弘松宣枝氏の…」という注記はカットされている。
(92)『全集　四訂版』、三九〇〜三九一ページ。
(93)前掲、坂崎『少年読本第十九編　坂本龍馬』、一三四〜一三五ページ。
(94)秋月鏡川『後藤象次郎』興雲閣、一八九八年、「筆を擱かむとして読者に申ぐ」二ページ。
(95)国史大辞典編集委員会『国史大辞典』第七巻、吉川弘文館、一九八六、四二五ページ。
(96)『殉難録稿　巻之五十四　坂本直柔』宮内省、一九〇七年、四六〜四七丁。
(97)坂崎斌「維新五ヶ條御誓文発布草案の由来」、『史談会速記録・第二百七輯』史談会、一九一〇年、二二ページ。
(98)岩崎が土方久元の推薦によって維新史料編纂会に採用されたのは大正二年一〇月のことで、紫瀾の死で空いた土佐系の編纂官のポストの補充だったと思われる。また岩崎は坂崎の葬儀では世話人の一人を務めている(参考『図録　坂本龍馬と岩崎鏡川展』高知県立坂本龍馬記念館、二〇〇四年)。
(99)東京大学史料編纂所HP　所蔵史料目録データベース、維新史料引継本Ⅱい－3－乙。
(100)『全集　四訂版』、三九六〜三九八ページ。
(101)『坂本中岡両氏遺墨紀念帖』一九〇六年、一二〜一三ページ。
(102)瑞山会編『維新土佐勤王史』冨山房、一九一二年、一〇八五ページ。
(103)同右、一〇八七ページ。
(104)同右、一二一〇〜一二一二ページ。
(105)同右、一〇九四ページ。
(106)前掲、坂崎「維新五ヶ條御誓文発布草案の由来」、二二ページ。
(107)岩崎英重編『坂本龍馬関係文書第二』日本史籍協会、一九二六年、二五四ページ。
(108)同右、二九三ページ。

(109) 東京大学史料編纂所HP　史料編纂所の画像史料群「【参考】維新史料編纂官岡部精一について」(http://www.hi.u-tokyo.ac.jp/personal/yokoyama/exhib2000/nishikie2.htm)。

(110) 前掲、岡部精一「五箇條御誓文の発表に就きて」、八〜一〇ページ。

(111) 『坂本中岡両先生五十年祭記念講演集』所収、坂本中岡両先生遭難五十年記念祭典会、一九一七年、六一〜六三ページ。

(112) 大正三年発行の千頭清臣著『坂本龍馬』（博文館）は、やはり龍馬が入京後に書いた八策（テキストは「十一月八策」）を土佐山内家の重役と後藤の会議で修正したものが「六月八策」だとし、その論拠に佐佐木高行の日記（『保古飛呂比』）六月二三日条の「貸席松本に会議す。大政返上云々の建白を修正す」の記述を挙げている。しかし土佐藩御隠居様御側用役・寺村左膳の日記の同日条には「過日左膳執筆せる書取、尚又彼是添削ス」とあり、『保古飛呂比』の「大政返上云々の建白」は寺村の起草した薩土盟約書の土佐側原案であることがわかる。

(113) ちなみにここで引用したのは大正一五年三月に発行された『土佐史談』一五号に掲載された、岩崎の「坂本龍馬先生に就て」である（四〇ページ）。岩崎はこの稿の冒頭で、土佐史談会から原稿を依頼されたが、大病をし今だ床に就いているので「先年温知会の席上で、講演したものを、辛ふして補綴して差上げます」と断っている。ただ『温知会講演速記録』等にも岩崎の講演の記録はなく、この講演の行われた日時は特定できていない。

(114) 『坂本龍馬関係文書第一』、二九七ページ。

(115) 『坂本龍馬関係文書第二』、二五四ページ。

(116) 『坂本龍馬関係文書第一』、二九九ページ。

(117) 前掲、『中岡慎太郎全集』、二四六ページ。

(118) 前掲、平尾『坂本龍馬　海援隊始末』、二三一ページ。

(119) ただし平尾は「船中八策」を「後日多少の修正を加へられたものである」としており、岩崎同様「船中八策・改訂版」の位置に置いている。また同書では本文ではなく巻頭の写真口絵で、「所謂船中八策に基き、慶応三年十一月、京都で認めたもの」として「十一月八策」を「龍馬の八策」というタイトルで紹介している。

(120) 松井利彦「近代漢語の定着の一様相」、『広島女子大学文学部紀要』第一五号所収、一九八〇年、四九ページ。

(121) 飛田良文「近代語彙の概説」、『講座日本語の語彙・近代の語彙』所収、明治書院、一九八二年、二四〜二五ページ。

(122) 松井利彦「明治初期の法令用語と造語法」、『広島女子大学文学部紀要』第一九号所収、一九八四年、二七ページ。

(123) 全一三巻、小学館、二〇〇〇年〜二〇〇二年。

(124) 今回定本とした『坂本龍馬全集』所収の「船中八策」では、第八条が「金銀物貨…」となっている。「物価」が品物の値段を表すのに対して、この「物貨」は「貨物」の意で品物そのものを表す違う言葉であるが、「建議案十一箇条」では「物価」となっていることから、「物価」の誤記と考える。ちなみに『関係文書』では、第一、第二ともに「物貨」となっており、誤記はこの辺りから始まったようである。

(125) 松井利彦「近代漢語の伝播の一面」、『広島女子大学文学部紀要』第一四号所収、一九七九年、九六ページ。

(126) 佐藤亨『現代に生きる 幕末・明治初期漢語辞典』明治書院、二〇〇七年。

(127) 併せて明治期に成立した漢語辞書・国語辞書でこの四語がどの時点で収録されているかの調査を行った結果、「議員」は明治五年の『増補布令字弁』、「並立」は明治九年の『音訓新聞字引』『初学必携大全漢語字書』ほか、「規約」は明治二一年の『いろは辞典』がそれぞれ初出であり、「断行」は収録されていなかった。

ちなみにこの調査は、「明治期漢語辞書大系」(全六五巻別館三巻、大空社、一九九五〜九七年)収録のうち、『阪本龍馬』が刊行された明治二九年までの漢語辞書一三二冊、「明治期国語辞書大系」(大空社、一九九七〜二〇一〇年)収録の普通語辞書一七冊、『和英語林集成・初版・再版・三版対照総索引』(飛田良文・李漢燮編、港の人、二〇〇一年)、『薩摩辞書』(高橋新吉、前田献吉、前田正名著、高城書房復刻版、一九九七年)で行った。

(128) 『法令全書・明治元年』内閣官報局、一八八七年、一三八ページ。

(129) 『公議所法則案』議事体裁調局発行、一八六八年、二ページ。

(130) 前掲、佐藤『現代に生きる 幕末・明治初期漢語辞典』、一四二〜一四三ページ。

(131) 青山忠正は、「推測だが、維新史料編纂官岩崎小三郎の建言書などを史料として閲覧できる立場にあり、それらをもとに(船中八策を)半ば創作した可能性も否定できない」と赤松建言と船中八策の関係性に言及している(前掲、青山「慶応三年一二月九日の政変」、二三一ページ)。

(132) 元治元年六月八日・近藤勇書簡、近藤周斎他宛、『新選組史料集』所収、新人物往来社、一九九七年、一三七ページ。

(133) 勝海舟日記・文久三年五月八日条、東京都江戸東京博物館都市歴史研究室編『勝海舟関係資料 海舟日記一』、二〇〇二年、九六ページ。

(134) 文久三年七月二五日・佐藤与之助書簡、勝海舟宛、『勝海舟全集別巻』所収、講談社、一九九四年、一五七〜一五八ページ。

(135) 維新史料編纂事務局『維新史料綱要』第五巻、目黒書店、一九四〇年、三八ページ。

(136) 開成館跡調査委員会編『高知市文化財調査報告書第三一集 開成館 開成館跡調査報告書』高知市教育委員会、二〇〇七年、一六〜一七ページ。

(137) 一方で「坂本は、その文体と言語において、抽象的な概念を駆使することはなかった。意図的にそうしたわけではなく、必要であるべきときでも、できなかったと見るべきである。この意味からすれば、いわゆる「新政府綱領八策」なども坂本の発案とは考えにくい」との論も提出されている（前掲、青山「文体と言語」、一六五ページ）。

(138) 前掲、弘松『阪本龍馬』、年譜三ページ。

(139) 同右、二ページ。

(140) 同右、九八ページ。

(141) 染崎延房『近世紀聞　全』金松堂、一八八六年、五一七ページ。

(142) 石津賢勤編次『近事紀略』巻之四、北村四郎兵衛・辻本仁兵衛、一八七三年、三二丁。山田俊蔵・大角豊次郎『近世事情』三篇、山田氏・大角氏蔵版、一八七四年、三七丁。ただし最初の二項目（政権奉還、二院制）については『近事紀略』の記述はやや簡略であり、三項目以降は『近世事情』『近世紀聞』とほぼ一致する。

(143) 明治以降の旧土佐山内家家士の顕彰の過程とその事情については、高田祐介の諸論文、特に「国家と地域の歴史意識形成過程　維新殉難者顕彰をめぐって」（『歴史学研究』八六五号所収、二〇一〇年）に詳しい。

(144) 佐川町立青山文庫蔵「武市瑞山先生外諸士贈位祭記録」。

(145) 高知県立坂本龍馬記念館寄託の弘松家資料「弘松氏先祖書」に拠る。これに拠ると弘松には妻子もいたが、娘の「宣亀」は明治三四年に生後一一カ月で亡くなり、妻の「遊亀」も明治三九年に亡くなっている。

(146) 「弘松氏先祖書」には、弘松は高知市内の潮江村に葬られたとあり、明治三六年一月の弘松の日記にも「桂浜」に行ったことが記されているので、その後帰高したと思われる。

(147) 例えば『弘松龍馬』は龍馬の死後のおりょうについて、「彼の女放恣にして土佐を出て、身を淫猥に沈む、（中略）婦節を全ふせす人をして龍頭蛇尾の恨あらしむ」（一三九ページ）と不快感を隠そうとしない。おりょうの聞書「続反魂香」には、明治初年、東京で高松太郎を訪ねた際、けんもほろろに扱われたとあり（『全集　四訂版』、九五三～九五四ページ）、あるいはこの高松とおりょうの不和が『弘松龍馬』に反映されているとも考えられる。

(148) 寺石正路『土佐偉人傳』歴史図書社、一九七六年、二四二～二四三ページ。
「坂本直の「退職願」発見」『北海道新聞』、二〇一〇年四月一七日付記事。なお弘松家資料と坂本直に関しては、高知県立坂本龍馬記念館の前田由紀枝氏にご教示いただいた。

(149) 土居晴夫『坂本龍馬の系譜』新人物往来社、二〇〇六年、一九八～一九九ページ。

(150) 『全集　四訂版』、八九二ページ。

(151) 前掲、土居『坂本龍馬の系譜』、一九二ページ。

(152) 『図録　特別展　薩長盟約と下関　長府藩士と龍馬・慎太郎のキセキ』（下関市立長府博物館、二〇一二年）に拠れば、長府博物館蔵の「新政府綱領八策」のサイズは、縦一五・四×横五七・六センチ。一方の国会図書館蔵のものは、縦一九・一×横五九・五センチと一回り大きい。

(153) 東京大学史料編纂所HP　所蔵史料目録データベース、「大江天也談話」（維新史料引継本Ⅱは－31）

(154) 土居晴夫『坂本龍馬とその一族』新人物往来社、一九八五年、一八八ページ。
(155)前掲、山本『実伝 坂本龍馬』、一四四～一四五ページ。
(156)勝田孫弥『西郷隆盛傳三』西郷隆盛傳発行所、一八九四年、一二五～一二九ページ。
(157)前掲、青山「土佐山内家重臣・寺村左膳」、一〇二ページ。
(158)『全集 四訂版』、八九一ページ。
(159)前掲、弘松『阪本龍馬』、八〇ページ。
(160)前掲、横田編『寺村左膳道成日記三』慶応三年八月二〇日条、三一ページ。
(161)前掲、宮地・中村対談「歴史的事実とは何か」、八～九ページ。
(162)津田茂麿『勤王秘史佐佐木老侯昔日談』國晃館、一九一五年、四一八～四一九ページ。
(163)前掲、『保古飛呂比 佐佐木高行日記二』、五一七ページ。
(164)福沢諭吉「福澤諭吉全集緒言」、『福沢諭吉全集一』所収、岩波書店、一九五八年、二六ページ。
(165)同右、二九ページ。
(166)平山洋『福澤諭吉 文明の政治には六つの要訣あり』ミネルヴァ書房、二〇〇八年、二二九～二三〇ページ。
(167)前掲、岡部「五箇條御誓文の発表に就きて」、一一ページ。
(168)前掲、高田「国家と地域の歴史意識形成過程」、一八ページ。
(169)沼田頼輔「薩摩長州土佐三藩功績比較論」、『歴史公論』第三巻四号所収、雄山閣、一九三四年、二四八～二四九ページ。
(170)岩崎鏡川「青山仰景」、澤本健三『伯爵田中青山』所収、田中伯伝記刊行会、一九二九年、七二〇ページ。
(171)佐々木克『坂本龍馬とその時代』河出書房新社、二〇〇九年、一六七ページ。
(172)同右、一六九ページ。

第二章

(1)ベネディクト・アンダーソン『定本 想像の共同体 ナショナリズムの起源と流行』白石隆、白石さや訳、書籍工房早山、二〇〇七年、八二～八七ページ。
(2)佐々木隆『日本の近代14 メディアと権力』、中央公論新社、一九九九年、八一～九〇ページ。
(3)同右。
(4)『国史大辞典』第八巻、二二九ページ。
(5)前掲、アンダーソン『定本 想像の共同体』、二四～二六ページ。
(6)この部分の記述は、松岡僖一「メディアと自由民権 高知県の場合」(新井勝紘編『日本の時代史22 自由民権と近代社会』所収、吉川弘文館、二〇〇四年、一九九～二〇〇ページ)を参照した。
(7)前掲、アンダーソン『定本 想像の共同体』、一五七～一六〇ページ。
(8)無位真人(坂崎紫瀾)「小説稗史の本分を論ず」、『自由燈』一八八五年三月一〇日、一一日付紙面。

(9) 半狂稿（和田稲積）「日本の政事小説」、『絵入自由新聞』、一八八五年七月一七日、一八日付紙面。
(10) 田岡嶺雲『数奇伝』玄黄社、一九一二年、三八～四〇ページ。
(11) 林原純生「汗血千里の駒」補注、『新日本古典文学大系明治編一六　政治小説集一』所収、山田俊治、林原純生・校注、岩波書店、二〇〇三年、五一一、五一三ページ。『土陽新聞』一八八三年一月二四日付紙面「諸言」「祝偈一道」。
(12) 『土陽新聞』一八八二年七月二二日付紙面「再刊の口上社用」。
(13) 紫瀾漁長訳演「佛国革命・修羅の衢／承前・彪吾先生略傳」、『自由新聞』一八八四年七月二二日付紙面。
(14) 高知市立自由民権記念館『図録 汗血千里の駒の世界　龍馬伝説の誕生』二〇一〇年、一二ページ。
(15) 翻刻したものが『土佐史談復刻叢書一七　汗血千里駒』の巻末に収められている。
(16) 『明治文化研究』三巻九号所収、一九二七年。
(17) 前掲、林原「汗血千里の駒」補注、五一一ページ。「坂崎紫瀾とその著作」、高知市立自由民権記念館図録『三大事件建白運動一二〇年記念　土佐自由民権運動群像』所収、二〇〇七年、八六～八九ページ。
(18) 『日本思想体系三　律令』岩波書店、一九七六年、一八一～一八二ページ。
(19) 平尾道雄『土佐医学史考』高知市民図書館、一九七七年、五九～六一ページ。
(20) 実際、安政三年の二度目の上京の際は「築地屋敷に罷在候」と、龍馬の相良屋源之助宛書簡（安政三年九月二九日付）に記されている（『全集 四訂版』、七ページ）。
(21) 瑞山会編『維新土佐勤王史』冨山房、一九一二年、一一三ページ。
(22) 「高知藩維新形勢始末史料稿」、『皆山集五』所収、高知県立図書館、一九七六年、一三六ページ。
(23) 前掲、『維新土佐勤王史』、一一九～一二五ページ。
(24) 『全集 四訂版』、六五四ページ。
(25) 高知市史編纂委員会編『高知市史』上巻、一九五八年、四八九～四九二ページ。
(26) 板垣退助監修、遠山茂樹・佐藤誠朗校訂『自由党史（上）』岩波文庫、一九五七年、八七ページ。
(27) 柳田泉『政治小説研究（上）』春秋社、一九六七年、二四二ページ。
(28) 柳田泉「政治講談事始」『随筆明治文学一』所収、平凡社、二〇〇五年、六三ページ。
(29) 発表されたものとして明治二〇年『今日新聞』に連載された『板垣退助詳傳』がある。
(30) これを参考に大町桂月が『伯爵後藤象二郎』を執筆したとされる。ただ残念ながら現在、愛国公党の結成を記す巻七以降しか残っていない。
(31) 山田貞光「松本地方における自由民権運動の一源流　松本時代の坂崎紫瀾の言論活動」、『信濃』第一八巻一一号所収、信濃史学会、一九六六年、一二～一四ページ。
(32) 外崎光広『土佐自由民権運動史』高知市文化振興事業

団、一九九二年、四三〜四四ページ。
(33) 前掲、柳田『政治小説研究(上)』、二四四ページ。
(34) 明治一三年五月二二日・谷干城書簡、佐佐木高行宛『佐佐木高行日記　保古飛呂比九』所収、東京大学出版会、一九七七年、一一三ページ。
(35) 松岡司「高知県帝政派の研究〈天皇制絶対主義への方向〉」『青山文庫紀要』第六号所収、一九九九年、二八ページ。松岡司「高知県帝政派の研究〈立憲運動下の漸進主義〉」『青山文庫紀要』第七号所収、一九九九年、五〜八ページ。
(36) 平尾道雄『郷土史夜話』高知新聞社、一九五九年、一八九〜一九二ページ。
(37)「土陽新聞略史」(『高知新聞五十年史』所収)には、「高知新聞は、最初は中立社系の新聞であった。(中略)中立社は立志社ほどの急進的な思想はもたず、さりとて静倹社のような保守的態度もみせず、谷干城や佐々木高行に支持されたものであったが、坂崎紫瀾が国会開設願望書を起草しその建白を企てたのに谷や佐々木は強硬に反対した。これが動機となって高知新聞社派は中立社を離れ、立志社に接近する事になったのである」(五ページ)との記載がある。
(38) 高知新聞社史編纂委員会『高知新聞五十年史』高知新聞社、一九五四年、九ページ。
(39) 前掲、外崎『土佐自由民権運動史』、二三七ページ。
(40)『土陽新聞』一八八一年一二月一六日付紙面「言論自由剥奪ノ広告」。
(41)『高知新聞』一八八二年二月九日付紙面「坂崎斌判決文」。
(42) 谷壮太郎編纂『愛國民権演説家百詠選(下)』水野幸出版、一八八二年、一八丁。
(43) 土佐自由民権研究会『土佐自由民権運動日録』高知市文化振興事業団、一九九四年、七八ページ。
(44) 島崎猪十郎『旧各社事蹟』高知旧各社記念会、一九三八年再版、二〇ページ。
(45)『東洋自由曙　第一編』は、高知市立図書館・若尾文庫蔵。
(46)『土陽新聞』一八八二年七月二二日付紙面。
(47) 紫瀾年譜では七月上京とあるが、四月二七日には紫瀾の送別会が開かれ、五月四日には高知を発っている(前掲、『土佐自由民権運動日録』、一二一〜一二二ページ)。
(48) 退社の理由として「紫瀾年譜」には「議論不合」とある。
(49) 明治二九年三月二一日・山田平左衛門書簡、細川義昌宛(高知市立自由民権記念館蔵)。
(50) 巻末の欄外に「明治二十年九月四日迄今日新聞ニ数ヶ月連載シタリシ」「明治三十四年三月十九日謄写了リシ」との注記がある。
(51) 鳴々道人『北越遺聞　他山之石』、辻本九兵衛発行、一八九〇年、序。
(52) 前掲、柳田『政治小説研究(上)』、二五四ページ。紫瀾はこの遊説の途中で長岡城址を見学し、当時『高知新聞』に連載していた東北随行の紀行文「東北載筆録」に河井継之助の戊辰戦争での戦いぶりを記している（一八八一年一一月三日、五日付紙面）。
(53) 柳田泉「解題」、『明治文学全集 明治政治小説集一』所収、筑摩書房、一九六六年、四三九ページ。
(54) 前掲、外崎『土佐自由民権運動史』、一ページ。
(55) 前掲、柳田『政治小説研究（上）』、二六五〜二六六ページ。
(56) 滝石登鯉「紫瀾雑録」、『土佐史談』一一五号所収、土佐史談会、一九六六年、八五ページ。
(57) 『維新土佐勤王史』の刊行は大正元年で、紫瀾の維新史料編纂会入りより後になるが、明治四四年には完成していた「坂崎・海援隊始末・初稿」に『維新土佐勤王史』からの引用があることから、おそらく紫瀾が維新史料編纂会入りする前に『維新土佐勤王史』の原稿は完成していたと思われる。
(58) 「南の海血しほの曙・諸言」『高知新聞』第五号、一八八〇年九月一七日付紙面。
(59) 柳田泉は政治小説の嚆矢は明治一三年刊・戸田欽堂『情海波瀾』とするが、一方で「南の海」を「この方を嚆矢と定めても、それは定めることが出来るのである」としている（柳田泉「政治小説の一般」『明治文学全集 明治政治小説集一』所収、四一五ページ）。
(60) 高田祐介「国家と地域の歴史意識形成過程 維新殉難者顕彰をめぐって」『歴史学研究』八六五号所収、二〇一〇年、九〜一〇ページ。秦郁彦『靖国神社の祭神たち』新潮社、二〇一〇年、四三ページ。
(61) 『高知新聞』一八八〇年一〇月一日付紙面。
(62) 松岡司『武市半平太伝 月と影と』新人物往来社、一九九七年、四五ページ。
(63) 横田達雄『武市半平太と土佐勤王党』私家版、二〇〇七年、六〇ページ。
(64) 高知県佐川町立青山文庫蔵『瑞山武市半平太先生傳』八〜九丁。
(65) 中村武生ブログ「歴史と地理な日々（新版）」、二〇一二年四月二九日記事「「土佐勤王党」は同時代史料にない」http://siseki-kukan.way-nifty.com/heiankyokyoto/2012/04/post-d728.html
(66) 高知県佐川町立青山文庫蔵『瑞山武市半平太先生傳』七〜八丁。
(67) 『高知新聞』一八八一年四月一一日付紙面。
(68) 「隈山春秋」『続日本史籍協会叢書 史籍雑纂二』所収、東京大学出版会、一九七七年、三四八ページ。
(69) また西山家には平井らの切腹の様子を実見した中江兆民が加尾の求めによって記した文書も伝わっており（中江篤助記「平井収二郎君切腹の現状」）、これらを含む平井収二郎関係史料は、高知県立歴史民俗資料館に平成五年度に寄託されている。なお、平井関係史料については、高知県立歴史民俗資料館発行の『平成十六年度高知県立歴史民俗資料館収蔵資料目録第七集 平井・西山家資料目録（歴史分野）』を参考に記述を行った。
(70) 『高知県人名事典 新版』高知新聞社、一九九九年。
(71) 『高知新聞』、一八八一年八月一一日付紙面。

(72)猪瀬直樹『ピカレスク　太宰治伝』小学館、二〇〇〇年、一四四～一六三ページ。
(73)『高知新聞』一八八一年七月二六日付紙面。
(74)菊地明『坂本龍馬進化論』新人物往来社、二〇〇二年、一二～二〇ページ。
(75)弘松宣枝『阪本龍馬』民友社、一八九六年、一八ページ。
(76)土田泰『阪本龍馬』三松堂、一八九七年、一ページ。
(77)『高知新聞』一八八一年九月二日付紙面。
(78)ただし二二回・六三回・六四回が上下、六四回の下は二回に分けて掲載されているため、総掲載回数は六八回になる。また三月三〇日に五三回が掲載された後、紫瀾が入獄したため、七月一〇日の五四回まで休載されている。ちなみに原紙では二二回が二回あるが、『新日本古典文学大系明治編一六　政治小説集一』では、これを二二回上下としているので、本書の回数記載もこれに準じた。一方で『明治文学全集　明治政治小説集一』所収のものは、二回目の二二回を二三回と直しているので、両書では以降回数が一回ずれている。
(79)坂崎鳴々道人原稿・雑賀柳香補綴『汗血千里駒　全』春陽堂、一八八五年、一～二ページ。なお、書き下しは『新日本古典文学大系　明治篇一六　政治小説集一』の「汗血千里の駒」補注三に拠った。
(80)この記事は、あさくらゆう氏のブログ「無二無三」で紹介されたものを、氏の了解をいただき原紙で再度本文を確認した上で転載した。
(81)楠瀬保馬『近藤勇と土佐勤王党』伊野部勝作発行、一九二九年、一三二ページ。
(82)前掲、『維新土佐勤王史』、六五ページ。
(83)勝海舟「追賛一話」、『勝海舟全集二　書簡と建言』所収、講談社、一九八二年、六二一ページ。
(84)『吉川経幹周旋記第二』慶応元年一一月八日条、日本史籍協会、一九二六年、七二～七五ページ。
(85)購入した軍艦はユニオン号ではなくヲテントとなっている。
(86)『校補・近世史略　再刻巻二』山口氏蔵版、一八七五年、一六～一七丁。
(87)土居香國編纂『海南義烈傳　初篇』花明柳暗舎、一八八二年、四～五丁。
(88)皆川嘉一編纂『内閣顧問贈正二位　木戸公小傳』松村平吉出版、一八七七年、五丁。
(89)『高知新聞』一八八〇年一〇月二三日付紙面。
(90)日比野利信「維新の記憶　福岡藩を中心として」、明治維新史学会編『明治維新と歴史意識』所収、吉川弘文館、二〇〇五年、一五一～一六四ページ。
(91)「薩長両藩盟約に関する自叙」、『木戸孝允関係文書八』日本史籍協会、一九三一年、二〇六～二〇八ページ。
(92)前掲、弘松『阪本龍馬』、六七～六八ページ。
(93)勝田孫弥『西郷隆盛傳三』西郷隆盛傳発行所、一八九四年、五〇～五一ページ
(94)ちなみに勝田はこの『西郷隆盛傳』執筆に当り、「務めて材料の選択を慎み叙事評論の大誤謬なからんを期した

り」と史料に基いた描写を旨としつつも、西郷の記録が殆ど収集できなかったため、主に大久保利通家に遺る史料と吉井友実を始めとする西郷を知る人々の談話から伝記を執筆したとしている（「諸言」）。勝田がこの談話を聞いた人間には大山巌、品川弥二郎といった薩長盟約の時期に西郷・木戸と行動を共にしていた人物も含まれているが、やはり龍馬が西郷を一喝したというエピソードは記されていない。

(95) 芳即正『坂本龍馬と薩長同盟』高城書房、一九九八年、七七ページ。

(96) 正確には、大正一五年刊の『坂本龍馬関係文書第二』に、ほぼ同内容のテキストが「木戸孝允覚書」として収録されている。

(97) 坂崎紫瀾『少年読本第十九編 坂本龍馬』博文館、一九〇〇年、一〇八～一〇九ページ。

(98) 同右、一〇九ページ。

(99) 西川吉輔風説留「丙寅二月新聞」。ただし本書での引用は、宮地正人「中津川国学者と薩長同盟」（中山道歴史資料保存会『街道の歴史と文化』第五号所収、二〇〇三年）の引用文を使用した。

(100) 慶応二年一二月四日乙女宛書簡で、龍馬はおりょうについて「父母の付たる名龍、私が又鞆トあらたむ」とコメントしているが（『全集 四訂版』一四二ページ）、「汗血」の第三六回にはおりょうとの婚礼後、「お良の名をも改めて更に鞆子とぞ呼ばせける」との記述があり、以降の回でおりょうは鞆子と記述される。これは紫瀾が龍馬書簡の内容を知っていたことの傍証だと考えられる。

　ただ紫瀾が坂本家に伝わる龍馬の書簡を仮に実見したとしてもそれを借り出したり、あるいは書写して直接執筆に利用したりということはなかったのではないだろうか。例えば「汗血」では龍馬の姉は「お留」と表記されるが、龍馬の書簡では「乙様」「乙姉」「乙あねさん」などと記しており、紫瀾が龍馬書簡を直接利用していればそれに準じた表記になったかと思われる。おりょうの名も龍馬書簡では「父母の付たる名龍」と書かれているのに「汗血」では「お良」である。

(101) 橘南谿著、宗政五十緒校注『西遊記』巻之九「天の逆鉾」『新日本古典文学大系九八』所収、岩波書店、一九九一年、三四一～三四八ページ。

(102) 「兼ねて板伯より依頼なし置くとの事なりし「自由燈新聞」記者坂崎斌氏の宅に至り、初対面の挨拶を述べて、将来の訓導を頼み聞え、やがて築地なる新栄女学校に入学して十二、三歳の少女と肩を並べつつ、ひたすらに英学を修め、傍ら坂崎氏に就きて心理学およびスペンサー氏社会哲学の講義を聴き、一念読書界の人とはなりぬ。」「妾は坂崎氏の家にありて、一心勉学の傍ら、何とかして同志の婦女を養成せんものと志し、不恤緯会社なるものを起して、婦人に独立自営の道を教え、男子の奴隷たらしめずして、自由に婦女の天職を尽さしめ、この感化によりて、男子の暴横卑劣を救済せんと欲したり。」（福田英子『妾の半生涯』福田英発行、一九〇四年、一五ページ、二九ページ）。

(103) おりょうの回想譚をまとめた「反魂香」に拠れば、元治元年の八月一日に龍馬とおりょうは粟田の金蔵寺で内祝言を上げている（『全集 四訂版』、九四二ページ）。
龍馬は寺田屋遭難後、姉乙女宛の書簡で、おりょうを「京のやしき二引取て後ハ小松、西郷などにも申、私妻と為知候」（慶応二年一二月四日・坂本乙女宛書簡、『全集 四訂版』、一四一ページ）とおりょうを妻として紹介しているので、紫瀾はこの記述をもとに、龍馬とおりょうをここで結婚させたと思われる。

(104) あさくらゆうの調査によれば、龍馬と千葉さなの恋愛は、千葉重太郎門下であった由良守応がその証言者であり、紫瀾は由良と交流があった陸奥宗光を通じてその情報を得たと推測される（あさくらゆう「坂本龍馬との恋を目撃した男」『足立史談』五一六号所収、足立史談編集局、二〇一一年二月。あさくらゆう『千葉さな子STORY 千葉定吉一家と千葉さな子の物語』歴史企画研究、新装版初版二〇一〇年一一月、八～一〇ページ）。

(105) ただし現在『中岡慎太郎全集』に収録されているものとは微妙に表現が異なる。

(106) 井上清「戦闘的民族主義者中岡慎太郎」、『歴史と人物』一九七八年四月号所収、中央公論社、八〇～八一ページ。

(107) 松岡僖一『土佐自由民権を読む』青木書店、一九九七年、一二一～一二二ページ。

(108) 『吉川経幹周旋記第四』・慶応二年二月二日条（日本史籍協会、一九二七年、三一八～三二四ページ）の、長府毛利家・時田少輔が岩国吉川家・塩谷鼎助に伝えた情報によれば、実際この時ユニオン号に乗船していた薩摩藩士が「折角是まて不和之薩長此節ハ御混和ニ相成、馬関江は不断薩船停泊いたし居候なと、列藩江も響キ随分好策略ニは無之哉」と長州に同意を求めたが、長州の意見はまとまらず、遂に薩摩側も「左様ならハ馬関を打払ひ帰帆可致」とキレたとされる。この時ユニオン号には、近藤ら社中のメンバーが乗り組んでおり、時田の言う「薩摩藩士」は社中のことかと思われる。

(109) 土居香國編纂『海南義烈傳 二篇』花明柳暗舍、一八八二年新刻、三三丁。

(110) 『全集 四訂版』、八八二ページ。

(111) 元治元年一一月二六日付・小松帯刀書簡、大久保利通宛『鹿児島県史料 玉里島津家史料三』所収、鹿児島県、一九九四年、七一九～七二〇ページ。

(112) 司馬遼太郎『竜馬がゆく 怒涛編』文藝春秋、一九六五年、一九九ページ。

(113) 山本栄一郎『真説・薩長同盟 坂本龍馬の真実』文芸社、二〇〇一年、一〇一ページ。

(114) 家近良樹『西郷隆盛と幕末維新の政局 体調不良問題から見た薩長同盟・征韓論政変』ミネルヴァ書房、二〇一一年、一二三～一二四ページ。
なお時田が塩谷に伝えた情報は、『吉川経幹周旋記第四』慶応二年二月二日条（三一八～三二四ページ）に記載。

(115) 前掲、家近『西郷隆盛と幕末維新の政局』、一二四ページ。

(116) 桐野作人ブログ「膏肓記」二〇一〇年八月二九日記事。

http://dangodazo.blog83.fc2.com/blog-entry-889.html。前掲、山本『真説・薩長同盟　坂本龍馬の真実』、一三二～一三五ページ。

(117) 同時代記録としては、薩摩島津家・野村盛秀の慶応二年正月廿三日条に「土州家前河内愛之助、多賀松太郎、菅野覚兵衛入来、上杉宗次郎へ同盟中不承知之儀有之、自殺為致候段届申出候」とあるが、やはり理由は判然としない（皆川真理子「史料から白峯駿馬と近藤長次郎を探る」、『土佐史談』二四〇号所収、土佐史談会、二〇〇九年、一一八ページ）。

(118) 国立国会図書館憲政資料室の井上馨文書の中にも「近藤長次郎傳」があるが（第九二冊）、この近藤伝は瑞山会編「近藤長次郎傳」と同内容であり、瑞山会のものにある校訂を井上文書側が反映していることや、瑞山会伝記が事実誤認として削除している箇所（近藤切腹時の龍馬の拠所）が、井上文書でも墨で抹消されていることなどから、瑞山会のものがオリジナルかと思われる。

(119) 山田一郎『海援隊遺文　坂本龍馬と長岡謙吉』新潮社、一九九一年、四〇六ページ。

(120) 宮地美彦『宮地彦三郎真雄略傳』一九二一年、七〇丁。

(121) その生涯は直寛の孫に当る土居晴夫の業績、特に『龍馬の甥　坂本直寛の生涯』（リーブル出版、二〇〇七年）に詳しい。本書の記述も主に氏の業績を参照した。

(122)『高知県人名辞典　新版』。

(123) 前掲、坂崎『少年読本第十九編　坂本龍馬』、諸言。

(124) 板垣退助「維新前後経歴談」、『維新史料編纂会講演速記録一』所収、東京大学出版会、一九七七年、一四八ページ。

(125)「樋口先生門人名簿」、横田達雄編註『青山文庫所蔵資料集一〇　樋口眞吉傳・樋口先生』所収、県立青山文庫後援会、二〇〇六年、二九ページ。

(126)「戊辰従軍戦士名簿」、土佐藩戊辰戦争資料研究会『土佐藩戊辰戦争資料集成』所収、高知市民図書館、二〇〇〇年、三〇四～三〇五ページ。

(127) 慶応三年六月二四日・坂本権平宛書簡、『全集　四訂版』、二三九ページ。

(128) 慶応三年六月二四日・坂本乙女宛書簡、『全集　四訂版』、二四九ページ。

(129) 高知市立自由民権記念館図録『板垣退助　板垣死すとも自由は死せず』一九九四年、六二ページ。

(130) 板垣退助監修、遠山茂樹・佐藤誠朗校訂『自由党史（中）』岩波文庫、一九五八年、二〇七ページ。

(131) 尾佐竹猛『明治政治史点描』育生社、一九三八年、一六七～一七九ページ。彭澤周「板垣退助の外遊費の出所について」、『日本史研究』七五号所収、一九六四年。

(132) 前掲、外崎『土佐自由民権運動史』、二五五～二五八ページ。前掲、高知市立自由民権記念館図録『板垣退助』、六二～六三ページ。

(133) 前掲、彭澤周「板垣退助の外遊費の出所について」、九九ページ。

(134) 実際は旧東京地方部員は洋行反対の決議を行い、板垣が洋行を強行すれば総理の職を解くべし、との意見書を提出している（前掲、『自由党史（中）』、二一二〜二一三ページ）。
(135) 前掲、松岡「高知県帝政派の研究〈天皇制絶対主義への方向〉」、四〜九、二五〜二六ページ。
(136) 「（旧郷士は）藩政時代から農地を保有して在郷していたので、維新の改革にも地方地主としてその勢力を温存したばかりでなく、勤王思想に導かれて倒幕運動の主要な役割を果した経験を持ち誇負に生きていた。民権自由主義が社会運動に限られている限りは彼等の反対するところでなかったけれども、皇室の尊厳に触れるか国家の威信に関するに至っては立志社に同調する事が出来なかった」（平尾道雄『長岡村史』長岡村史編纂委員会、一九五五年、一一四ページ）。
(137) 前掲、高田「国家と地域の歴史意識形成過程」、八〜九ページ。
(138) 川島正三編纂「板垣退助君言行署」、『通俗明治民権の花』所収、一八八一年、八〇〜八三ページ。
(139) 前掲、松岡「高知県帝政派の研究〈立憲運動下の漸進主義〉」、一〜四ページ。
(140) 松岡司に拠れば、高陽会はこの一ヶ月後の明治一五年六月に「高陽立憲帝政党」を設立している（前掲、松岡「高知県帝政派の研究〈立憲運動下の漸進主義〉」、四ページ）。
(141) 前掲、外崎「土佐自由民権運動史」、二〇九ページ。「土佐国民情一班」、『高知県史 近代資料編』所収、高知県、一九七四年、一二〇〇〜一二〇一ページ。
(142) 『高知県史 近代編』高知県、一九七〇年、一七二ページ。
(143) 阿部安成「横浜歴史という履歴の書法」、阿部安成他編『記憶のかたち コメモレイションの文化史』所収、柏書房、一九九九年、四六ページ。
(144) 前掲、『図録 汗血千里の駒の世界』、一二ページ
(145) 興津要作製「彩霞園柳香年譜」、『明治初期文学集』所収、講談社、一九六九年、四四二〜四四三ページ。
(146) 『随筆明治文学三』所収、平凡社、二〇〇五年、三二五ページ。
(147) 『開花新聞』は明治一七年八月に改題し『改進新聞』となる。
(148) 『阡血千里駒 前編』摂陽堂、一八八三年、三三丁。
(149) 前掲、興津要作製「彩霞園柳香年譜」、四四二ページ。
(150) 『南海之勤王』の「例言」にも、「久シク筐底ニ蔵ム頃、日本県書肆至急出板セント請フ」とあり、また巻頭には、武市らの贈位祭の様子などが記されている。
(151) 天誅組の事を記した「四編巻一」の小見出しに「南山の義挙鎮静する事」とある（染崎延房『近世紀聞 全』金松堂、一八八六年、一九七ページ）。
(152) 「南山皇旗之魁の序」『土陽新聞』一八八四年五月一日付紙面。
(153) 前掲、柳田『政治小説研究（上）』、二五三ページ。
(154) 同右。
(155) 前掲、『維新土佐勤王史』、凡例一ページ。
(156) 前掲、外崎『土佐自由民権運動史』、三六〇〜三六一ペ

ージ。
(157) 松浦玲「司馬文学と歴史」、『検証 龍馬伝説』論創社、二〇〇一年、二～六ページ。
(158) この件は「妙法院の家臣出井民部が、大仏境内を土藩に貸地致したしとの内情を、藩邸留守居役武山某に紹介して、新に根拠地を得せしめたる」と借地の事実だけが書かれており、出井栄太郎は登場しない（前掲『維新土佐勤王史』、二二二ページ）。
(159) 平尾道雄「『維新土佐勤王史』について」、『土佐史談』第一五〇号所収、土佐史談会、一九七四年、一四四ページ。
(160) ただ横田達雄の『武市半平太と土佐勤王党』に拠れば、この妻木が質問した部分は『維新土佐勤王史』のネタ本となった、瑞山会の古沢滋『瑞山武市半平太先生傳』に記述があり、横田は紫瀾がそれを忘れたか、あるいは古沢をかばうためにこのようにコメントした可能性を指摘している（七七～七八ページ）。
(161) 青山忠正「『松菊余影』の叙述と内容」、マツノ書店『松菊余影』内容見本、二〇一一年。

第三章

(1) 松岡司『異聞・珍聞・龍馬伝』新人物往来社、二〇〇九年、一八九～一九一ページ。
(2) 『全集 四訂版』、一〇一七～一〇二七ページ。
(3) 外崎覚「阪本龍馬殺害の真相並殺害者に就て」、『史談会速記録第二五八輯』、史談会、一九一四年、二四～二五ページ。
(4) 『殉難録稿 巻之五十四 坂本直柔』宮内省、一九〇七年、六四丁。
(5) 宮内庁書陵部蔵「殉難録編纂掛日記」。
(6) 高田佑介「維新の記憶と「勤王志士」の創出 田中光顕の顕彰活動を中心に」、『ヒストリア』第二〇四号所収、大阪歴史学会、二〇〇七年、七五～七七ページ。
(7) 中村武生『京都の江戸時代をあるく 秀吉の城から龍馬の寺田屋伝説まで』文理閣、二〇〇八年、一八五ページ。
(8) 前掲、高田「維新の記憶と「勤王志士」の創出」、七七～八〇ページ。
(9) 高田佑介「「日本史籍協会叢書」稿本の伝存と構成」、明治維新史学会編『明治維新と史料学』所収、吉川弘文館、二〇一〇年、一五八ページ。
(10) 瑞山会編『維新土佐勤王史』冨山房、一九一二年、凡例一ページ
(11) 同右、巻末「瑞山会来歴」。ちなみに瑞山会の会員は、『勤王史』巻末の会員名簿では、総数四〇名を数えるが、例えば河野や清岡のように『勤王史』発刊の大正元年には、既に死去している人物も記されており、一時期でも会員として名を連ねた人物が延べ四〇名いたということであろう。
(12) 『坂本龍馬関係文書第一』、六二～六六ページ。
(13) 高田祐介「国家と地域の歴史意識形成過程 維新殉難者顕彰をめぐって」、『歴史学研究』八六五号所収、二〇

一〇年、一一～一二ページ。

(14) 後藤靖『士族反乱の研究』青木書店、一九六七年、一二九～一三二ページ。

(15) 前掲、高田「国家と地域の歴史意識形成過程」、三ページ。

(16) 阿部安成「横浜歴史という履歴の書法」、阿部安成他編『記憶のかたち　コメモレイションの文化史』所収、柏書房、一九九九年、四六ページ。

(17)『全集　四訂版』、一〇二七ページ。

(18)『坂本龍馬関係文書第二』、二六四～二六五ページ。

(19) ちなみに「小西本」には余白に紫瀾の自書で「紫瀾識ス」とコメントが書かれている箇所があり、「小西本」を紫瀾が見ていたことは明らかである。

(20)『坂本龍馬関係文書第二』、二三六ページ。

(21)「龍馬傳艸稿」は②、「池内蔵太傳」は⑪（田所壮助他九人と併せて一冊の冊子にまとめられている）、とナンバリングされている。

(22) 松岡司『定本　坂本龍馬伝　青い航跡』新人物往来社、二〇〇三年、一九ページ。

(23) 末松謙澄『修訂防長回天史　第五編下』末松春彦、一九一三年、四〇五～四〇六、四一六～四一七ページ。

(24) 広田暢久「毛利家編纂事業史其の二」、『山口県文書館研究紀要』第六号所収、一九七九年、二一～三ページ。

(25) 佐賀県立図書館蔵『未定稿・防長回天史第五編ノ七』、一五六～一五七ページ、一六七～一六八ページ。なお、この『未定稿・防長回天史』の調査では、佐賀県立図書館にご助力を頂戴した。

(26) 土居晴夫『坂本龍馬の系譜』新人物往来社、二〇〇六年、一九九ページ。

(27) 三吉慎蔵関係の史料は、野史台が発行した『維新史料・第三二編』（一八八九年五月）に掲載された「坂本龍馬略傳」に、『同・第三三編』（一八八九年五月）に掲載された「三吉慎蔵君日記抄録」と題する慶応二年正月から明治元年までの三吉の日記と「毛利家乗抄録」が掲載されている（龍馬の伝記は『海南義烈傳』のものを転載したものである）。

掲載された三吉の日記のテキストは、『関係文書二』に収録されている「三吉慎蔵日記抄」と完全に一致するが、東京大学史料編纂所にも瑞山会所蔵史料として、『(坂本龍馬之件）日記抄録』（維新史料引継本Ⅱほ‐5）と題する簿冊があり、これも『維新史料』と全く同内容である。おそらくこの「三吉慎蔵日記抄」は、維新史料→瑞山会→関係文書と転記されたものと思われる。

(28) 広田暢久「毛利家編纂事業史其の一」、『山口県文書館研究紀要』第三号所収、一九七四年、三〇～四三ページ。

(29)『駒澤史学』第五九号所収、二〇〇二年。

(30)『図録　特別展　薩長盟約と下関　長府藩士と龍馬・慎太郎のキセキ』（下関市立長府博物館、二〇一二年）では、やはり商社設立関係者に龍馬の名が見えないとし、「仮に、同商社に龍馬が関わっていたとすれば、その役割は、おそらく蒸気船を用いた下関から大坂への物品輸送にあったと推察される」（四四ページ）としている。

(31) 町田明広『攘夷の幕末史』講談社現代新書、二〇一〇年、一〇〇ページ。なお『鹿児島県史料 玉里島津家史料三』では、この文書を「元治元年?」としているが、町田は慶応元年のものと比定している。

(32) 山本栄一郎『実伝 坂本龍馬』本の泉社、二〇一〇年、八一ページ。

(33)『関係文書二』の「応接筆記」は(公財)土佐山内家宝物資料館蔵の「応接筆記」の朱の添削を反映しており、長さも同サイズであることから、土佐山内家宝物資料館の「応接筆記」に拠るものと思われる。ただし『関係文書一』には、以降の長崎での「談判筆記」や関係者の往復書簡、山内家のものにはない五月二二日の「応接筆記」等も掲載されている。

一方『関係文書二』のものは、いろは丸の機械方見習だった、伊予大洲加藤家の豊川渉の報告書を転記したものと思われ、五月一五日までの交渉の様子と豊川の報告が記されている。土佐山内家宝物資料館のものに見られる朱添削は反映されていない。ちなみにこの報告書のことは「土佐の守内海援隊長才谷梅太郎航海日誌」というタイトルで、豊川の自伝にも記されている(望月宏・篠原友恵編『豊川渉の思出之記』創風社出版、二〇一一年、二二三ページ)。

(34) 前掲『図録 特別展 薩長盟約と下関 長府藩士と龍馬・慎太郎のキセキ』、四六~四七ページ。

(35) 前掲、広田「毛利家編纂事業史其の二」、三二ページ。

(36)「小西本」には有名な清風亭会談は一切描かれていない。「龍馬長崎ニ抵ル。適マ本藩出張ノ仕置後藤象二郎ト交ルヲ得テ、談論数回其才識世用ニ堪ユルヲ察シ」と龍馬が後藤を「発見」したニュアンスで記されている。

一方同時期の明治三〇年の紫瀾「後藤伯の小傳」や三一年の秋月鏡川『後藤象次郎』では、当初龍馬は警戒して刀を側にしていたが談じてすぐに刎頚の友となった、と記されている。これらを参照することは可能だったにも関わらず一切スルーしたのは、後藤と瑞山会メンバーとの関係性ゆえであろうか。

(37) 桜島丸約定書は、当初近藤が井上らと約束したもの(桜島丸条約)と、それが長州海軍局と揉めたため内容を改めて結び直したもの(約束)の二種類があり、それぞれ「慶応元丑年十二月」「丑十二月」という日付が記された文書が「毛利家文庫」の「桜島条約書」にも収録されている。日付は同月だが当然順番は桜島丸条約→約束、である。

ところがなぜか瑞山会採集史料では「約束」の日付を「丑五月」と変更しており、これを受けて「小西本」では、約束→桜島丸条約の順に条約が改正されたと記している。ちなみに紫瀾は「海援隊始末」では文書の日付を「桜島丸条約」を九月、「約束」を十二月に訂正して使っている。九月ってどこから? 滅茶苦茶である。

(38) むしろ分量が少なく一冊の簿冊として独立させにくい史料を「瑞山会採集史料」としてまとめたと思われる。

(39)『全集 四訂版』、六五三ページ。

(40) 平尾道雄『坂本龍馬 海援隊始末記』白竜社、一九六八

年、三〇ページ。ちなみに平尾の『海援隊始末（記）』の一九二九年版と一九四一年版には、逆に「龍馬のもとには加わらなかった」との記述がある。
(41) 弘松宣枝『阪本龍馬』民友社、一八九六年、三六〜三七ページ。
(42) 坂崎紫瀾『少年読本第十九編　坂本龍馬』博文館、一九〇〇年、五〇ページ。
(43) 前掲、『殉難録稿　巻之五十四　坂本直柔』八丁。
(44) ちなみに『土藩坂本龍馬傳』には、「文久元年辛酉年夏五月本州ヲ脱セリ」と、一年前のこととして記してある。
(45) 第二章でも記したように、平井収二郎関係史料は、平井の死後・妹の加尾に伝わり、高知県立歴史民俗資料館に平成五年度に寄託されている。その中の「平井収二郎・加尾兄妹往復書簡写本」は、ちょうど文久二〜三年の平井収二郎と加尾の書簡の写しを収めているが、その中にもこの書簡の写しはない（高知県立歴史民俗資料館『平成十六年度高知県立歴史民俗資料館収蔵資料目録第七集　平井・西山家資料目録（歴史分野）』二〇〇五年、三二〜三九ページ）。
(46) 村上恒男『坂本龍馬脱藩の道を探る』新人物往来社、一九八九年、九五〜九七ページ。
(47) 『全集　四訂版』、六五一ページ。
(48) 『皆山集』第五巻所収、高知県立図書館、一九七六年、六二一〜六二六ページ。ちなみに『関係文書一』に引用されている「藤陰畧話」にはこの一文がない。『関係文書一』と『皆山集』所収の「藤陰畧話」は基本的に同内容であるが、これ以外にも文章が異なる箇所が何ケ所も見られる。
(49) 別府江邨『画人河田小龍』「画人河田小龍」刊行会事務所、一九六六年、三〇〜三四、二五四ページ。ただし『高知県人名辞典　新版』では、「（明治）二十年土佐を出て寓居を広島におく」としている。
(50) 宇高随生は「藤陰畧話」を、「明治の中期に土陽新聞の記者野島嘯月が坂崎紫瀾の依頼を受けその問いに答えて書送った」手記とする（『坂本龍馬事典・コンパクト版』新人物往来社、二〇〇七年、一九八ページ）。この宇高の記述が何に拠るかは不明だが、「紫瀾年譜」では明治二三年〜二八年の間で紫瀾が高知にいたのは、再度『土陽新聞』に籍を置いた明治二六年以降であり、そうであれば「藤陰畧話」の執筆期間は明治二六年〜二八年の間になる。
　実際、弘松宣枝の『阪本龍馬』では「坂崎氏の記録より抜載す」として、「藤陰畧話」をもとに近藤長次郎と新宮馬之助の略歴を記している（八四ページ）。しかし紫瀾は明治三三年の『少年読本』では、龍馬と小龍の接点を「未だ家に在りし頃とて河田小龍と云へる画家に就きて、其の筆せし漂流記に一班を読み之を記憶したるなるべく、想ふに他日龍馬が其の尊攘党の一人なりしにも拘はらず、一朝勝海舟の説法により豁然大悟せしものは、蓋し此等の関係ありしに基けるは疑ふべくもあらず」（一九ページ）と記しており、「藤陰畧話」の内容を元にした記述は行っていない。また大正元年の『維新土佐勤王史』でも「河田小龍に就きて薩藩の軍備を問ひ」（四七ページ）だけである。

紫瀾の著述で「藤陰畧話」をストレートに反映したのは「海援隊始末」だけであり、紫瀾が何のために野島に調査を依頼し、「海援隊始末」以前にそれを何らかの形で発表したのかどうかも不明である。ちなみに河田小龍に関する紫瀾、もしくは野島の文章が『土陽新聞』に掲載された可能性も考え、明治二六年から二八年の『土陽新聞』を確認したが筆者の調査の範囲では掲載の事実は確認できなかった。ただ現存する『土陽新聞』には欠号が多く断定的な結論は出すことは出来ない。
(51)「二十日二本松薩邸ニ抵リ西郷吉之助桂小五郎ヲ首トシ薩長諸士ト相会シ天下ノ大計ヲ議シ、今後同心協力共ニ事ヲ成スコトヲ盟ヒ、二藩宿疑氷釈シ相歓フコト故ノ如シ」と会談はスムーズに運んだかのように記されている。ちなみにこの後、紫瀾の『少年読本』の盟約締結の場面が転記されているが、その部分には朱で×が付けられている。
(52)『坂本龍馬関係文書第二』、二八八ページ。
(53)『史談会速記録・第七十九輯』史談会、一八九九年、一八～二一ページ。
(54)尾崎三良『尾崎三良自叙略伝(上)』中公文庫、一九八〇年、九一～九三ページ。
(55)『坂本龍馬関係文書第一』、四一二～四一七ページ。
(56)前掲、尾崎『尾崎三良自叙略伝(上)』、八～一三ページ。
(57)尾崎三良『尾崎三良自叙略伝(下)』中公文庫、一九八〇年、一九九～二〇一ページ。
(58)伊藤隆・尾崎春盛編『尾崎三良日記(下)』中央公論社、一九九二年、八〇ページ。
(59)秋月鏡川『後藤象次郎』興雲閣、一八九八年、一八三ページ。
(60)船津功「「大政奉還」をめぐる政権構想の再検討　坂本竜馬「新官制案」の史料批判を中心に」、『歴史学研究』三七五号所収、青木書店、一九七一年。石井孝「船津功氏「「大政奉還」をめぐる政権構想の再検討」を読んで」、『歴史学研究』三八〇号所収、一九七二年。ちなみに後者の論で石井は、嵯峨実愛は後年(明治三年)の改姓であり、正親町三条と記してある①、②の史料の方が信憑性が高いと評価しているが、①～③はそもそも全てが明治以降に記されたものであり、この点は史料の信憑性とは無関係に思われる。
(61)前掲、『史談会速記録・第七十九輯』、二四ページ。
(62)史談会談話と「尾崎三良自叙略伝」には、関白・内大臣・議奏・参議の他に、神祇官・内国官・外国官・会計官・刑部官・軍務官の六官を置くことが追加されている。先に書かれたと思われる「明治十二年草稿」と「尾崎三良手扣」にはこの六官は書かれておらず、これはその後新政府の制度が三職七科になったことに合わせて、官制案の作者を自認する尾崎の記憶が修正されたものとも思われる。
(63)『復古記　第一冊』明治元年正月十七日条、東京大学出版会、二〇〇七年復刻(原本一九三〇年)、六〇七ページ。

(64) 前述のように「(坂本は) 抽象的な概念を駆使することはなかった。意図的にそうしたわけではなく、必要であるべきときでも、できなかったと見るべきである。この意味からすれば、いわゆる「新政府綱領八策」なども坂本の発案とは考えにくい」との論もあり (青山忠正「文体と言語　坂本龍馬書簡を素材に」、『明治維新の言語と史料』所収、清文堂出版、二〇〇六年、一六五ページ)、以下は第一章でも記したように、龍馬というより海援隊プランという視点で捉えていただきたい。

(65) 前掲、尾崎『尾崎三良自叙略伝 (上)』九一ページ。

(66) 司馬遼太郎『竜馬がゆく 回天篇』文藝春秋、一九六六年、四二四ページ。ちなみに『竜馬がゆく』では山内容堂もこのメンバー案から外されており、土佐を大政奉還後の政局から引き下がらせようとする龍馬の意図を印象づけている。

(67)「嵯峨実愛手記」『続日本史籍協会叢書 史籍雑纂二』所収、東京大学出版会、一九七七年、三ページ。

(68)『全集 四訂版』、九九八ページ。

(69) 横田達雄編『寺村左膳道成日記三』県立青山文庫後援会、一九八〇年、五〇ページ。

(70) 東京大学史料編纂所には、『尾崎三良自叙略伝』が所蔵されているが、これは「誕生から明治六年英国より帰朝するまでの部分が大正五年に印刷され、親類縁者に配布された」(『尾崎三良自叙略伝 (上)』、八ページ) ものであり、当然大正二年に死去した紫瀾の『維新土佐勤王史』や「海援隊始末」には反映されていない。逆に大正一五年刊の『関係文書二』には「尾崎三良手扣」と併せて収録されている。

(71) 小西四郎旧蔵の瑞山会史料の中には「坂本龍馬関係男爵尾崎三良手控写」というタイトルで「尾崎三良手扣」の筆写稿本がある。

(72) 千頭清臣「海南の奇傑坂本龍馬」、『学生・郷土偉人号』所収、冨山房、一九一二年、一一五ページ。

(73) 坂崎紫瀾「坂本龍馬海援隊始末」は一〇月一六日の成立とするが、その論拠は不明である。また本文にも記したように同日はほぼ一日神山左多衛たちと行動を共にしており、尾崎と新官制擬定書を相談する時間は早朝ぐらいしかなかったと思われる。

(74)『全集 四訂版』、八九一ページ。

(75)『全集 四訂版』、五四三ページ。

(76) 前掲、坂崎『少年読本第十九編 坂本龍馬』、一八四ページ。

(77) 東京大学史料編纂所HP所蔵史料目録データベース、「坂本龍馬謀殺一件書抜」(維新史料引継本Ⅱに-78)

(78) この刑部省口供書原本は戦前まで司法省に保管されていたが、戦災で焼失したとのことである (赤田照成「龍馬殺害と京都見廻組」、『鴨の流れ』第一四号所収、京都維新を語る会、二〇〇六年、一五一ページ)。

(79)『関係文書一』には、例えば「刑部省口書」というタイトルの横に括弧書きで「元朱」と書かれている。同様の「元朱」注記は他にも数カ所散見されるが、これらの注記部分は「坂本龍馬謀殺一件書抜」では全て朱で記されており、その箇所は完全に一致している。また「坂本龍馬謀殺一件書抜」には、維新史料編纂会の校定の際記されたと思われる、瑞山会採集史料そもそもの誤記を指摘する朱註が附されているが、『関係文書一』にはこの朱註もそのまま記されている。当然維新史料編纂会が附した朱註は「坂本龍馬謀殺一件書抜」にしかないものであり、「謀殺一件」の口書他が『関係文書一』の典拠になったとの傍証になるだろう。

(80) ちなみに『関係文書一』に先立って、大正五年の龍馬と中岡の五十年祭で、岩崎が「坂本中岡両先生の最期に就て」という講演を行い、そこで今井の口書と申渡書を紹介している(『坂本中岡両先生五十年祭記念講演集』、坂本中岡両先生遭難五十年記念祭典会、一九一七年、一二八〜一三二ページ)。

　また同様に岩崎が大正六年から七年にかけて雑誌『日本一』に連載した「多年誤り傳へられたる阪本龍馬の刺客」にも、今井の口書が紹介されており(石瀧豊美「天馬、空を行く　岩崎鏡川と幻の「龍馬伝」」、『近代福岡の歴史と人物　異・偉人伝』所収、イシタキ人権学研究所、二〇〇九年、一四ページ)、今井の口書の存在そのものが『関係文書一』の刊行まで知られていなかったわけではない。

(81) 『全集　四訂版』、六四五〜六四六ページ。

(82) 西村兼文編纂『文明史畧』巻四、寿楽堂、一八七六年、一七丁。菊地明『龍馬暗殺完結編』新人物往来社、二〇〇〇年、七五〜八〇ページ。

(83) 秋月鏡川『後藤象次郎』興雲閣、一八九八年、一九五ページ。

(84) 実際は『近畿評論』の今井の記事は、『甲斐新聞』に一八九九年一〇月二七日から一一月二日まで六回に渡って掲載されたもの(国立国会図書館HP・レファレンス協同データベース http://crd.ndl.go.jp/GENERAL/servlet/detail.reference?id=1000096295)、の再投稿であるが、いずれにしても『後藤象次郎』の刊行よりは後の記事になる。

(85) 高知県立坂本龍馬記念館『図録　坂本龍馬と岩崎鏡川展』二〇〇八年、七四ページ。

(86) 岩崎英重「逸話」『佐佐木高美大人』所収、非売品、一九一九年、一七ページ。

(87) 田中英光「土佐」『田中英光全集八』所収、芳賀書店、一九六五年、三二ページ。

(88) 前掲、秋月『後藤象次郎』、「筆を擱かむとして読者に申ぐ」一ページ。

(89) 津田茂磨『勤王秘史　佐佐木老侯昔日談』、國晃館、一九一五年、五四二ページ。

(90) 前掲、秋月『後藤象次郎』、一九七ページ。

(91) 日本史籍協会編『増補　幕末明治重職補任』東京大学出版会、一九八〇年、一六〇ページ。

(92) 『保古飛呂比　佐佐木高行日記四』東京大学出版会、一九七三年、四二九〜四三〇ページ。

(93) 『山内家史料　幕末維新　第十三編』山内神社宝物資料館、一九八八年、二四九ページ。

(94)小林和幸『谷干城　憂国の明治人』中公新書、二〇一一年、六二〜六七ページ。
(95)前掲、『保古飛呂比　佐佐木高行日記四』、三八九ページ。谷干城「上京日誌」明治三年七月六日条、島内登志衛編『谷干城遺稿（上）』所収、靖献社、一九一二年、四一八ページ。
(96)前掲、小林『谷干城』、一〇一〜一〇三、一〇八〜一一四ページ。
(97)処刑に当っての近藤の罪状は龍馬暗殺の嫌疑ではなく、勝手に幕臣を名乗り、甲州および流山で犯した暴挙の罪を問われてのものであった（あさくらゆう『慶応四年新撰組近藤勇始末　江戸から五兵衛新田・流山・板橋まで』崙書房出版、二〇〇六年、一二五ページ）。
(98)東京大学史料編纂所HP維新史料綱要データベース、明治二年七月一一日条「御布告書」。
(99)「今井信郎君の返翰」、『木國史談会雑誌』第一巻三号所収、木國史談会、一九〇九年、二〇ページ。
(100)前掲、『殉難録稿　巻之五十四　坂本直柔』、六四丁。
(101)『全集　四訂版』、八五〇ページ。
(102)『殉難録稿　巻之五十五　中岡道正』宮内省、一九〇七年、五五丁。

おわりに

(1)井上勲『坂本龍馬　海洋の志士』山川出版社、二〇〇九年、八六ページ。
(2)司馬遼太郎『「昭和」という国家』日本放送出版協会、一九九九年、一七〜一八ページ。
(3)鹿野政直『「鳥島」は入っているか　歴史意識の現在と政治学』岩波書店、一九八八年、五〇〜五一ページ。
(4)町田明広『攘夷の幕末史』講談社現代新書、二〇一〇年、一〇七〜一〇八ページ。
(5)同右、八三ページ。
(6)慶応三年三月六日・坂本龍馬書簡、印藤肇宛、『全集　四訂版』、一七八〜一八四ページ。
(7)『全集　四訂版』、一二〇〜一二三ページ。
(8)『全集　四訂版』、二二三ページ。
(9)『全集　四訂版』、二二一ページ。
(10)『全集　四訂版』、九九八ページ。
(11)中村武生「新選組研究の回顧と展望」、『歴史読本　特集　近藤・土方・沖田の新選組』所収、新人物往来社、二〇〇四年三月号。
(12)慶応二年一二月四日・坂本龍馬書簡、坂本乙女宛、『全集　四訂版』、一四四ページ。

主要参考文献一覧

■史料、明治・大正期文献

平尾道雄監修・宮地佐一郎編集解説『坂本龍馬全集 増補四訂版』光風社出版、一九八八年
岩崎英重編『坂本龍馬関係文書第一・第二』日本史籍協会、一九二六年
宮地佐一郎『龍馬の手紙』講談社学術文庫、二〇〇三年
小野淳輔原筆・馬場文英補訂『土藩坂本龍馬傳 附近藤昶次郎池内蔵太之事』（山口県文書館蔵・毛利家文庫他藩人履歴13）
「坂本龍馬傳」（高知県立図書館蔵）
「坂本龍馬傳艸稿」（筆者蔵）
「御侍中先祖書系図牒」（原本（公財）土佐山内家宝物資料館蔵）
「勤王者調」（高知県立図書館蔵）
「坂崎文庫」（高知県立図書館蔵）
「瑞山会採集史料」（東京大学史料編纂所・維新史料引継本Ⅱを－7）
大橋義三・外崎覚「殉難録編纂掛日記」（『殉難録稿編纂参考資料』所収、宮内庁書陵部蔵）
山内家史料刊行委員会『山内家史料・幕末維新』三～十三編、山内神社宝物資料館、一九八三～二〇〇三年
土居香國編纂『海南義烈傳 初篇』花明柳暗舎、一八八二年
坂崎紫瀾著・林原純生校注「汗血千里の駒」（『新日本古典文学大系明治編一六 政治小説集二』所収、岩波書店、二〇〇三年）
坂崎鳴々道人原稿、雑賀柳香補綴『汗血千里駒 前編・後編・続編』摂陽堂、一八八三年
坂崎紫瀾原稿、雑賀柳香補綴、岡林清水解題『土佐史談復刻叢書17 汗血千里駒』土佐史談会、二〇〇三年
南國野史「南の海血しほの曙」（『高知新聞』一八八〇年九月一九日～一八八一年九月二日）
鳥々道人、佐々木甲象「南山皇旗之魁」（『土陽新聞』一八八四年四月三日～一一月二二日）
弘松宣枝『阪本龍馬』民友社、一八九六年
坂崎紫瀾『少年読本第十九編 坂本龍馬』博文館、一九〇〇年
瑞山会編『維新土佐勤王史』冨山房、一九一二年
大橋義三・外崎覚編『殉難録稿 巻之五十四 坂本直柔』宮内省、一九〇七年
千頭清臣『坂本龍馬』博文館、一九一四年
『坂本中岡両氏遺墨紀念帖』一九〇六年
坂本中岡両先生遺難五十年記念祭典会『坂本中岡両先生五十年祭記念講演集』一九一七年
鳥々道人編『板垣退助詳傳』（高知県立図書館蔵）
坂崎紫瀾「後藤伯の小傳」（『東京新聞』一八九七年八月五日～一一月一七日）
宮地佐一郎編『中岡慎太郎全集』勁草書房、一九九一年
「隈山春秋」（『続日本史籍協会叢書・史籍雑纂二』所収、東京大学出版会、一九七七年）

東京大学史料編纂所編『保古飛呂比　佐佐木高行日記二・四・九』東京大学出版会、一九七二年、一九七三年、一九七七年
津田茂麿『勤王秘史　佐佐木老侯昔日談』國晃館、一九一五年
「神山左多衛日記」高知県佐川町立青山文庫蔵
横田達雄編『寺村左膳道成日記三』県立青山文庫後援会、一九八〇年
澤本健三『伯爵田中青山』田中伯伝記刊行会、一九二九年
秋月鏡川『後藤象次郎』興雲閣、一八九八年
宇田友猪著・公文豪校訂『板垣退助君伝記二』原書房、二〇〇九年
『皆山集三・五』高知県立図書館、一九七六年
染崎延房『近世紀聞全』金松堂、一八九六年
椒山野史『校補近世史略一・二』山口氏蔵版、一八七五年再刻
山田俊蔵・大角豊治郎『近世事情　初～三篇』一八七三年～一八七四年

■研究書、一般書、論文など
特別展覧会図録『龍馬の翔けた時代　その生涯と激動の幕末』京都国立博物館、二〇〇五年
2010年NHK大河ドラマ特別展図録『龍馬伝』NHKプロモーション、二〇一〇年
特別展図録『暗殺一四〇年！　時代が求めた〝命〟か？　坂本龍馬・中岡慎太郎展』高知県立歴史民俗資料館・高知県立坂本龍馬記念館・北川村立中岡慎太郎館、二〇〇七年
図録『国指定重要文化財　坂本龍馬関係資料』京都国立博物館、一九九九年
高知県立坂本龍馬記念館図録『坂本龍馬と岩崎鏡川展』二〇〇四年
高知市立自由民権記念館図録『汗血千里の駒の世界　龍馬伝説の誕生』二〇一〇年
高知市立自由民権記念館図録『板垣退助　板垣死すとも自由は死せず』一九九四年
高知市立自由民権記念館図録『三大事件建白運動百二十年記念　土佐自由民権運動群像』二〇〇七年
土佐山内家宝物資料館図録『山内容堂』二〇一〇年
下関市立長府博物館図録『特別展　薩長盟約と下関　長府藩士と龍馬・慎太郎のキセキ』二〇一二年
高知県立歴史民俗資料館『平成十六年度　高知県立歴史民俗資料館収蔵資料目録第七集　平井・西山家資料目録（歴史分野）』二〇〇五年
青山忠正『明治維新と国家形成』吉川弘文館、二〇〇〇年
青山忠正『明治維新の言語と史料』清文堂出版、二〇〇六年
松浦玲『坂本龍馬』岩波新書、二〇〇八年
松浦玲『検証　龍馬伝説』論創社、二〇〇一年
佐々木克『幕末政治と薩摩藩』吉川弘文館、二〇〇四年
佐々木克『坂本龍馬とその時代』河出書房新社、二〇〇九年
井上勲『王政復古　慶応三年十二月九日の政変』中公新書、一九九一年
井上勲『坂本龍馬　海洋の志士』山川出版社、二〇〇九年

家近良樹『幕末政治と倒幕運動』吉川弘文館、一九九五年
家近良樹『西郷隆盛と幕末維新の政局　体調不良問題から見た薩長同盟・征韓論政変』ミネルヴァ書房、二〇一一年
高橋秀直『幕末維新の政治と天皇』吉川弘文館、二〇〇七年
田中彰『明治維新観の研究』北海道大学図書刊行会、一九八七年
芳即正『坂本龍馬と薩長同盟』高城書房、一九九八年
池田敬正『坂本龍馬』中央公論社、一九六五年
飛鳥井雅道『坂本龍馬』平凡社、一九七五年
柳田泉『政治小説研究（上）』、初刊一九三五、補訂版・春秋社、一九六七年
柳田泉編『明治文学全集5　明治政治小説集一』筑摩書房、一九六六年
野崎左文「坂崎紫瀾翁の伝」（『明治文化研究』三巻九号所収、一九二七年）
尾佐竹猛『維新前後に於ける立憲思想』文化生活研究会、一九二五年
尾佐竹猛『日本憲政史大綱（上）（下）』日本評論社、一九三八、一九三九年
平尾道雄『坂本龍馬　海援隊始末』萬里閣書房、一九二九年
平尾道雄『龍馬のすべて』久保書店、一九六六年
平尾道雄『立志社と民権運動』高知市立市民図書館、一九五五年
外崎光広『土佐自由民権運動史』高知市文化振興事業団、一九九二年
土佐自由民権研究会『土佐自由民権運動日録』高知市文化振興事業団、一九九四年
中村武生『京都の江戸時代をあるく　秀吉の城から龍馬の寺田屋伝説まで』文理閣、二〇〇八年
松岡司『定本　坂本龍馬伝　青い航跡』新人物往来社、二〇〇三年
松岡司『異聞・珍聞・龍馬伝』新人物往来社、二〇〇九年
松岡司『中岡慎太郎伝　大輪の回天』新人物往来社、一九九九年
土居晴夫『坂本龍馬の系譜』新人物往来社、二〇〇六年
土居晴夫『龍馬の甥　坂本直寛の生涯』リーブル出版、二〇〇七年
山田一郎『海援隊遺文　坂本龍馬と長岡謙吉』新潮社、一九九一年
横田達雄『武市半平太と土佐勤王党』私家版、二〇〇七年
山本栄一郎『真説・薩長同盟　坂本龍馬の真実』文芸社、二〇〇一年
山本栄一郎『実伝　坂本龍馬』本の泉社、二〇一〇年
織田毅『海援隊秘記　1867年長崎。龍馬と弥太郎が歴史を変える』戎光祥出版、二〇一〇年
菊地明・山村竜也編『完本　坂本龍馬日記』新人物往来社、二〇〇九年
菊地明『坂本龍馬進化論』新人物往来社、二〇〇二年
ベネディクト・アンダーソン『定本　想像の共同体　ナショナリズムの起源と流行』白石隆、白石さや訳、書籍工房早山、二〇〇七年
寺石正路『土佐偉人傳』歴史図書社、一九七六年復刻

青山忠正「慶応三年一二月九日の政変」（明治維新史学会編『講座明治維新2　幕末政治と社会変動』所収、有志舎、二〇一一年）
宮地正人「中津川国学者と薩長同盟　薩長盟約新史料の紹介を糸口として」（『街道の歴史と文化』第五号所収、中山道歴史資料保存会、二〇〇三年）
佐々木克「大政奉還と討幕密勅」（『人文学報』八〇号所収、京都大学人文科学研究所、一九九七年）
井上勲「大政奉還運動の展開過程」（『学習院大学文学部研究年報』二〇号所収、一九七三年）
井上勲「大政奉還運動の形成過程（一）」（『史学雑誌』八一編一一号所収、山川出版社、一九七二年）
井上勲「大政奉還運動の形成過程（二）」（『史学雑誌』八一編一二号所収、山川出版社、一九七二年）
飛鳥井雅道「「奉還」と「討幕」（上）坂本龍馬の三つの文書」（『人文学報』四一号所収、京都大学人文科学研究所、一九七六年）
三宅紹宣「薩長盟約の歴史的意義」（『日本歴史』六四七号所収、吉川弘文館、二〇〇二年）
三宅紹宣「薩長盟約の成立と展開」（『日本歴史』七六一号所収、吉川弘文館、二〇一一年）
家近良樹「「大政奉還論」の系譜」（『歴史読本』四二巻八号所収、新人物往来社、一九九七年）
船津功「「大政奉還」をめぐる政権構想の再検討　坂本竜馬「新官制案」の史料批判を中心に」（『歴史学研究』三七五号所収、青木書店、一九七一年）
石井孝「船津功氏「「大政奉還」をめぐる政権構想の再検討」を読んで」（『歴史学研究』三八〇号所収、青木書店、一九七二年）
松浦玲「「万機公論ニ決スヘシ」は維新後に実現されたか？」（『新・歴史群像シリーズ④　維新創世　坂本龍馬』所収、学習研究社、二〇〇六年）
桐野作人「同盟の実相と龍馬の果たした役割とは？」（『新・歴史群像シリーズ④　維新創世　坂本龍馬』所収、学習研究社、二〇〇六年）
桐野作人「徹底検証　龍馬の三大争点」（『坂本龍馬伝　幕末を駆け抜けた英傑の生涯』所収、新人物往来社、二〇〇九年）
桐野作人「龍馬の政権構想「船中八策」と「新政府綱領八策」」（『坂本龍馬創世伝』所収、メディアボーイ、二〇一〇年）
松岡司「高知県帝政派の研究」（『青山文庫紀要』第五号〜一三号所収、一九九七〜二〇〇五年）
高田佑介「維新の記憶と「勤王志士」の創出　田中光顕の顕彰活動を中心に」（『ヒストリア』第二〇四号所収、大阪歴史学会、二〇〇七年）
高田佑介「「日本史籍協会叢書」稿本の伝存と構成」、明治維新史学会編『明治維新と史料学』所収、吉川弘文館、二〇一〇年）
高田祐介「国家と地域の歴史意識形成過程　維新殉難者顕彰をめぐって」（『歴史学研究』八六五号所収、二〇一〇年）

広田暢久「毛利家編纂事業史」一～四（『山口県文書館研究紀要』三、六～八号所収、一九七四、一九七九～一九八一年）
平尾道雄「「維新土佐勤王史」について」（『土佐史談』一五〇号所収、土佐史談会、一九七九年）
岡林清水「紫瀾『汗血千里駒』の意義」（『土佐史談』一五八号所収、土佐史談会、一九八二年）
※その他、引用文献は適宜、本文や注で表記した。

表5　新官制擬定書・構成員

	①史談会	②自叙略伝	③手扣	④明治十二年草稿	⑤「小西本」
三条実美	関白	関白	関白	関白	関白
徳川慶喜	内大臣	内大臣		内大臣	内大臣
有栖川宮	議奏	議奏			
仁和寺宮	議奏	議奏			
山階宮		議奏			
島津	議奏	議奏	議奏	議奏	議奏
毛利	議奏	議奏	議奏	議奏	議奏
春嶽	議奏	議奏	議奏	議奏	議奏
山内容堂	議奏	議奏	議奏	議奏	議奏
伊達		議奏	議奏	議奏	議奏
鍋島	議奏	議奏	議奏	議奏	議奏
蜂須賀				議奏	議奏
徳川慶勝		議奏			
嵯峨	議奏	議奏	議奏	議奏	議奏
中山	議奏	議奏	議奏		
中御門	議奏	議奏			
岩倉	参議	参議	議奏	議奏	議奏
東久世	参議	参議	議奏	議奏	議奏
大原	参議	参議			
烏丸				議奏	
西郷	参議	参議	参議	参議	参議
小松	参議	参議	参議	参議	参議
大久保	参議	参議	参議	参議	参議
木戸	参議	参議	参議	参議	参議
広沢	参議	参議		参議	参議
横井	参議	参議	参議	参議	参議
長岡	参議	参議	参議	参議	参議
三岡	参議	参議	参議	参議	参議
後藤	参議	参議	参議	参議	参議
福岡	参議	参議			
坂本	参議	参議	参議	参議	
山内兵之助				参議	参議

63	今井信郎他、刑部省・兵部省口書及び達書	明治３年２月～４月			（出典なし）	「小西本」には横倉甚五郎の「兵部省口書」のみ欠
64	『近畿評論』今井信郎実歴談	明治33年５月			×	全文をそのまま書写。墨で×印
65	小野淳輔　龍馬家督相続の勅旨	明治４年８月			坂本家家譜	『関係文書一』では８月20日のものとする
66	松平春嶽書簡・土方久元宛	明治19年12月11日			（出典なし）	龍馬中岡20年忌に際して、龍馬の思い出を回想するもの。瑞山会に寄せられる
67	龍馬書簡・坂本乙女宛	文久３年６月29日	弘松／少年		坂本弥太郎蔵	朱で×印。「小西本」の引用は『少年読本』から。「泥の中のすずめ貝」の書簡
68	龍馬詠草	慶応年間	少年		（出典なし）	歌は「ゆく春も心やすげに見ゆるかな　花なき里の夕暮の空」。朱で×印。「小西本」の引用は『少年読本』から。「千里駒後日譚・第３回」（明治32年11月）に記載あり

54	龍馬書簡・後藤象二郎宛	慶応３年10月13日	少年	○	中嶋久万吉蔵	『龍馬全集』では10月10日頃と比定
55	龍馬書簡・後藤象二郎宛	慶応３年10月13日	弘松／少年	○	中嶋久万吉蔵	
56	後藤象二郎書簡・龍馬宛	慶応３年10月13日	少年	○	坂本龍馬記念写真帖	
57	後藤象二郎書簡・龍馬宛	慶応３年10月13日	弘松／少年	○	坂本龍馬記念写真帖	大政奉還の実現を告げる書簡
58	由利公正筆記	慶応３年11月１日〜３日		○	由利公正氏覚書	いったん朱で消した後、「イキ」とする。『関係文書一』では文久２年より引用
59	新政府綱領八策	慶応３年11月		○	男爵岩崎小弥太蔵	『関係文書一』では「龍馬自筆新政府綱領八策」
60	龍馬書簡・坂本乙女宛	文久３年６月29日	少年		坂本弥太郎蔵	朱で×印。「小西本」の引用は『少年読本』から。「土佐のいもほり」の書簡
61	伊藤九三書簡・三吉慎蔵、印藤肇宛	慶応３年12月８日			三好家文書	龍馬の死を告げるもの。『龍馬全集』では12月２日付と比定
62	三吉慎蔵日記抄録	慶応３年〜明治元年			三吉慎蔵日記抄（『関係文書二』に収録）	龍馬死後のおりょうの処遇にまつわる部分。「海援隊始末」では慶応２年分より引用

45	龍馬書簡・三吉慎蔵宛	慶応３年８月14日		○	三吉家文書	
46	龍馬書簡・岡内俊太郎宛	慶応３年８月21日			瑞山会文書	『関係文書一』では９月のものとする
47	龍馬書簡・岡内俊太郎宛	慶応３年８月23日			瑞山会文書	『関係文書一』では９月のものとするが、かなり文面が異なる
48	龍馬書簡・佐佐木三四郎宛	慶応３年８月26日	少年	○	佐々木高行日記	
49	木戸準一郎書簡・龍馬宛	慶応３年８月21日	少年		佐々木高行日記	
50	木戸準一郎書簡・龍馬宛	慶応３年９月４日	少年		田中英光氏文書	田中英光は岩崎鏡川の実息
51	陸奥源二郎・商法の愚案	慶応３年８月		○	伊達家雑録抜萃	「小西本」では末尾に「慶応三年卯八月、海援隊測量士官　陸奥源二郎才谷梅太郎殿」とある。『関係文書一』では７月18日の文書とする
52	龍馬書簡・木戸準一郎宛	慶応３年９月20日	少年	○	木戸家文書、瑞山会文書に拠る	
53	土佐山内家・大政奉還建白書	慶応３年９月	弘松／少年		土佐藩政録	文書の日付を「九月」から「十月」に変更する。提出日に合わせた変更か。『関係文書一』では建白者が「神山、福岡、寺村、後藤」の順

36	龍馬書簡・小谷耕蔵、渡邊剛八宛	慶応3年5月29日		○	海援隊文書	
37	龍馬書簡・坂本権平宛	慶応3年6月24日	少年		維新土佐勤王史	朱で×印。「小西本」の引用は『少年読本』から。いろは丸事件の報告部分。『関係文書一』では5月末日のものとする
38	龍馬書簡・三吉慎蔵宛	慶応3年7月28日			青木恒三郎蔵	『龍馬全集』では慶応2年に年次変更
39	木戸準一郎書簡・龍馬宛	慶応3年6月29日			瑞山会文書	
40	建議案八條	慶応3年6月	弘松／少年	○	海援隊文書	『弘松龍馬』では「建議案十一箇条」
41	薩土盟約—約定の大綱、約定書	慶応3年6月	少年		佐々木高行日記、暘谷公実傳等	朱で×印。「小西本」の引用は『少年読本』から
42	西郷吉之助書簡・山県狂介、品川弥二郎宛	慶応3年7月7日			×	薩土盟約締結を伝える書簡
43	島津久光、伊達宗城書簡・山内容堂宛	慶応3年7月4日	少年		×	一旦松平春嶽書簡と記し、墨で春嶽書簡とする部分を消す。『少年読本』も春嶽書簡と比定
44	龍馬書簡・坂本権平宛	慶応3年8月8日	少年	○	坂本弥太郎蔵	「小西本」の引用は『少年読本』から

25	龍馬書簡・三吉慎蔵宛	慶応3年5月5日		○	三吉家文書	
26	龍馬書簡・三吉慎蔵宛	慶応3年5月8日		○	三吉家文書	
27	備後鞆津応接筆記	慶応3年5月15日			以呂波丸航海日記	「備後鞆津応接筆記」の5月19日～29日？（解決）までを収録。ただし『関係文書一』では、5月26日以降（五代の登場以降）は書簡のみ採録
28	備後鞆津応接筆記	慶応3年5月22日			海援隊記事	
29	茂田一次郎書簡・後藤象二郎宛	慶応3年5月26日		○	海援隊文書	
30	備後鞆津応接筆記	慶応3年5月26日			×	
31	茂田一次郎書簡・後藤象二郎宛	慶応3年5月26日		○	海援隊文書	
32	備後鞆津応接筆記（五代才助登場）	慶応3年5月27日			×	
33	龍馬書簡・高柳楠之助宛	慶応3年5月27日			海援隊文書	
34	五代才助書簡・後藤象二郎宛	慶応3年5月27日		○	海援隊文書	
35	後藤象二郎書簡・茂田一次郎宛	慶応3年5月27日			海援隊文書	

17	海援隊約規	慶応３年４月？	弘松／少年	○	海援隊日史抄	墨で×印。「小西本」の引用は『少年読本』から。一つ書き形式に改めたもの
18	龍馬書簡・木戸準一郎宛	慶応３年１月３日		○	木戸家文書、瑞山会採集史料に拠る	
19	陸援隊、海援隊規約	慶応３年４月？	少年		×	東京大学史料編纂所蔵「土州藩士福岡孝悌手記」に収録。二隊併せて「翔天隊」と呼ぶと記されているが、「小西本」ではカット
20	龍馬書簡・三吉慎蔵宛	慶応３年２月22日			三吉家文書	
21	龍馬書簡・三吉慎蔵宛	慶応３年３月16日			三吉家文書	『龍馬全集』では２月16日のものとする
22	龍馬書簡・三吉慎蔵宛	慶応３年３月20日			三吉家文書	『関係文書一』では慶応３年３月、日不詳とする
23	いろは丸航海日記附録草稿	慶応３年４月19日～24日		○	×	『関係文書二』所収の「いろは丸航海日記付録草稿」と一致（ただし図の引用はなし）
24	備後鞆津応接筆記	慶応３年４月23日～５月13日			海援隊記録	『関係文書二』では「いろは丸航海日記」の項に掲載

9	木戸貫治書簡・龍馬宛	慶応２年１月23日		○	木戸家文書、井上伯傳に拠る	薩長盟約六カ条を記したもの
10	龍馬薩長盟約裏書	慶応２年２月５日		○	木戸家文書、維新土佐勤王史に拠る	
11	龍馬書簡・木戸貫治宛	慶応２年２月６日	少年		木戸家文書、瑞山会書類に拠る	
12	木戸貫治書簡・龍馬宛	慶応２年２月22日	弘松／少年		坂本弥太郎蔵	「龍大兄御急披」が「龍大兄侍史」となるなど、微妙に表現が異なる。
13	龍馬書簡・坂本乙女宛	慶応３年６月24日	弘松／少年		坂本弥太郎蔵	朱で×印。「小西本」の引用は『少年読本』から。おりょうの紹介部分
14	龍馬書簡・坂本権平宛	慶応２年７月	弘松／少年	○	弘松宣枝『阪本龍馬』	「小西本」の引用は『少年読本』から。慶応２年12月４日書簡だが『関係文書一』ではその内容から、７月と10月に分けて掲載
15	龍馬書簡・三吉慎蔵宛	慶応２年８月16日			三好家文書	
16	馬関商社示談箇条書	慶応２年11月		○	×	

表４　「坂本龍馬傳艸稿」引用史料

	史料名	「小西本」史料比定年月日	明治29年／弘松龍馬 明治33年／少年読本	～明治44年「坂崎・海援隊始末」	大正15年『関係文書一』	備考
1	修業中心得大意	嘉永６年３月	弘松／少年	○	坂本弥太郎蔵	
2	龍馬脱藩赦免状	文久３年２月	少年	○	（出典なし）	
3	磐井廣之助仇討一札	文久３年？	少年	○	海援隊始末	勝海舟が磐井に与えたもの
4	龍馬書簡・長嶺内蔵太宛	元治元年２月３日			井上伯傳（但し収載なし）	『関係文書一』以降、慶応元年10月３日と推定。『龍馬全集』以降、池内蔵太宛と推定
5	桜島丸新条約（約束）	慶応元年５月		○	（出典なし・丑12月の日付）	「坂崎・海援隊始末」では文書の日付が12月になり、12月の事項として掲載
6	桜島丸条約	慶応元年12月		○	井上伯傳	「坂崎・海援隊始末」では文書の日付が９月になり、９月の事項として掲載
7	三吉慎蔵日記抄	慶応２年１月21日～23日		１月18日のみ	三吉慎蔵日記抄（１月23日のみ）	朱で×印。『関係文書二』に「三吉慎蔵日記抄」として別項を立てて、慶応２年１月から龍馬死後まで掲載
8	寺田屋おとせ書簡・龍馬宛	慶応２年１月	弘松／少年		坂本直旧蔵	朱で×印

第63回下	慶喜、朝廷への上書。関雄之助、薩摩家士を撃つ	△	一橋慶喜、関雄之助			
第64回上	関雄之助割腹。長岡謙吉、丸亀・高松を平定	△	関雄之助、長岡謙吉			
第64回下	長岡のその後。長岡の「迂道七言」	△	長岡謙吉			
第64回下②	長岡死す。海援隊士その後。お登勢、お良その後。坂本、中岡家名を立てる達書。立志社・坂本南海男は龍馬の甥で龍馬の遺志を継ぐ存在	△	長岡以下海援隊士、お良、お登勢、坂本南海男			

※「龍馬」「板垣」「後藤」欄はそれぞれが登場する回。なお、「龍馬」欄の△はお良、及び海援隊士の単独エピソード
※表中のアミ掛け部分は単行本に収録されなかった回
※テキストは、新聞連載版：『新日本古典文学大系明治篇16　政治小説集一』 2003　岩波書店
　単行本版：『天下無双人傑海南第一伝奇　汗血千里駒　前・後・続篇』 1883　摂陽堂　をそれぞれ底本として使用した

第55回	慶喜、大政奉還を決意。龍馬、中岡も武力討幕の前の言論展開を認め後藤らと奔走。中岡の大政奉還論「窃ニ示知己論」	○	一橋慶喜、中岡慎太郎			
第56回	長州兵、上京見合わせ（失機改図）。海陸援隊士名簿。龍馬もはや待てず、と後藤に書簡を送って叱咤激励	○	後藤象二郎		○	第27齣
第57回	中村半二郎、後藤の暗殺を目論む。慶喜、大政奉還を決意		後藤象二郎、中村半二郎、一橋慶喜		○	第27齣
第58回	慶喜、大政奉還を告げる。大政奉還の上表文。龍馬、慶喜に賛成の意を告げ、早期の朝廷奏上を献策。 ええじゃないか流行す	○	一橋慶喜			第28齣（ええじゃないかの件なし）
第59回	小松帯刀、大政奉還を受諾しない二条関白を脅し、朝廷、大政奉還の勅許を出す		小松帯刀、後藤象二郎、永井尚志、二条関白		○	第28齣
第60回	諸藩日和見が多く、龍馬中岡朝廷のため活躍。近江屋に刺客	○	中岡慎太郎、藤吉、刺客			第29齣
第61回	龍馬、中岡暗殺～葬儀	○	中岡慎太郎、刺客			第30齣
第62回	龍馬暗殺犯は新選組。天満屋に海援隊士討ち入る	△	近藤勇、海援隊士たち			第30齣
第63回上	小御所会議。王政復古、政体に関する諭告書		後藤象二郎、山内容堂		○	

第43回	後藤象二郎小伝。一橋慶喜、将軍に		後藤象二郎		○	第23齣、第24齣
第44回	勝海舟、長州との停戦のために広島へ赴く。後藤、佐幕説を棄てる		勝海舟、後藤象二郎		○	第24齣
第45回	中浜万次郎小伝		中浜万次郎			
第46回	孝明帝崩御。後藤の剛腹振り。後藤、龍馬に海援隊、中岡に陸援隊を作らせる。いろは丸衝突	○	後藤象二郎		○	第25齣
第47回	いろは丸事件	○	後藤象二郎		○	第25齣
第48回	四賢侯会議。中岡慎太郎『時勢論』		中岡慎太郎			
第49回	中岡慎太郎「愚論窃カニ知己ノ人ニ示ス」		中岡慎太郎			
第50回	中岡論策続き。乾退助小伝		中岡慎太郎、乾退助	○		
第51回	乾土佐に戻り兵制改革。海援隊士に英水兵殺害疑惑		乾退助、後藤象二郎	○	○	
第52回	アーネスト・サトウ土佐上陸。土佐の守旧派、乾の失脚を図る		後藤象二郎、乾退助、アーネストサトウ、榎木党	○	○	
第53回	龍馬、銃二千丁を持って土佐へ。世評高い乾。「土佐山内家大政奉還建白書」（船中八策など、龍馬の関与、一切触れられず）	○	本山只一郎	△		第26齣
第54回	慶喜の懐刀、原市之進暗殺される		一橋慶喜、原市之進			第26齣

第30回	いつの間にか薩長盟約成立している。第二次長州征伐に向けての幕府の動き。龍馬、瀬戸屋で襲わる	○	お良、三好真三、近藤長次郎			第18齣
第31回	寺田屋（瀬戸屋）事件	○	お良、三好真三、近藤長次郎			第19齣
第32回	お良、龍馬を助け、2人改めて結婚を約す。幕府の長州処置に反対する薩摩。桂の薩長盟約の裏書礼状	○	お良、桂小五郎			第19齣（桂書状も掲載）
第33回	龍馬、池内蔵太ら社中結成。薩摩名義でオテントサマ号購入、乗り組みで長州ともめる。龍馬、長次郎を切腹させる	○	小松帯刀、高杉晋作、近藤長次郎			第19齣 第20齣
第34回	長次郎と妻、お幸	△	近藤長次郎、お幸			
第35回	池内蔵太小伝。ワイルウエフ号にて遭難	△	池内蔵太			
第36回	龍馬、お良と結婚式を挙げ、長崎、薩摩に「ホネー、ムーン」	○	お良			第21齣
第37回	お良、1人で霧島登山。天の逆鉾を抜く	△	お良			第21齣
第38回	四境戦争。龍馬、高杉の活躍	○	高杉晋作			第22齣
第39回	上田宗古小伝（長州陸軍の説明を兼ねる）		上田宗古			第22齣
第40回	龍馬＆高杉海戦。長州、四境戦争に勝つ	○	高杉晋作			第23齣
第41回	長岡謙吉小伝	△	長岡謙吉			
第42回	長岡、藩金流用。後藤象二郎が不問に付す	△	長岡謙吉、後藤象二郎		○	

第22回上	磐之助、仇討ち成功	○	広井磐之助、棚橋三郎			第13齣
第22回下	勝と龍馬薩摩入り。斉彬、天皇に拝する逸話。西郷を織る	○	勝海舟、島津斉彬			第14齣
第23回	土佐勤王党のその後、武市・吉村死す。池田屋事件。野根山事件。龍馬はわが道をゆく	○	土佐勤王党の面々、勝海舟、山内容堂、桂小五郎			第14齣、第15齣
第24回	禁門の変～第一次長州征伐。龍馬九州へ～中岡慎太郎と出会い、薩長盟約を画す。龍馬ら薩摩に身を寄せる。 瀬戸屋（寺田屋）の女将、お登勢紹介。お良と出会う	○	中岡慎太郎、お登勢、お良			第15齣
第25回	お良の身の上	○	お登勢、お良			第16齣
第26回	お良と龍馬、結婚を約束する	○	お良			第16齣
第27回	薩長抗争史。長州、高杉クーデター。龍馬薩摩に説き、長州への恨みを解かせる。会津・西野星之助 vs 新宮馬之助	○	高杉晋作、西野星之助、新宮馬之助			第17齣（西野の件なし）
第28回	長州は対幕戦準備。龍馬長州へ行き桂を説く。薩摩の黒田、大山長州入り。高杉は盟約に反対だが、裏がありそう	○	高杉晋作、桂小五郎			第17齣
第29回	桂・品川、入京。龍馬、桂と会う。幾松と桂	○	桂小五郎、幾松			桂入京のみ第18齣

第12回	龍馬、大坂から舟に乗り、英国船とすれ違う。これが龍馬が航海術に目覚めるきっかけ	○	松本謙三郎			第５齣
第13回	龍馬土佐に帰る。近藤長次郎小伝	○	近藤長次郎			第５齣、第６齣
第14回	長次郎、江戸へ。山本琢磨、時計入質事件	○	近藤長次郎、山本琢磨			第６齣、第７齣
第15回	千葉十太郎孝女の仇討ちを語る。 安政の大獄、桜田門外の変。龍馬長州へ	○	千葉十太郎、武市半平太、坂本権平			第７齣、 第８齣
第16回	本間精一郎土佐入国。龍馬脱藩。お留、龍馬に刀を渡す	○	武市半平太、お留、本間精一郎			第８齣
第17回	龍馬江戸へ。吉田東洋暗殺。土佐勤王党政権把握。 五十人組。久坂の公使館焼き討ち計画に龍馬も。これが漏れ、山内容堂と長州の周布対立	○	武市半平太、五十人組、周布政之助			第８齣、 第９齣
第18回	下士の切腹騒動。龍馬も切腹の覚悟ながら、武市の周旋で許される	○	武市半平太、小笠原唯八、間崎哲馬、門田為之助			第９齣、 第10齣
第19回	勝海舟小伝。龍馬、十太郎の紹介で勝に弟子入り。長次郎も共に弟子入り	○	勝海舟			第11齣
第20回	松平春嶽の手配で脱藩罪赦免。広井磐之助仇討ち発端	○	勝海舟、松平春嶽、坂本権平、広井磐之助			第11齣、 第12齣
第21回	勝の書付。磐之助、仇討ち相手を発見	○	広井磐之助、棚橋三郎			第12齣

表3 「汗血千里の駒」各回内容

新聞回	内容	龍馬	龍馬以外の主な登場人物	板垣	後藤	単行本
第1回	井口村刃傷事件発端		山田広衛、中平忠次郎			第1齣
第2回	郷士・池田虎之進、弟の仇を討つ		池田虎之進、山田広衛			第1齣
第3回	上士・池田に激昂		池田虎之進、2人の上士			第1齣
第4回	池田割腹。龍馬登場、池田の血に刀の下緒を浸す	○	池田虎之進、土佐藩郷士の面々			第1齣
第5回	龍馬の生い立ち	○				第2齣
第6回	龍馬の偽天狗退治	○	公文某			第2齣
第7回	龍馬江戸に出る。龍馬の機知のエピソード	○				前半のみ第3齣
第8回	龍馬千葉道場入門。謎の剣士と立ち会うが、実は女性	○	謎の美少年剣士（光子）			第3齣（謎の剣士なし）
第9回	龍馬、周作の娘光子に恋する	○	千葉光子			第3齣、第4齣
第10回	龍馬、上野で酔漢に絡まれた光子を助ける	○	千葉光子			第4齣
第11回	光子と結婚を約す⇒夢オチ。龍馬尊王運動に入る	○	千葉光子			第4齣、第5齣

表２　明治年間に出版された『汗血千里の駒』

	出版年	出版社（者）	補綴	表紙タイトル	本文タイトル	典拠
1	明治16年５月	駸々堂本店	宇田川文海	天下無雙人傑海南第一伝奇　汗血千里駒　初編	天下無雙人傑海南第一伝奇　汗血千里駒	国立国会図書館蔵本
2	明治16年６月	古村善吉		天下無双人傑南海第一伝奇　汗血千里乃駒　前編	天下無双人傑海南第一伝奇　汗血千里の駒	国立国会図書館蔵本
3	明治16年７月	摂陽堂	雑賀柳香	阡血千里駒　前編	汗血千里駒	早稲田大学蔵本、筆者蔵本
	明治16年？月	摂陽堂	雑賀柳香	汗血千里駒　後編	汗血千里駒　第二編	
	明治16年10月	摂陽堂	東洋太郎	汗血千里駒　続編	汗血千里駒　第三編	
4	明治18年11月	春陽堂	雑賀柳香	汗血千里駒　全	汗血千里駒	国立国会図書館、筆者蔵本
5	（奥付なし）	春陽堂	雑賀柳香	阡血千里駒　前編	汗血千里駒	国立国会図書館蔵本
	明治18年11月	春陽堂	雑賀柳香	汗血千里駒　後編	汗血千里駒　第二編	
	明治18年11月	春陽堂	（不明）	汗血千里駒　続編	汗血千里駒　第三編	
6	明治18年	春陽堂	（不明）	天下無雙之豪傑坂本龍馬君之傳　汗血千里之駒	（不明）	古書店目録（表紙写真のみ）
7	明治20年12月	大阪偉業堂	雑賀柳香	天下無雙之豪傑坂本龍馬君之傳　汗血千里之駒	汗血千里の駒	筆者蔵本
8	明治23年4月	桜井貢	雑賀柳香	天下無双之豪傑坂本龍馬君之傳　汗血千里之駒	汗血千里駒	国立国会図書館蔵本
9	明治25年７月	大坂新聞社	（不明）	坂本龍馬君之傳　汗血千里の駒	（不明）	高知県立文学館蔵本
10	明治27年６月	岡本仙助	雑賀柳香	阪本龍馬　一名汗血千里の駒	（不明）	新日本古典文学大系・補注
11	明治42年４月	片桐開成社	雑賀柳香	小説　坂本龍馬	小説　坂本龍馬	筆者蔵本

※本来なら、表紙タイトルと本文内で物語の冒頭に置かれたタイトル（本文タイトル）は同じはずだが、「汗血」では異なる場合があるので別々に挙げた。
※『新日本古典文学大系明治編16　政治小説集一』所収　「汗血千里の駒・補注一」を参考に作成。なお９の奥付には明治20年４月版の再刊という記載がある。
※これらの刊本の中には表紙が複数種類あるものも存在する。

60		隈山帰国の途（帰南日記参照？）	平井隈山
61		隈山帰国の途続き。広瀬健太履歴	平井隈山、広瀬健太
62		中山忠光、青蓮院宮暗殺を狙い、果たせず脱走。七ヶ条の勅命。三条実美ご親兵の総督となる	中山忠光、貞誠院
63		大原重徳、勅書改竄問題、当初桂小五郎が疑われるが、実は高崎伊太郎─ひいては久光の策謀	大原重徳
64		土佐、薩長間の周旋を計り、瑞山為に帰国する。久坂長州への脱藩を勧めるが、瑞山応ぜず	武市瑞山
65		石清水八幡宮へ行幸。家茂、慶喜は供奉を避ける。供奉の土佐藩士、着用の衣装を拝領	
66		孝明帝の宸詠。山内兵之助、参内。幕府への勅問	山内兵之助
67		幕府、英国へ償金を支払うことを決す。5月10日、長州藩下関にて米艦を砲撃	
68		償金の件で朝廷、小笠原の官位剝奪。古沢迂郎、山本鉄治、板倉老中の屋敷に踏み入る	古沢迂郎、山本鉄治
69		朔平門外の変	姉小路公知
70		吉村寅太郎、姉小路の下手人を探す所に、父の訃報届く。寅太郎の書簡	吉村寅太郎
71		三条、徳大寺家の警衛に土佐藩から人数。容疑者の田中新兵衛自害。（土方楠左衛門、田中の指料と証言）	
72		田中は下手人ではなく、幕府の陰謀か。姉小路暗殺は本編中の一大疑団	

↓

東北行の為、中断

以降、「隈山滄浪の刑死、８月17日七卿脱走の変、及び大和一挙の如き実に該巻の眼目たる」の予告

44		慶喜の勅答書。朝廷改革。春嶽、久坂らの捕縛を目論む	一橋慶喜
45		長州よりの建白書。瑞山の一挙一動、当時の大計に関せざるはなし。足利将軍木像梟首事件	
46		龍馬の履歴。井口村刃傷事件。脱藩赦免状。春嶽より海軍総督に擬せらる	坂本龍馬
47		英仏両艦、神奈川沖に。中山忠光・春嶽の論争。浪士狩り始まる	山内容堂
48		家茂上洛	
49		長州よりの親征建白書。一橋慶喜、大政委任を孝明帝に再度願う	
50		容堂帰国の願書。朝廷より将軍帰東延期の沙汰書	
51		容堂帰国聞き届けられる。攘夷実行の沙汰書。幕府、ご親兵の沙汰書	
52		春嶽、総裁職無断で辞職。将軍東帰延期の沙汰書	
53		水戸家を関東の総督にする旨の勅書。幕府より春嶽への譴責の沙汰書	
54		隈山、自らの謹慎に落涙。隈山と加尾の別れ	平井隈山、加尾
55		隈山が加尾にあてた書簡（父母への孝養を依頼）	平井隈山、加尾
56		青蓮院宮、間崎平井の策謀を答える。間崎、問責。周囲は間崎一身に罪を負わせることを企図するも隈山は自首を選ぶ	間崎滄浪、平井隈山
57		容堂帰国。隈山の自首状	平井隈山
58		隈山の姉小路卿への書簡。中川宮の浮薄、間崎平井は宮に売られる	平井隈山
59	第四回	滄浪の詩。隈山も国許へ差返し。隈山、古沢迂郎の詩	間崎滄浪、平井隈山

30		山内容堂の周旋で、勅使対顔の日程が決まる	山内容堂
31		別勅使入城。答勅書。或いは云う、一時勅命を奉じ、一橋を上京させ、薩長を離間する策か	
32		対馬の扶助策を講じる。仏国軍艦摂海乗り入れの噂に平井活躍。朝廷に防御策を奉る（隈山春秋より引用）	平井隈山
33		赤穂藩・西川弁吉、隈山に会い、赤穂藩を勤王藩にせんと図る	平井隈山、西川弁吉
34		赤穂藩士家老を暗殺し脱藩、隈山を頼る。土佐藩これを住吉陣営にて潜伏させる	平井隈山
35		土佐に帰郷した滄浪の消息	間崎滄浪
36		容れられない滄浪、遂に江戸に出て国事周旋。令旨による国許の改革を隈山と図る	間崎滄浪
37		青連院宮による令旨発行。豊範帰京。瑞山と隈山、互いの労を労う。容堂上京の勅	武市瑞山・平井隈山
38		隈山、青蓮院宮に朝廷改革を言上。姉小路登用を進言。文久三年の新年会	武市瑞山・平井隈山
39		薩摩寄りの青蓮院宮を武市説得。土佐藩で令旨を受けての改革始まる	武市瑞山・青蓮院宮
40		隈山の周旋（隈山春秋より引用？）	平井隈山
41		容堂上京。隈山、朝廷改革案を提言。京都の天誅の状況	平井隈山
42		容堂に対する志士の失望。隈山、容堂の勘気に触れ他藩応接役を免ぜられ、堂上方への出入りも禁じられる	平井隈山
43		中山忠光の岩倉暗殺計画を瑞山たしなめる。久坂ら関白に三事提言。朝廷、攘夷期限の確定を慶喜に迫る	久坂玄瑞

15		麻疹流行で足止め。議論起きるも入京に決定。勅諚二ヶ条下る。（小南は内旨を江戸の容堂に伝えに行く）	
16		豊範告諭書を出す。武市、小南ら他藩応接役に任ぜられる。（上士は下士を己の功名を求めんとするとの嫌疑を抱く）	
17		武市建言書を草するも小南に戒められる。武市・平井は本間精一郎の暗殺を謀る。岡田以蔵罪状書	武市瑞山、小南五郎右衛門
18		岡田以蔵罪状書。平井隈山の人物	平井隈山
19		京では暗殺が横行。中山忠光、瑞山・隈山の元に来て、暗殺助太刀を依頼	武市瑞山、平井隈山、中山忠光
20		忠光続き。肥後藩に谷干城・樋口眞吉を使者に出す	武市瑞山、平井隈山、中山忠光
21		攘夷督促別勅使派遣。三藩協和に最も力を尽したのは武市	武市瑞山、平井隈山
22		土佐藩に勅使警衛の役。久光に上京の内勅下る。これが薩長の確執の元で、藩閥政府の由来	
23		豊範の参内。一橋慶喜上京の報に一同驚くも、結局上京せず	武市瑞山、平井隈山、久坂玄瑞
24		勅使派遣に際して土佐藩に叡旨。勅使派遣、武市も随従。詔勅	武市瑞山
25		隈山京都で活躍。妙法院を借り受け、美少年・井出栄太郎と出会う。肥後柳川等の諸藩に出た勅書	平井隈山
26		五十人組上京	
27		中川侯、違勅一件	平井隈山
28		三藩士のなりすまし横行。三藩・三事を議奏に奉る。隈山、水戸の鵜飼兄弟の出獄を手助けする	平井隈山
29		攘夷督促別勅使江戸着。一橋慶喜の策謀。梅屋敷事件	

表1　「南の海血しほの曙」各回内容

新聞回		内容	主な登場人物
緒言		土佐藩の勤王運動は封建制度の反動力	
1	第一回	間崎滄浪は神童。江戸遊学・頼三樹三郎との接点	間崎滄浪
2		ペリー来航より桜田門外の変まで。武市瑞山の度量。瑞山江戸遊学	武市瑞山
3		和宮行列襲撃計画を瑞山が止め、藩主を説得しての同盟連合を提言	武市瑞山
4	第二回	吉田東洋紹介。東洋、文武館を設立し誹謗を受ける	吉田東洋
5		瑞山、薩長土の連合同盟を建言するも、東洋に退けられる。坂下門外の変	武市瑞山、吉田東洋
6		文武館建築。その教育課程	
7		東洋暗殺	吉田東洋
8		東洋斬奸趣意書。刺客は安岡、大石、那須の3人。東洋の墓誌銘	吉田東洋
9		吉村、平野國臣の挙兵計画。上洛した久光に浪士鎮撫の達書	吉村寅太郎、宮地宜蔵、平野國臣
10		寺田屋事件（文中は池田屋）。吉村宮地、藩吏に引き渡される。「藤の花今を盛に咲きつれど…」（吉村の詩）	吉村寅太郎、宮地宜蔵
11		吉村獄中よりの嘆願書（全編・嘆願書引用）	吉村寅太郎
12		吉村嘆願書続き。吉村の神童ぶり	吉村寅太郎、宮地宜蔵
13	第三回	寺田屋事件以降の政局。大原勅使一件	
14		豊範上洛の途に付く。小南、谷、武市、平井ら同行	

ら　行

わ　行

ま　行

や　行

は 行

た　行

な　行

さ　行

か　行

人名索引

あ　行

著者略歴

知野文哉（ちの・ふみや）

1967年生。熊本県出身。早稲田大学教育学部卒業後、㈱東京放送に勤務しラジオ番組の制作などを行う。2010年より㈱TBSテレビ勤務。その傍ら、少年時代からの龍馬好きが高じ、現在、佛教大学通信教育学部修士課程・文学研究科日本史学専攻（青山忠正ゼミ）に在籍し明治維新史の研究にあたる。

ryoma_birth8@yahoo.co.jp

ISBN978-4-409-52058-1　C0021

「坂本龍馬」の誕生
——船中八策と坂崎紫《し》瀾《らん》

二〇一三年二月　五日　初版第一刷印刷
二〇一三年二月一五日　初版第一刷発行

著者　知野文哉
発行者　渡辺博史
発行所　人文書院
〒六一二-八四四七
京都市伏見区竹田西内畑町九
電話〇七五・六〇三・一三四四
振替〇一〇〇〇-八-一一〇三

印刷所　創栄図書印刷株式会社
製本所　坂井製本所
装丁　間村俊一